# 基辛格
## 美国的「外交魔术师」

龚洪烈 高金虎 著

北京大学出版社
PEKING UNIVERSITY PRESS

## 图书在版编目(CIP)数据

基辛格:美国的"外交魔术师"/龚洪烈,高金虎著. —北京:北京大学出版社,2014.9
(美国对外战略的设计者)
ISBN 978-7-301-24579-8

Ⅰ.①基… Ⅱ.①龚…②高… Ⅲ.①基辛格,H.A.—人物研究 Ⅳ.①K837.127=6

中国版本图书馆 CIP 数据核字(2014)第 172521 号

| | |
|---|---|
| 书　　　名： | 基辛格:美国的"外交魔术师" |
| 著作责任者： | 龚洪烈　高金虎　著 |
| 责 任 编 辑： | 张盈盈 |
| 标 准 书 号： | ISBN 978-7-301-24579-8/D·3641 |
| 出 版 发 行： | 北京大学出版社 |
| 地　　　址： | 北京市海淀区成府路 205 号　100871 |
| 网　　　址： | http://www.pup.cn　新浪官方微博:@北京大学出版社 |
| 电 子 信 箱： | ss@pup.pku.edu.cn |
| 电　　　话： | 邮购部 62752015　发行部 62750672　编辑部 62753121 |
| | 出版部 62754962 |
| 印　刷　者： | 三河市北燕印装有限公司 |
| 经　销　者： | 新华书店 |
| | 890 毫米×1240 毫米　A5　11 印张　256 千字 |
| | 2014 年 9 月第 1 版　2018 年 6 月第 2 次印刷 |
| 定　　　价： | 32.00 元 |

未经许可,不得以任何方式复制或抄袭本书之部分或全部内容。
**版权所有,侵权必究**
举报电话:010-62752024　电子信箱:fd@pup.pku.edu.cn

# 主编的话

人类历史归根结底是由人创造的。马克思说过:"历史不过是追求着自己目的的人的活动而已。"据此,历史乃无数人物之"传记"。史缘于事,事缘于人;无人则无事,无事则无史。以人物为中心的历史研究,原本也是我国史学的一个优良传统,伟大的太史公即是楷模。如果只议事、不论人,一个个生动鲜活的人物隐匿了,历史的星空势必黯然失色。历史记录本来就是人类自身的写照,人们怎能容忍"无人的历史"呢?

站在21世纪举目回望,可以看出一个明显的事实:20世纪世界历史发展的一个最重要的特点与结果,是美国全球性主导地位的确立和巩固。当冷战结束时,美国的地位非常突出,不仅成为绝无仅有的政治、军事与经济超级强国,美国意识形态或"生活方式"更成为国际社会的主导性话语。而美国这种独特地位,尽管其历史根源可以追溯到更早的时期,但总的来说主要是在20世纪尤其是冷战时期形成的。美国是最大的发达国家和最重要的守成大国,中国是最大的发展中国家和最重要的新兴大国。研究美国的强盛之道,包括"人的因素",尤其是美国外交与战略精英在其中所起的作用,对我们来说,意义不言而喻。

这就是我们决定编写这套丛书并以冷战时期为研究重点的一个主要原因。

美国外交领域值得研究的人物当然还有许多,我们的选择有主客观两方面的考虑:或因为相关档案材料较为丰富,或因为此人在某些方面的代表性,或主要因为作者的研究兴趣与专长,等等。但毫无疑问,这十位政治家都曾在20世纪美国外交的某个阶段、某个领域发挥过重要作用,当得起"美国对外战略的设计者"这个称号。

细心的读者不难看出,有时涉及同样的人和事,不同的作者看法并不完全一致。这是很自然的。达成共识诚然是值得追求的目标,但学术研究并不以意见统一为出发点,恰恰相反,各抒己见,百家争鸣,才有可能"殊途同归"。所以我们对于丛书的撰写只规定了几条基本原则,同时也是想要达成的目标:

其一,尽可能利用翔实、可靠的第一手资料,并注意反映国内外最新研究成果。与此同时,作为一种新的尝试,我们鼓励借鉴国际政治理论、决策理论、战略史与战略思想史等相关领域的研究视角和分析方法,并且在展示美国对外战略的决策过程、决策机制和实施过程的同时,注意揭示有关决策者的政治哲学、安全观念与战略思想及其所反映的美国政治文化与战略文化传统。

其二,丛书显然具有政治评传的性质,并非面面俱到的人物传记,而是着重揭示有关人物在战略与外交领域的主要思想和实际影响。鉴于人们过去较多关注总统等"前台"人物,对于政策背后那些思想型人物却注意不够,我们将研究重点更多地聚焦于政治、军事、外交、经济、文化等领域的一些有思想、有政策影响的谋士型、智囊型人物。这不仅有助于丰富美国外交的研究视角，还有助于使我们的认识从物质、技术的层面上升到思想的层面和战略的高度。

其三，在保证思想性与学术性的前提下，兼顾趣味性与可读性。但我们并不打算靠搜罗各种逸闻趣事或花边新闻来"吸引眼球"，更无意通过渲染这些社会名流、政坛精英的个人奋斗史来提供类乎"励志文学"的教化功能。我们的关注点，乃是美国人的精神气质、思想遗产、政治智慧、历史经验或成败得失对于我们可能具有的启发意义。

最后，也是最重要的，我们将着重思考和展示一个迄今仍然具有重大现实意义的关键问题，即战后美国世界性主导地位或全球"霸权"的确立、巩固或维系，与冷战的形成、展开、转型和终结之间具有何种联系；以及战后各个历史时期，美国战略精英如何确定国家利益的轻重缓急与优先次序、判断内外威胁与挑战、评估自身能力并做出战略选择，以达到维护美国国家利益，确立、巩固或护持美国全球霸权的战略目的。

由于资料条件、研究水平等方面的限制，我们离上述目标可能还有相当距离，缺点和错误也在所难免。"嘤其鸣矣，求其友声。"对于我们的研究和写作初衷，读者诸君倘能有所会心，从而引发新的思考，那将是我们莫大的荣幸。

2013 年 12 月 8 日于南京

# 目 录

导 言 / 1

## 第一章　基辛格与美国世纪 / 4

基辛格的美国梦：从难民到国务卿 / 4

自由与限度：基辛格的战略思想 / 22

## 第二章　突破：缓和与战略武器谈判 / 43

外交协调：缓和与关联战略 / 44

限制战略武器谈判与缓和战略的成败 / 50

缓和战略的衰落 / 91

与新俄罗斯的地缘竞争与战略合作 / 109

## 第三章　基辛格的中国外交与中国战略观 / 123

在中国的外交突破：从华沙到北京 / 123

"改变世界的一周" / 138

三角外交 / 152
中国崛起与中美关系 / 164

## 第四章　越战透视镜：大国与地区冲突 / 176

退出战略：体面的和平 / 177
"越南化"：讨价还价的策略 / 192
以打促谈：战争的扩大 / 204
巴黎谈判：基辛格与越南战争的终结 / 233
尾声：越战透视镜 / 271

## 第五章　穿梭外交与中东战略 / 274

中东战争与穿梭外交 / 275
后冷战视角下的种族冲突与人权外交 / 296
中东的反恐战争 / 306
阿拉伯之春、伊朗核问题与美国在中东的角色 / 327

**尾声　谈判与武力：基辛格的遗产 / 335**

**后　记 / 345**

# 导　言

　　如果要将"外交"一词与某位人物联系起来,将他作为外交的化身,我们可以列出一份长长的名单。但是,如果这个人物要得到世界大多数人的认同,这份名单可能会大大缩短,或许只会剩下为数不多的几个。而如果这位与外交联系在一起的必须是当代人的话,亨利·基辛格也许是最有可能的人选。最简单的原因就在于,仅就当代外交人物所能获得全球普罗大众的认同而言,也许没有人能够达到基辛格的影响力。当然更为重要的是,即使与西方近代外交史上的著名外交家梅特涅、塔列朗、迪斯累利、门罗、戈尔查科夫、俾斯麦相比,基辛格所取得的外交成就也毫不逊色。

　　在20世纪70年代,随着基辛格作为主要战略设计者和执行者所开启的越南战争巴黎会谈、美苏缓和外交、美中关系的解冻与合作、中东穿梭外交的实施并取得具有战略意义的成果,美国的国际影响力真正扩展到全球主要地区,因此这位第 56 任美国国务卿被戏称为"世务(世界事务)卿","他被认为是美国外交的标志,正如

# 基辛格

乔治·华盛顿被认为是美元钞票的标志一样"①。1976年福特总统把"美国历史上最伟大的国务卿"这一头衔授予了基辛格。他的传记作者舒尔茨辛格评价他与设计冷战早期美国外交政策结构的迪安·艾奇逊一样,创造了一种越南战争后的外交框架②,是"冷战初期以来最出色、最值得称道的美国外交家"③,并认为"基辛格现实的外交成就尚无人能出其右","基辛格认识到了美国实力的范围与限度……在说服美国人认清自己在世界政治中所拥有利益的性质方面,基辛格至少在其部分任期时间里获得了成功。在他之前没有几个人,在他之后还没有人能够做到这一点"④。此外值得一提的还有基辛格对外交技术手段的创新。作为一个现代外交家,他创造性地使用秘密外交手段,获得了出人意料的外交成果。他首先使用的"穿梭外交"手段,使一直困扰战后国际秩序的中东阿以冲突问题取得突破性进展,成为美国斡旋外交的范例。他的外交谈判方式,以及他与不同类型的地区社会、不同类型领导人打交道的过人能力同样令人印象深刻。这些都使基辛格的外交活动与那些在普通人看来颇为沉闷的外交程式以及严肃的外交谈判区别开来,他也因此成为一个极富传奇色彩的人物。

同时,作为一名外交思想家,基辛格也成就斐然,他在1957年出版的两部著作奠定了他的学术声望。其一是根据其博士论文出版的《重建的世界》,该书被认为是研究法国大革命以后欧洲协调

---

① Marvin Kalb and Bernard Kalb, *Kissinger* (Boston: Little, Brown & Company, 1974), p. 3.
② Robert D. Schulzinger, *Henry Kissinger: Doctor of Diplomacy*, New York: Columbia University Press, 1989, p. 5.
③ Ibid., p. 237.
④ Ibid., p. 8.

外交的经典著作。另一本《核武器与对外政策》是当代研究美国核战略与有限战争的代表作之一,这部著作第一年就售出了17000册,被认为是美国历史上第一部接近于成为畅销书的战略著作,基辛格据此获得战略家的美名,也因此跻身重要的国际关系学者行列。英国著名国际关系学者赫德利·布尔将基辛格列为50年代后期研究美国军事战略和武器控制政策的重要理论家,将他的名字与伯纳德·布罗迪、阿尔伯特·沃尔斯提蒂尔、赫尔曼·卡恩、克劳斯·诺尔等并列在一起。① 而他于1994年出版的《大外交》一书更是气势恢宏、旁征博引,纵论17世纪以来的三百年外交史,其影响力已经远远超出纯粹的学术研究领域,成为当时政策、战略等决策层面的重要参考依据。因此,无论是从外交的实践层面还是思想层面来说,基辛格都堪称现时代的外交符号。

但是,基辛格并非仅仅将外交作为一种纵横捭阖的技术手段,而是将之作为一种核武器时代不同文化群体间沟通与共存的基本路径。因此,基辛格是从战略高度来体认现代外交在国际关系中的重要作用。基辛格不仅从学术层面认知外交,而且在其任内形成了一套基辛格式的外交风格,创造了一系列开创性的外交成就,实现了国际关系从尖锐冷战对峙结构向谈判与缓和时代的转变。

本书试图从分析基辛格的外交与战略思想入手,以基本的美国外交文献为依据,以时间顺序为基本线索,概述基辛格在其任内所参与或主导的一系列外交事件,揭示基辛格的外交—战略理念与美国外交政策之间的互动与关联。

---

① Hedley Bull, "The Theory of International Politics, 1919—1969", in James Der Derian, ed., *International Theory: Critical Investigation*, p. 195.

# 第一章 基辛格与美国世纪

## 基辛格的美国梦:从难民到国务卿

在几乎所有研究基辛格的著作中,不管是被高度颂扬的卡尔布兄弟所作的传记还是持极端批评的西摩·赫什的《权力的代价》(二者都是新闻记者的作品),或者是更为客观一些的伊萨克森的全本传记,抑或是杰斯·汉西玛基的标准学术作品——基于史料分析的基辛格外交史研究《有缺陷的建筑师》,都无一例外地试图将基辛格描写成某种类型的人物:或者是一位杰出的外交天才,或者是一个利欲熏心的权力追逐者,或者是一个漠视基本价值观念的战争罪犯,或者仅仅是一个有诸多缺陷的外交战略家……① 但是不管作者们的背景如何大相径庭,不管他们的结论如何尖锐

---

① Marvin Kalb and Bernard Kalb, *Kissinger*; Seymour Hersh, *The Price of Power: Kissinger in Nixon White House* (New York: Summit Books, 1983); Walter Isaacson, *Kissinger: A Biography* (New York: Simon & Schuster, 1992); Jussi Hannhimäki, *The Flawed Architect: Henry Kissinger and American Foreign Policy* (New York: Oxford University Press, 2004).

对立,也不管他们的研究手段如何五花八门,他们最大的共同点在于他们都强调基辛格作为历史塑造者的角色,而或多或少被他们忽略的是基辛格实际上是20世纪重大历史变迁的产物,正如杰里米·苏瑞所指出的,"基辛格是他所处时代的产物,是美国世纪之子"①。因此基辛格不仅是历史进程的塑造者,他更是被塑造者。20世纪的国际变迁与20世纪美国社会的变迁共同塑造了基辛格。

**年轻时的基辛格**

**菲尔特的海因茨**

在世界历史上,5月27日是平凡的一天,鲜有重大事件发生,在屈指可数的几件大事中最有名的还发生在东方:1905年的这一天对马海峡之战开始,这是日俄战争的决定性战役。但是,1923年的这一天,在德国巴伐利亚州的小城菲尔特,却诞生了一位影响世界的人物,他就是当时名叫海因茨(Heinz)的基辛格。基辛格的父母亲家庭都属于典型的犹太人中产阶级,他的父亲是一位颇受尊重的中学教师。这是一个具有浓厚犹太正教宗教色彩的家庭,当然他们也是被同化的德国人,对他们所在的国家有强烈的归属感。

但是,在第一次世界大战的废墟之上诞生的魏玛共和国注定缺乏稳固基础。在其存在的十余年中,德意志政局大多数时候都处于内忧外患的动荡之中。菲尔特是一座只有七万人口的小城,

---

① Jeremi Suri, *Henry Kissinger and the American Century* (Harvard University Press, 2007), p. 2.

其中有一个数千人构成的犹太人社区。菲尔特记载了犹太人在中欧的苦难历史。14世纪时,犹太人被禁止进入纽伦堡,犹太人只得沿着雷德尼茨河建立了几块居留地,菲尔特就是由此兴起的一座城镇。这里距审判纳粹战犯的纽伦堡法庭只有五英里。从菲尔特往南100多英里就是历史名城——巴伐利亚州的首府慕尼黑,在基辛格出生不到半年的时间,1923年11月,希特勒和鲁登道夫等人在这里发动了被称为"啤酒馆暴动"的法西斯未遂政变。菲尔特的犹太人社区与附近的乡村和城市特别是纽伦堡和慕尼黑的犹太人社区有着密切的联系。但是基辛格出生之时,德国犹太人的生存环境已经开始恶化。1860年菲尔特有14 000人,其中犹太人占一半左右,但此时只有3000人。① 伴随着战败和经济危机,德国传统的反犹主义在宣称德国文化的条顿、雅利安起源纯洁性的民族主义名义之下愈演愈烈,德国犹太人在自己世代生息的土地之上越来越被视为异己。

随着基辛格逐渐长大懂事,德国主流社会对犹太人的拒绝与排斥越来越明显。"啤酒馆暴动"虽然失败了,但纳粹势力在巴伐利亚以及德国的影响越来越大。1930年,纳粹冲锋队员就占领了菲尔特镇;1933年,希特勒率纳粹党接管了德国的权力;1935年,《纽伦堡法案》通过,犹太人的德国公民权被取消,犹太人与德国基督教徒通婚遭禁止,担任公职的犹太人被开除。

基辛格的童年和少年时期就是在这样一个日益充满敌意的环境中度过的。他不能在户外自由地呼吸、奔跑、游戏,以免遭到希特勒青年团的殴打;他的入学申请被拒绝,没能进入公立中学,只

---

① Walter Isaacson, *Kissinger: A Biography*, p.19, p.21.

能到犹太人自己开办的学校继续学业。犹太人被禁止参加公共集会，包括观看足球比赛，这让年幼的海因茨很难忍受，于是为了看一场足球赛，他必须冒着被殴打的危险装作非犹太人混入场内。热爱足球这种典型的德国式爱好也许是他的祖国给他的少得可怜的馈赠之一，他在足球这种激烈对抗的运动中表现出来的求胜欲与他瘦小、单薄的身体很不相称，也使他的小伙伴们印象深刻，有一年他甚至成为了班级足球队的队长，当然不是由于他的运动技能而是他的领导才能。然而，年幼的基辛格令人难忘的还是他的好学以及与他父亲类似的学者风格。据他的弟弟沃尔特回忆，"他是一个内向的书呆子"。他儿时的好友齐波娜回忆，她"一直记得海因茨手臂下总有一本书"。他也显露了与他父亲较为类似的个性：害羞、敏感、超脱、有点不安全感以及认真、爱思考。[1]

在纳粹灭绝犹太人的计划加紧实施之时，基辛格全家于1938年8月逃离德国，远离了灾难的中心，但至少有13位留在德国的基辛格的近亲死于纳粹大屠杀。[2] 童年的灰色记忆（基辛格并没有亲眼看到纳粹对犹太人的大规模屠杀）对于基辛格思想的形成产生了怎样的影响？许多研究者试图用心理分析探讨这一问题，然而这却是心理分析者们难以把握的，因为一个人的人生经历对其思想的影响有多大，最权威的发言人恐怕是这个人自己，而这一被分析者（特别是基辛格这样善于把握他人心理状态的研究对象）往往否认或者低估对自己不利的结论。在这一问题上，基辛格要么避而不谈，要么轻描淡写，"基辛格极力缩小他的犹太传统（对他的影

---

[1] Walter Isaacson, *Kissinger: A Biography*, p. 22.
[2] Ibid., p. 29.

响)……他也极力缩小童年时所遭受的创伤"①。1958年他对记者说:"我在菲尔特的生活并没有给我留下长久的印象。"②他在1971年接受采访时说:"我并没有感到不愉快。我没有敏锐地意识到发生了什么。对孩子们来说,这些事情并不是那么严重。"③每当提及他的童年经历时,他都以这些老生常谈来搪塞,"他对别的采访者也说过几乎完全相同的话"④。

  基辛格极力淡化自己的出身背景和童年遭遇主要是基于两方面的考虑:首先是基辛格渴望融入美国主流社会文化的需要;其次,避免自己的出身背景成为政敌攻击的口实。此外作为公众人物,他在这一问题上三缄其口还意在保持自己对于公众的神秘性。1972年12月,他接受著名意大利记者奥瑞娜·法拉奇(Oriana Fallaci)的采访,最后,连足智多谋的法拉奇也慨叹:"我从来没有采访过像你这样回避密切相关的问题和解释,像你这样为自己处处设防,试图不让人洞穿你的个性。"基辛格狡黠地回答说:"我相信我思想上是相当均衡的。你知道,有人将我的个性描述为神秘的、饱受痛苦折磨的,也有人认为我是一个总是笑容可掬的快乐家伙。两种描述都是不正确的。我既不是这个也不是那个。我是……不,我不会告诉你我是什么样子。我不会告诉任何人。"⑤

  实际上基辛格离开德国时已经年满15周岁,反犹主义对他们的敌意与排斥以致最终被迫离乡背井、纳粹大屠杀使他失去了留

---

① Walter Isaacson, *Kissinger: A Biography*, p. 26.
② Ibid.
③ Ibid.
④ Marvin Kalb and Bernard Kalb, *Kissinger*, p. 35.
⑤ Oriana Fallaci, "Kissinger: An Interview", *The New Republic*, Vol. 16, December 1972.

在德国的亲人等等不可能不给他留下刻骨铭心的记忆。心灵创伤是不可避免的,但是,其程度显然是因人而异,因此从另一方面来说,在此之前的十余年,德国社会一直处于动荡之中,犹太人政治地位的急剧下降、失业等等都很难给少不更事的基辛格造成更大的伤害,因为他在反犹主义的包围之外还有自己犹太人社区的小天地,而且基辛格家族从来没有完全融入到德国社会中,他们的基本社会联系都限于犹太正教社区。① 毕竟他们还能在游戏中享受自己的少年时光。② 因此,对于1938年11月"砸玻璃之夜"之前的德国犹太儿童来说,反犹主义所造成的伤害更多的是在心理层面(反犹主义在德国有根深蒂固的传统,但在1935年《纽伦堡法案》通过之后才逐渐发展成对犹太人的系统迫害,1938年11月的"砸玻璃之夜"是一个转折点)。1988年基辛格的传记作者沃尔特·伊萨克森访问基辛格的母亲时,她还清楚地记得他的孩子们在纳粹青年团喊着辱骂犹太人的口号列队走过时所流露出的可怜的惊吓与迷惑,因此,"迫害与殴打以及每天面对恶毒的反犹主义使他觉得自己像一个弃儿"③。童年时期的这些遭遇必然会对人造成极大的心理伤害,基辛格儿时的朋友维纳·冈得尔芬格说:"我们不能去游泳池,不能去舞会或者茶室。我们去任何地方都能看见'犹太人不得入内'的牌子。这些事情会继续存在于你的潜意识中。"弗兰克·哈里斯说:"我们的成长都伴随着一定程度的自卑感。"④这些叙述无疑与基辛格的说法有很大的出入,但是如果我们注意到

---

① Jeremi Suri, *Henry Kissinger and the American Century*, p. 26.
② Walter Isaacson, *Kissinger: A Biography*, pp. 21—25.
③ Ibid., p. 26.
④ Ibid., p. 27.

## 基辛格

基辛格的谈话都是在公开场合,作为一个公众人物(起初是一个著名学者,后来是身居高位的外交决策人),他在涉及一些敏感问题时不得不有所顾忌,"只是有时在开玩笑时,他才会抱怨太多有关他家庭背景的报道将会使'所有的反犹主义者公开地'攻击他"①。反犹主义并不随纳粹的失败而销声匿迹,即使在美国也存在根深蒂固的反犹主义思潮与势力。尼克松总统在其任期最初的一年半内有意将基辛格排斥在中东事务的决策之外,也是怀疑他的犹太人出身可能导致他对以色列过分地偏袒。② 因此,基辛格接受采访时的谈话是典型的"外交辞令",因为言多必失,他确实需要有意回避一些问题和解释,但仔细解读不难发现他的真实考虑。实际上,他后来在回忆录中也承认对这一段经历有刻骨铭心的记忆,他说,在纳粹上台后——

> 我被迫去一所种族隔离的学校上学。每一次到街上散步都变成了一场冒险,因为我的德国同龄人可以随意殴打犹太小孩,而不会受到警察的干涉。……我永远都记得第一次在纽约市的街道上散步的激动。当看到一群男孩,我马上跑到马路的另外一边,以避免挨打。然后,我才想起我现在在什么地方。③

### 美国人亨利

公元 1620 年,"五月花"号抵达大洋彼岸的新大陆,播撒了"美

---

① Walter Isaacson, *Kissinger: A Biography*, p. 26.
② Henry Kissinger, *White House Years* (Little, Brown and Company, 1979), p. 348.
③ Walter Isaacson, *Kissinger: A Biography*, pp. 228—229.

国梦"的种子:在一片自由的土地上自主地实现自己的梦想。1938年,基辛格一家也开始了他们的"美国梦"之旅。逃亡的基辛格一家先是去了伦敦,随后移居美国纽约。在纽约曼哈顿上城华盛顿高地,逃亡的犹太难民获得了自由,按照基辛格的说法就是"可以昂首穿过大街"①,但是艰难的谋生却开始了。在一个陌生的国度,语言、工作、学校都是必须解决的新问题,一个逃亡的犹太难民家庭的艰辛是可想而知的。15岁的基辛格有了一个新的美国名字——亨利,这是艰苦的"美国化"过程的开始。凭借过人的天赋,亨利很快成为华盛顿中学的优等生,但是迫于生计,一年后他改上夜校,白天到他亲戚开的毛刷厂工作,他最初的工作是穿着厚重的橡皮手套挤掉鬃毛上的酸水,后来担任送货员。尽管生活艰辛,基辛格依然以优异的成绩从华盛顿中学毕业,随后他进入纽约市立学院学会计。当时,他最大的愿望就是成为一名会计师,这大致是一个初来乍到的新移民最为现实的人生规划了。虽然基辛格比他的那些犹太同乡更迫切地希望融入美国,但到此为止,他的社会触角还没有超越这个被戏称为"第四帝国"的华盛顿高地②,没有更多的机会接触到这个狭小的犹太人社区以外的美国社会。

但是随着美国在第二次世界大战中各大战场的推进,需要更多的士兵执行战斗、占领任务,新移民的青年一代成了重要的兵源。许多犹太新移民加入了美国军队,1943年2月,基辛格也开始了军旅生涯。军队使他真正投身于美国种族大熔炉之中。在军队当中,他加入了美国籍,成为了美国公民。他还幸运地遇见了对他一生产生重大影响的弗里兹·克雷默,他的天赋和才能由此得到

---

① Walter Isaacson, *Kissinger: A Biography*, p. 33.
② 因该地是从纳粹德国(第三帝国)逃亡的犹太人的聚居地。

基辛格

**基辛格与克雷默**

重视和发挥。他来到了欧洲战场,作为一个反纳粹的美军士兵回到德国。在克雷默的大力举荐之下,基辛格从美军第八十四步兵师的众多普通士兵中脱颖而出,成为波林将军的德语翻译。盟军占领德国后,克雷默又推荐军士基辛格担任了几座小城镇的管理者,基辛格在此期间所表现的出色管理才能连克雷默都感到吃惊。1946年4月,基辛格被派往位于南巴伐利亚的美军欧洲情报指挥学校,学校坐落在风景优美的阿尔卑斯山麓。虽然基辛格没有大学文凭,也只是一名23岁的士兵,但他出色的才能及其德国出身背景使他成为这所学校的教员,为盟军官兵教授德国社会的知识,他的学员中很多都是年龄更大、受过良好教育的军官。随后基辛格离开军队,而成为这所学校薪金丰厚的文职教员(一万美元的年薪在当时是非常优越的待遇)。1947年7月,基辛格决定回国继续他的学业。"去一所好大学。一个绅士是不会上纽约本地大学的"[①],克雷默的见解再次对基辛格产生了重大影响。这一段军旅生涯对基辛格的影响是非常重要的,他终于从狭小的犹太人社区走向了一个广阔的人生舞台,更为重要的是他的第一次人生冒险异乎寻常地成功,经历了残酷的战争,履行了占领者的权威,初出茅庐的基辛格收获的是人生信心,可以说这是基辛格人生的真正转折点。但是早年经历所形成的性格特征依然伴随着他——"自信与不安全感,自负与

---

① Walter Isaacson, *Kissinger: A Biography*, p.57.

弱点,傲慢与被认可的渴望并存:在基辛格青年时代,这种负责的混合特征已经在他的性格中形成并将伴其终生"①。

"外交魔术师"基辛格

在9年之后,基辛格第二次从德国启程横渡大西洋抵达美国。不过,这一次不是作为逃亡的难民,而是凯旋的士兵。他的入学申请被哈佛大学接受,1947年秋季,24岁的基辛格成为哈佛的二年级新生。这个时候的基辛格说英语时依然带着巴伐利亚腔,但他已基本完成了从犹太难民向美国公民的转化。哈佛大学不仅为他开启了一道知识之门,而且在校的经历也为他奠定了今后学术与政治生涯的基础。经过近十年的努力,1957年,他的两本著作《重建的世界》《核武器与对外政策》相继出版,由此确立了他在美国国际关系学界的学术声誉。基辛格在政治上也异常活跃,从50年代后期开始,先后在艾森豪威尔、肯尼迪、约翰逊三届政府内担任外交政策顾问。同时,他不断著文立说批评美国政府的对外政策。1969年,他出任尼克松政府的国家安全事务助理,1973年9月又担任国务卿,是尼克松和福特两届美国政府外交政策的主要制定者和执行者。1977年卸任公职以后,基辛格在经营财源滚滚的环球商务咨询公司的同时,不断著文立说纵论时政,又出版了六部新著,为美国的全球战略出谋划策。

基辛格从犹太移民到美国国务卿这一段富有传奇色彩的经历堪称"美国梦"的典型,尽管他是一个极富争议的人物,美国人依然给他以极大的认同。1972年,基辛格在盖洛普民意测验"最受尊重

---

① Walter Isaacson, *Kissinger: A Biography*, p.56.

基辛格

的人"排行榜中名列第四,1973年跃居第一。1973年5月,78%的美国人能够认出基辛格,这一比例是除了美国总统、总统候选人以及大牌体育和娱乐明星以外没有其他人达到的。① 这一年的1月23日,经过长达4年多的艰苦谈判,基辛格与黎德寿草签"巴黎协定",宣告美国在印度支那半岛的军事卷入基本结束。3月底,美军撤离越南,美军战俘回到美国,在美国人眼中,基辛格成为和平的缔造者。

9月22日,基辛格正式就任美国第56任国务卿,这是由移民身份而后加入美国籍的公民在美国政府行政体系中能够担任的最高职位。尼克松在就职仪式上列举了这一历史性任命的含义:基辛格是加入美国籍的公民中担任国务卿的第一人,是第一个在任命前就访问过北京和莫斯科的国务卿。尼克松还开玩笑地说道:"也是第二次世界大战以来第一位不留分头的国务卿。"10月16日,尽管存在巨大争议,诺贝尔委员会宣布将该年度的诺贝尔和平奖授予基辛格和他的越南谈判对手黎德寿,以表彰他们为正式结束越南战争所做的努力。此时,第四次中东战争爆发,基辛格几乎完全接管了深受水门事件困扰的尼克松总统的最高外交决策权,担负起调解阿以冲突、在中东缔造和平的重任。基辛格的权势和威望达到了顶峰。一幅极富象征意义的画面出现在1974年4月1日出版的《时代》周刊封面:在大幅标题"亨利是如何做到的"之下,基辛格以一个魔术师的面目出现,正从他的帽子里变出一个衔着橄榄枝的和平鸽,勃列日涅夫、萨达特等一帮世界级的领导人则似

---

① Harvey Starr,"The Kissinger Years: Studying Individuals and Foreign Policy", *International Studies Quarterly*, vol. 24 ( December 1980 ).

乎充当着顺从的观众角色,旁边的旗幡上写着"伟大的基辛格"。①"外交魔术师"基辛格成为70年代世界外交的符号。

开风气之先的时代"潮人":基辛格与五位导师和资助人

正如基辛格所言,很难想象一个外来的难民会站在这个20世纪全球最强大国家权势和威望的顶端,那么"亨利是如何做到的"呢?除了他过人的天赋与才能、工作狂般的旺盛精力乃至他善于与不同类型的人打交道的能力之外,还有没有其他的原因呢?

外交家、政治家在人们的心目中总是一副刻板的形象,装束总是中规中矩,很难与潮流有多少关系。更何况一个其貌不扬、大腹便便、戴着玳瑁边眼镜,看上去就是一个迂腐学者的基辛格,似乎更是绝难与时尚潮流挂钩的。但亨利确实又做到了。好莱坞可谓是美国乃至全球时尚潮流的发源地,在成为美国政坛一颗冉冉升起的明星之后,基辛格与好莱坞建立了良好的关系,频频出席好莱坞的各种活动,是好莱坞名人争相邀约的座上客。基辛格成功地成为无孔不入的娱乐记者争相报道的热点,他与众多好莱坞女星交往的新闻往往成为人们茶余饭后的谈资,特别是他与扮演《007》"邦德女郎"的女星吉尔·圣约翰从1970年5月开始了长达3年多的约会,更是为人们津津乐道。② 基辛格以这样的方式成为时尚潮流圈的焦点人物,这样一位外表古板的政客却成为时尚"潮人"。许多评论者都认为这是基辛格有意借与好莱坞女星的绯闻提高自己的知名度,这样的判断只是指出了基辛格利用媒体的能力,而实

---

① *Time*, 1 April 1974.
② 基辛格有过两次婚姻:1949年2月,与同是在纽约犹太社区中长大的安妮丽思·弗莱歇尔结婚,1964年8月离婚,育有一子一女;1974年3月与南希·迈金尼斯结婚。与吉尔·圣约翰约会这段时期正好是他的婚姻"真空期"。

际上基辛格敏锐地意识到日趋发达的大众传媒业在美国政治中扮演的重要角色,学会与媒体打交道无疑在决策者与普通选民间建立起了良好的沟通渠道。基辛格也确实做到了这一点,他一直都是媒体的宠儿,对基辛格的这些绯闻报道非但没能对一个政治人物的前途带来危害(在大多数情况下都是如此),反而增强了他的地位。尼克松总统1973年9月决定提名他担任国务卿时,有部分的考虑就是利用基辛格在媒体和公众中的巨大影响力抵消水门事件给政府威望带来的巨大伤害。在美国当代政治家中,娴熟地利用大众传媒影响力(用一些人的话来说是"操纵媒体")推行其政策、增强个人影响力,基辛格也许不是最优秀的,但至少他是较早有这样的自觉意识并付诸实施的出类拔萃者。把握时代的脉搏,开风气之先,始终处于历史潮流的最前沿,这也许是基辛格成功的根本。

的确,基辛格的成功之路是一条非传统的道路,他没有复制传统的美国梦之路:不是类似于尼克松那样通过选举政治之路从平民登上美国政治权力的顶峰,也不是像约翰·洛克菲勒那样白手起家创建了自己的商业帝国,更不是类似于麦乔治·邦迪那样依靠自己出身名门的优势地位造就人生辉煌。从纽约华盛顿高地开始他的美国梦之旅,基辛格的人生起点比上述三位都要低,但是"他顺应变迁的环境,并且当那些不可预测的机遇出现之时,他牢牢地抓住了……他是摧毁法西斯主义、占领敌人领土的新军事组织的先锋一代中的一员,他是应对战后挑战的新学术计划的参与者,是筹划全球大战略的新专家团队中的成员,是授权进行冷战的新决策班子的成员"①。总而言之,基辛格是 20 世纪塑造美国世纪的那些新的力量潮流的代言人,基辛格以他超人的自觉能力,敏锐地把握潮流的走向,不愧为处于美国世纪时代潮流前沿的时代"潮人"。

当然,基辛格并不是先知先觉地预见到潮流的走向(这样的人也许从来就没有出现过),而是当机遇出现,其他人也许还懵然无知的时候,他敏锐地把握住了。他与五位导师和资助人的关系很形象地演绎了基辛格的这一过人品质。

基辛格在军队巧遇的第一个人生导师就是上文提到的弗里兹·克雷默,他是德国文化的传人。克雷默是不满纳粹统治逃亡美国的日耳曼人,与基辛格被迫的逃亡不同,他的流亡是主动的选择。他学识渊博,拥有德国歌德大学的法学博士学位和罗马大学的政治学博士学位,是一位对欧洲思想文化有很深造诣的学者。克雷默的出现"给了 21 岁的基辛格全面的影响,而此时基辛格正在寻求指导和方向。当他处于丧失其文化传统认同的时候,这个普鲁士学者——士兵成了德国文化的人格化身"。正是在克雷默的指导、培养、扶持之下,基辛格初露锋芒。21 岁的士兵基辛格开始接触到斯宾格勒、康德、妥斯陀耶夫斯基这样的欧洲思想家。此时,基辛格不再对成为会计师心驰神往,而是超越物质层面的生存,将目光投向深邃的人类历史,思考自由、道德等形而上问题。

1947 年秋季,根据克雷默的推荐,基辛格进入哈佛大学开始了学术之路。在这个基辛格思想最终形成的时期,两位哈佛政府系教授对基辛格产生了重大影响。卡尔·弗里德里希和威廉·埃利奥特是政府系的两位大牌教授,他们对基辛格思想形成的最后阶

---

① Jeremi Suri, *Henry Kissinger and the American Century*, p. 2.

卡尔·弗里德里希教授　　　　　威廉·埃利奥特教授

段起到了决定性的作用。弗里德里希是生于德国的新教徒,和克雷默一样也是属于德国中上层阶级的一员,受过良好的教育,1926年为求学离开德国,最后执教于哈佛。弗里德里希是康德哲学的忠实信徒。埃利奥特则是来自田纳西的新英格兰人。20年代早期,埃利奥特作为罗得斯访问学者赴牛津大学,在这里,康德的著作征服了他。弗里德里希是严谨的欧洲大陆传统型学者,他对于埃利奥特浮夸的风格,凭借直觉想象的漫不经心的学风持轻蔑的态度,因此弗里德里希和埃利奥特在政府系无论在学术上还是个性上成为势同水火的竞争对手,但这并不妨碍他们对康德哲学的共同爱好。政府系的学生发现,很难同时与这两位教授保持密切的关系,非常有趣的是基辛格却做到了,这令他的同学们很吃惊,有研究者认为这也许是基辛格意识到两位教授之间的竞争掩盖了他们具有共同的哲学传统,而聪明的基辛格显然找到了与两位教授沟通的话题。当然,这也表现了基辛格在竞争的各方之间纵横捭阖的才能,弗里德里希后来就这样评论他的学生:"他是一个很圆滑的奉承者,这是他成为一个成功的谈判家的部分原因。"实际上弗里德里希的评论不仅适用于他与其导师的关系,也适用于基辛格与其竞争对手的关系,基辛格传记的作者沃尔特·艾萨克森就指出:"在大多数情况下,他会表现出类似于移民的那种渴望,讨好其批评者,寻求他们回心转意。一个朋友曾经说过,'基辛格有一种非常强烈的使所有人都喜欢他的需求'。"

在两位教授的调教与扶持之下,基辛格在哈佛大学如鱼得水,大学本科毕业后留在哈佛继续攻读研究生。1951年,在埃利奥特的帮助下,他担任了哈佛国际讲习班的执行主任,这个讲习班旨在将"那些在各自的国家即将登上领导职位的"外国年轻人聚集在一起。在为期6周的时间中,基辛格成为好几位未来外国政治家的指导老师,与他们建立了宝贵的联系。1952年3月,也是在埃利奥特的帮助下,基辛格成为《合流》杂志的主编①。1954年,基辛格获得了博士学位。哈佛求学的经历奠定了基辛格一飞冲天的基础。

1955年,基辛格成为对外关系委员会核武器与对外政策研究项目的主任,1957年根据这一项目研究成果出版了《核武器与对外政策》一书,并据此获得战略家的美名,也因此跻身重要的国际关系学者的行列。同样重要的是,在完成研究项目期间,基辛格结识了纳尔逊·洛克菲勒,双方建立了非常密切的朋友关系。1956年洛克菲勒邀请基辛格协调一项洛克菲勒兄弟基金会的专题研究项目。此后,基辛格担任洛克菲勒的对外政策顾问,他因此更深层次地

**纳尔逊·洛克菲勒**

---

① 《合流》(Confluence)杂志系基辛格创办的哈佛学术期刊,自1952年3月至1958年夏季以季刊出版。该期刊汇集欧美学术名流探讨广义的政治问题,声称超越党派分歧即"左派与右派"的对立。

# 基辛格

进入到美国外交权势集团的圈子之内。当然,富甲美国的洛克菲勒也成为基辛格的财政资助人。

基辛格得以成功的最后一位关键人物就是理查德·尼克松。尼克松与纳尔逊·洛克菲勒是共和党内势同水火的竞争对手,而基辛格长期以来一直是洛克菲勒的幕僚。1968年,洛克菲勒与尼克松竞争共和党总统候选人,基辛格是洛克菲勒重要的竞选幕僚,但是洛克菲勒最终落败。然而在最终赢得大选之后,尼克松却决定邀请基辛格担任他的国家安全事务助理,把基辛格送上了世界外交舞台。尼克松与基辛格形成了一对奇特的组合,他们在设计和推行新的美国外交方针时的战略共识与密切合作,他们在追求个人声望上的紧张对立与冲突,他们对彼此才能与洞察力的惺惺相惜,在许多方面相互契合,许多方面又相互排斥。但是无论如何,是尼克松使基辛格的外交才能有了发挥的可能,基辛格曾说:

> 我不能确定与另外一个总统能不能做与他(尼克松)所做的那些事情。这样一种特殊关系,我指的是我和总统之间的关系,总是取决于两个人的风格……确实,一些事情取决于总统是哪种类型。我所做的一切之所以可以实现是因为他使我有了去做这些事情的机会。[①]

在美国外交决策体系中,国务院、国防部传统上都拥有较大的决策权,而国家安全事务助理是国家安全委员会的召集人,是总统的最高外交顾问,其办公地点也在白宫,其权威取决于总统的信任。基辛格又一次牢牢抓住了尼克松为他提供的机会,在关键性

---

① Oriana Fallaci, "Kissinger: An Interview," *The New Republic*, Vol. 16, December 1972.

的决策问题上坚定地站在总统一边,很快在尼克松政府的外交决策体系中战胜了实力强大的竞争对手,成为对尼克松影响最大的外交政策顾问和首席外交家。

20世纪也是美国社会结构发生巨大变迁的时期,特别是第二次世界大战以后,以哈佛大学为代表的高等教育体系试图容纳退役军人、新移民精英,以塑造美国开放的自由社会特征。传统的"白种盎格鲁撒克逊新教徒"(WASP)垄断美国社会权力的局面得以改变,更多的移民族群开始进入各类社会权力组织。犹太人是这一潮流的先锋,他们迅速从战争时期处于世界权力边缘的地位进入美国(乃至全球)权力中心,因此从某种意义上来说,"美国世纪不是一个民主世纪,但却是一个犹太人的世纪"[①]。基辛格是这一潮流的受益者,他的入学申请为哈佛大学所接受,尼克松向他提供国家安全事务助理的职位,都是这一潮流推动的产物。当然,基辛格也是这一潮流的引领者,他在犹太人较难进入的政界获得了成功,官至总统国家安全事务助理、国务卿,成为迄今为止在美国政界担任最高职位的犹太人,为犹太人带来了殊荣。如上文所述,基辛格在公众场合有时会刻意淡化他的犹太人身份,但他自始至终都充分利用犹太人在美国社会的优势资源。他与好莱坞的密切关系以及他与媒体的良好互动都是缘于美国犹太人社会之间的互相扶持。在70年代时,犹太人在好莱坞占据了半壁天下,著名影星柯克·道格拉斯、伍迪·艾伦以及与上文提到的女星吉尔·圣约翰都是犹太人。犹太人在媒体中也处于较大的优势地位,美国的两大报纸《纽约时报》和《华盛顿邮报》都掌握在犹太人手中。

---

① Jeremi Suri, *Henry Kissinger and the American Century*, p.10.

### 自由与限度：基辛格的战略思想

第二次世界大战以后美国社会结构的变迁也体现在外交决策层构成人员的变化，自20世纪60年代以来大批的学术精英开始跻身外交决策层，改变了由职业政治家垄断的局面。而此后许多高层外交人员在退出公职后或者重拾教鞭，或者加盟智库，这就是所谓的"基辛格症候"，即外交决策高层与国际关系学界精英之间的角色转换。这一现象之所以以基辛格命名，是因为基辛格同时在学术与政策领域都取得了令人瞩目的成就。同时也体现了他开时代风气之先的"潮人"本色：他是战后最早一批有意识与政府建立联系，并担任政策顾问而最终担任政府高职的学术精英。这样的特殊背景也赋予了基辛格的战略思想具有与其他政治家相比所不同的特征，即战略思想的理论自觉意识。对此基辛格在总结他的外交生涯时曾写道："我从二十年的历史研究中形成了一种哲学，并带着这种哲学上任担任公职。"[①]因此，在研究其战略思想时不可避免地将其思想背景作为首要的考察对象。

**必然与自由：基辛格的悲观主义与浪漫主义**

在国际关系思想史上，基辛格被视为"传统的现实主义者"[②]，这不仅指他是从传统的历史、哲学分析的角度构建其学术体系，他

---

① Henry Kissinger, *White House Years*, p. 54.
② Hayward Alker and Thomas Biersteker, "The Dialectics of World Order: Notes for a Future Archeologist of International *Savoir Faire*", in James Der Derian, ed., *International Theory: Critical Investigation* (New York: New York University Press, 1995), p. 247.

与50年代刚刚兴起的以行为主义研究路径重构学科体系的新学派格格不入;更为重要的是他试图追寻西方哲人的思想轨迹,从形而上的层面探寻人类的困境与出路。基辛格于1950年完成的本科毕业论文《历史的意义——关于斯宾格勒、汤因比及康德的思考》就体现了他的这一努力,基辛格对战略的理解主要是基于他早年的这一系列思考所得出的结论,并成为基辛格战略思想的基本思想背景。

传统现实主义国际关系理论植根于对人性的悲观预期,是建立在对道德进步和人类能力的悲观主义认识基础上的。现实主义者把历史看作是循环的而不是进步的,他们对于人类是否有能力克服反复出现的冲突,建立持久的合作与和平深表怀疑。现实主义世界观更多看到的是人类经验中周而复始的悲剧。一方面,基辛格的悲观主义历史哲学深受斯宾格勒影响,斯宾格勒在1918年出版的《西方的衰落》一书中描绘了一幅文明由产生、发展、兴盛最终必然走向衰亡的灰暗图景,文明的兴衰与生物有机体的演变一样都是一个必然的过程。斯宾格勒认为西方文明日益成为一个毫无"灵性"的实用主义和物质主义的文明,必定会走向衰亡。同时,他的历史悲观主义还有着非常切身的个人体验,这与他被主流社会视为异己的童年经历密切相关,也与他作为一个经历了数百万犹太人和非犹太人死亡的二战的参加者密切相关。死亡集中营是"上帝死了"的有力图解,并且足以摧毁关于永恒生活的宗教信仰。受此影响的基辛格在《历史的意义》一文中描绘了一幅人类生存状态的灰暗图景:"生命是痛苦,既有生,必有死。生存注定是转瞬即逝的。从来就没有一种文明是永恒的,没有一种期望是能完全实现的。这是必然性,这是历史的宿命,这是世人不可逾越的困境。"①历史循环论与历史悲观主义与历史宿命论几乎没有太大的距离,因此,人类历史受这种必然法则的诅咒似乎是不可避免的。

但是基辛格的历史悲观主义在这个节点却与历史宿命论分道扬镳。基辛格在《历史的意义》一文开篇就提出了他试图解决的一个悖论性质的中心命题:回顾我们的行动时它似乎是不可避免的,但我们在采取行动时却相信我们在进行选择,"回顾事件,它的发生是不可避免的,发生的事实证实了不可避免性。……然而,每一事件不仅仅是一个后果,同时也是一个内在的体验。作为结果受必然性支配,作为一种体验,它表现了独特的个性"②。寻求历史的意义首先必须解决的就是自由和必然的关系问题。他认为这不可避免地要进行形而上学的追问,"因此,历史哲学与形而上学密不可分,并且涉及对自然和人类本性的神秘性和可能性的充分认识。在思想家们对人类必然和人类自由这一问题不同观点中,在他们向不可企及的理性不断接近的历程中,存在着历史意义的答案"③。于是基辛格将他的目光转向了英国历史哲学家汤因比。斯宾格勒的决定论将人类文明简化为前定的生物有机体过程,人类文明最终会不可避免地走向悲惨的结局,这无疑是对人类自由和价值的否定。基辛格认为,斯宾格勒虽然理解"历史事件的命定性,以及伴随文明成长的除魅",但是他"没能认识到必然性没有鼓舞作用,不能作为好的指导……成功和失败是相对的属性,只是在回顾时

---

① Henry Kissinger, "The Meaning of History: Reflection on Spengler, Toynbee and Kant", Unpublished Undergraduate Honor Thesis, Harvard University Archives, 1950, p. 326.

② Ibid., pp. 1—2.

③ Ibid., pp. 9—10.

才有意义并且从来不能最终下定论的。但是伴随着行动的态度证明了人的一种个性,证明了人所赋予客观必然的内在的独特性"①。而汤因比"这位英国历史学家与斯宾格勒不同,他认为历史有'目的性',汤因比在自身宗教信仰的基础上强调人的内在自由是精神的存在。'挑战与反应'的概念就代表了历史的目的性,因为不管某个特定文明的兴起和衰落,它描述了在其中人类进步的方式"②。总之,汤因比认为历史是人类精神抗争的历程而不是斯宾格勒认为的没有任何"目的性"的前定生物有机体过程。基辛格对汤因比的理论作了如下的诠释,"成长和衰退只是掩盖了根本的一致性,上帝由此向人类显现他自身……文明的分崩离析只是为了展示更为高级的经验,为了超越现实的此在和彼岸的上帝之城,它将从人类毁灭之城的废墟之中诞生"。③

基辛格从斯宾格勒和汤因比的历史哲学中获取自己的理论元素。他接受了斯宾格勒悲观主义以及"直觉认识"的概念,抛弃了他的历史循环论和决定论。他激烈批评汤因比的经验主义认识论,但接受了汤因比关于人类历史活动具有自由空间的观点。但是,斯宾格勒和汤因比都没能很好地解答历史的意义以及必然与自由的关系问题,于是,基辛格把目光转向了18世纪德国的哲学家伊曼纽尔·康德。

在西方哲学史上,康德是一个划时代的人物,他在对莱布尼

---

① 引自 Stephen Graubard, *Kissinger: Portrait of a Mind* (Norton, 1973), p. 8。

② Peter Dickson, *Kissinger and the Meaning of History* (Cambridge University Press, 1978), p. 30.

③ Henry Kissinger, "The Meaning of History: Reflection on Spengler, Toynbee and Kant", pp. 136—137.

**基辛格**

茨—沃尔夫形而上学的批判基础上构建的批评哲学体系成为西方哲学史上的转折点,被称为哲学史上的"哥白尼式的革命"。基辛格写道,康德"完成了形而上学的革命,他坚称物质客体只有在符合由理智所规定的范式和规律时(而不是理智符合外部现实)才能被理解"①。康德将客观现实划分为两个部分,世界作为"现象"作用于我们的感觉,世界作为"自在之物"(本体)。我们只能认识作为现象的客体即客体作用于我们的感觉时才能被我们所把握,我们的意识是"某物"的意识,但这一"某物"或"自在之物"永远不能为我们所理解。总之,"现象"只能为纯粹理性所把握的,而"本体"这一自在之物则是思辨理性的对象。康德所做的现象世界和本体世界的二元划分为人类生活保留了形而上的层面。总之,"正如基辛格指出的,(康德)批判哲学的任务在于规定'外部现实被纯粹理性理解的形式和综合的先验判断是可能的'"②。同样,康德认为人不仅是现象世界的客体,也是作为本体的自在之物。研究基辛格的学者克利瓦认为,"因为本体的或精神的层面与人的自由意志紧密相连,构成人的有关物质世界的观念的精神范畴不能应用于人的本体的层面。正是这一本体世界的概念超越了历史的物理层面,基辛格由此发现了在历史中实现自由的基础。康德的形而上学路径提供了必然与自由悖论的一个更为综合的解答和有关历史意义的更为深入的洞察力"③。本体只是通过人的内在体验展示自己,因此人只有成为自在之物才能实现自由,基辛格由此找到了超

---

① Henry Kissinger,"The Meaning of History: Reflection on Spengler, Toynbee and Kant", p. 273.

② Ibid., p. 273.

③ Gregory D. Cleva, *Henry Kissinger and the Approach to Foreign Policy* (New York: Associated University Press, 1989), p. 35.

越历史决定论的思想秘方,"生活的意义成为个性的显示。目的性不能由现象世界来揭示而成为内心决定的组成部分。在一个决定论的世界,自由确立了自身的位置",基辛格继续写道:"在一个决定论的世界,自由的经历意味着只有通过将我们的个性传递到历史事件的无情发展中我们才能够超越必然。"①这种近乎浪漫主义的自由观念在他以后的著作中得到体现,比如他在《重建的世界》中对梅特涅和卡斯尔雷重建拿破仑帝国之后的欧洲大陆国际秩序的叙述。迈克·史密斯也认为,这种自由观念是基辛格的治国观念的信条。②

在自由与必然这一对充满悖论性质的命题上,基辛格由此得出了一个奇怪的二元论的结论。他认为,一方面人类逃脱不了历史必然性的宿命,正如斯宾格勒的预测一样,每一种强大的文明都必然走向衰落,悲剧性是历史不可避免的图景。这种决定论的悲剧主义成为基辛格思想中的一个重要因素。基辛格的悲观主义历史观为其历史哲学奠定了一个灰色的基调。

但是基辛格的二元论更为重要的一方面是他对人类创造历史的自由性的强调。他在《历史的意义》中对斯宾格勒的观点作了如下的修正:"过去死了,但是自由左右着未来。"③

1974年他在接受《纽约时报》采访时又说道:"作为一个历史学家,他必须意识到悲剧的不可避免性。作为一个政治家,他必须以

---

① Henry Kissinger,"The Meaning of History: Reflection on Spengler, Toynbee and Kant", p. 274, p. 285.
② Michael Smith, *Realist Thought from Weber to Kissinger* (Louisiana State University Press, 1990), p. 197.
③ Henry Kissinger,"The Meaning of History: Reflection on Spengler, Toynbee and Kant", p. 8.

所有的问题都必须得到解决为前提采取行动。"①

因此,虽然"他(基辛格)和康德一样强调自由与必然的矛盾,但是他宣称必然性从其不可挽回性的意义来说是过去的特征。这样,对基辛格来说根本的问题在于通过不断运用人的自由和发挥人的个人意志来超越过去和否定时间"②。基辛格宣称:"对历史的体验使我们能够从过去的苦难和历史的挫折中崛起。"③

基辛格接受必然,但坚信自由的二元论赋予了他的思想同时具有悲观主义与浪漫主义两种气质。悲观主义是人类生存状态的基本描述,是不可逃脱的必然,是根本限制性,是审慎的政策风格的基本原因。而浪漫主义是在必然大幕下打开的一扇气窗,是积极的政治家行动的基本动因。因此,基辛格的历史哲学一方面强调人类有义务塑造历史进程,人能够战胜宿命掌握自己的命运。不是历史创造了人,而是人能够并且必须创造历史。基辛格的"历史哲学是完全体现自由这个词的意义的哲学"④。另一方面,"认为人和国家都应当认识其限度的观念是基辛格政治哲学的主题"⑤。"限度"一词是指人和国家对其有限性的认识或意识,他写道:"自由总是涉及对限度的认识和对人性的承认……道德规范必须存在于一种内在的状态和个体对限度的认识。最后的解放源于我们自身,源于一种个体的并且本质上是不能交流的体验。⑥ ……自由不仅仅只是产生于一种内在的状态,而且也源自于对限度的认识。

---

① James Reston, "Partial Transcript of an Interview with Kissinger on the State of Western World", *The New York Times*, 13 October, 1974.
② Peter Dickson, *Kissinger and the Meaning of History*, p. 46.
③ Stephen Graubard, *Kissinger: Portrait of a Mind*, p. 8.
④ Peter Dickson, *Kissinger and the Meaning of History*, p. 86.
⑤ Ibib., p. 90.
⑥ Henry Kissinger, "The Meaning of History," p. 345.

这种认识是宽容,是关于人必须为其自身的努力设定边界的知识,这将导致个人尊严的积极的直觉判断。"①基辛格还将人类有限性的观点提升到历史哲学的高度,他总结道:"如果历史有什么教训的话,那就是没有平衡就没有和平,没有节制就没有正义。"②

核战略与有限战争

基于悲观主义的历史观,现实主义者强调"用权力界定的利益概念是帮助现实主义找到穿越国际政治领域的道路的主要路标",政治过程实际上就是权力斗争过程,并且"国际政治和其他政治一样,也是一种权力斗争"③。而在国际政治过程中,军事武力是构成一个国家权力的基本物质要素,战争或者战争威胁是实现国家目标的根本手段。基辛格被批评者描述成冷血的权力追逐者,是痴迷于原子弹的"斯特兰奇洛夫博士",在号称的所谓"基辛格学"的浩大研究著述中,许多研究者们将他们的注意力集中在基辛格对权力的渴望与执迷。无论是在越南战争中主张用军事升级战略迫使越南北方屈服,还

**电影《斯特兰奇洛夫博士》海报**

"斯特兰奇洛夫博士",是1964年初美国同名影片中的主人公,是一个受美国雇用的毫无人性的德裔科学家。

---

① Henry Kissinger,"The Meaning of History," pp. 345—6.
② Henry Kissinger, *White House Years*, p. 55.
③ Hans J. Morgenthau, *Politics among Nations*, Sixth Edition(McGraw-Hill,1985), p. 45.

**基辛格**

是在第四次中东战争中使用核警戒措施,都表明基辛格坚信军事武力在国际政治过程中的有效性。但是,武力并非目的本身,对手段的执迷往往会偏离最基本的目标,而核武器的发明导致技术决定论的盛行从而将武力制胜论推向极致。基辛格意识到核武器的出现对国际关系造成了重大的影响,因为核武器使传统的权力观念及均势变得过时——

> 均势的传统标准是疆域。一个国家只能通过征服获得压倒性的优势;因此,只要领土扩张被阻止或者被严格限制,均势是可能保持的。在现代,却不再是这样。一些征服几乎不能增加实际的军事力量;权力的巨大增长完全可以在一个主权国家的领土范围之内实现。中国获得核武器所增加的实际军事权力大于它征服整个东南亚。如果苏联征服了西欧而没有核武器,它也比现在在其领土内拥有核武器库的权力更小。也就是说,均势的真正而根本的变化已经在主权国家的领土范围内发生。显然,迫切需要了解在核时代权力及权力均衡究竟意味着什么。[1]

核时代的权力及权力均衡的内涵发生了变化,这必然导致传统的权力与外交政策关系的调整。权力是服务于国家的对外战略目标,而"战略理论的任务是把权力转化为政策"[2],制定核时代的军事战略就成为迫切的需要,但是,人们对核武器的矛盾态度使军事战略的调整和制定变得非常困难,基辛格写道:

---

[1] Henry Kissinger, *American Foreign Policy*, pp.60—61.
[2] 〔美〕亨利·基辛格:《核武器与对外政策》,世界知识出版社1959年版,第14页。

可将核时代的困境作如下的解释:现代武器的极端残酷,使人们一想到战争便发生厌恶之感;但是,不愿冒任何危险的做法,无异于给苏联统治者一张空白支票。正当我们空前强大的时候,我们不得不认识到,与所服务的目的没有明显关联的权力,只能使意志陷于瘫痪。使我们的权力和看来我们最需要坚持的问题平衡起来,这是美国政策所面临的最为紧急的任务。①

基辛格认为,"核时代的基本战略问题就是如何在威慑政策和当威慑政策失败而从事战争时的战略之间建立一种关系"②。基辛格提出的这样一种战略理论就是结合了威慑政策和防御政策的所谓的有限战争理论。从战略高度出发提出的这一理论要求对于有限战争的理解必须超越军事领域,因为"没有办法从纯粹军事方面给有限战争下定义。依赖纯粹军事观点的最终结果必然是全面战争,就是企图完全摧毁敌人的抵抗力。这样的战略只是想用武力来解决由于对外政策远较对内政策更难处理而遭受的挫折"③。显然,全面战争的理论是混淆了对外政策与国内政策的区别,"对于全面战争的偏爱代表着我们变对外政策为对内政策的一种努力;这种努力也许是下意识的,其目的则是在国外造成一种形势,在这种形势下,其他国家或至少是我们敌对国家的意志不再是一个重要的因素"④。显然这样的战略是基于美国的历史经验即"把在击败德国和日本时所应用的战略作为普遍的军事理论"⑤,同时,更为

---

① 〔美〕亨利·基辛格:《核武器与对外政策》,第 13 页。
② 同上书,第 125 页。
③ 同上书,第 132 页。
④ 同上。
⑤ 同上书,第 38 页。

基辛格

潜在的原因是美国历史缺乏悲剧意识,倾向于认为所有的问题都是可以得到解决的,美国外交传统的理想主义将对外冲突看成是善恶之争,追求全面胜利的全面战争自然成为不二的选择,"像我们这样一个在国内政策上从来未经受过困难的国家,对于把国内绝对有把握的问题看作是国际上可以讨论的问题的这种双重标准感觉厌恶,是一点也不奇怪的"①。但是核武器的出现以及两极格局的形成迫使美国人不得不思考还原对外政策的本来面目,那就是追求有限的政治目标,而不是追求一劳永逸的胜利。因此,基辛格特别强调与之相适应的有限战争理论本质上是一个政治概念:"和全面战争相反,有限战争是为了具体的政治目的而进行的。这些政治目的的存在就会在使用的武力和企图达到的目的之间建立一种关系。有限战争代表一种影响敌人的意志而不是摧毁它的企图,……有限战争基本上却是一个政治行为"②。这样基辛格将有限战争从纯粹的军事问题转化为基本上是政治问题,有限战争理论实际上是企图在核僵局中重新为外交政策与政治谈判找到一席之地,或者说是将军事战略服务于政治目标,这一理论实际上是基辛格一贯坚持以外交作为避免人类大规模冲突主张的继续而已。

基辛格认为近代以来的战争几乎都是有限战争,有限战争才是战争的正常形态,但是,按照基辛格在《重建的世界》中所提出的稳定国际秩序的模型,有限战争只是在合法的国际秩序中才能发生,在这样一个革命年代,有限战争是否还是一种可行的战略呢?基辛格的回答是肯定的,他认为在核时代对战争形态的影响除了合法性因素和权力均衡之外,第三个因素变得更为重要,那就是对

---

① 〔美〕亨利·基辛格:《核武器与对外政策》,第132页。
② 同上书,第132—133页。

核战争的恐惧。一方面在二战后的冷战格局之下，由于"苏联集团既不同意现在国际秩序的体制也不同意非苏维埃国家的内部结构"①，因此现在的时代无疑是缺乏合法性原则的革命时代，国际秩序缺乏一种道德共识，大国间的关系趋向于冲突而不是协调。另一方面，均势结构也非常不稳定，基辛格认为两极格局本身就包含有一个不稳定的因素，首先因为这种类似于零和博弈的局面（一方所得必为另一方所失）必然导致双方的紧张与对立，其次两极对峙缺乏多级体系的灵活性。但是核武器的出现却使上述两个因素退居次要地位，"如果说今天既不存在共同的合法概念也没有一种稳定的权力关系，那么第三个因素——对于热核战争的恐惧，却比这两个因素更为重要。全面战争的后果从来也没有像现在这样明显，战争的收获和牺牲也从来没有像现在这样不成比例。……对于全面的热核战争可能导致社会结构瓦解的恐惧，提供了限制战争和外交活动的机会。"②

这样，从消极的意义来说，核时代的客观现实使有限战争的理论成为一种必然，以单纯的军事思维来指导核时代的战略只能产生类似于"大规模报复战略"那样无效甚至是灾难性的战略构想。同样重要的是代替无效的"大规模报复战略"的有限战争理论，是一种行之有效的战略构想，因此从积极的方面来说，有限战争理论也具有必要性，"有三个理由使我们来制定有限战争的战略。第一，有限战争是我们以不太高的代价阻止苏联集团侵占欧亚大陆外围地区的唯一手段。第二，多样化的军事力量可以决定胜败，甚至是一场全面战争的胜败。最后，有限度地使用我们的武力，对于

---

① 〔美〕亨利·基辛格：《核武器与对外政策》，第135页。
② 同上书，第136页。

**基辛格**

导致对我们有利的战略变化,可以提供最好的机会"①。

基辛格着重分析了这三个理由中的第一个,即有限战争的理论可以使美国在专注于美苏间直接对抗的同时,应付类似朝鲜战争那样发生在欧亚大陆外围的所谓"灰色地区"的冲突,避免由于战略的缺乏所导致的美国在朝鲜战争中进退两难的局面,也就是说有限战争理论可以避免"在全面战争和逐渐失势之间,在决一死战和不战而败之间进行选择"②。此外,有限战争还能充分利用美国的战略优势,因为有限战争不以摧毁对方的工业潜力为目标,"有限战争就成了使我们能够从我们的工业潜力中得到最大战略利益的一种战争形式。这种战争是在双方都不致筋疲力尽的情况下不断消耗对方资源的最好手段。……消耗战正是苏联集团所不能打赢的一种战争"③。

在美苏冷战尖锐对峙的五六十年代,美苏形成了基本的战略平衡,美国战略家们孜孜以求的是形成一个有效的威慑战略。但是,随着使用热核武器的全面战争变得越来越可怕,大规模报复战略日益沦为一种空洞的威胁,因为"破坏力的每一次增加的代价都是减少报复威胁的可信程度。……依靠大规模报复战略一定会带来直接结果。它的结果不是导致投降,就是导致最大灾难的战争"④。在技术手段可以使敌对双方相互毁灭的情况下,"有限战争战略不是通过发出造成破坏的威胁来实现威慑作用,而是要通过使侵略者不能达到它的目的的可能来实现威慑作用"⑤。这样有限

---

① 〔美〕亨利·基辛格:《核武器与对外政策》,第139页。
② 同上书,第129页。
③ 同上书,第147页。
④ 〔美〕亨利·基辛格:《选择的必要》,商务印书馆1972年版,第74页。
⑤ 同上书,第76页。

战争战略实现了威慑的目标与手段之间的基本平衡,增加了威慑的可信度,"有限战争战略的目的是首先加强威慑;其次,在威慑不起作用的时候,当报复力量还没有自动地出动之前,提供一个解决的机会"①。因此,基辛格认为,从积极的意义来理解有限战争理论的必要性就在于它为美国提供了一个核时代的威慑理论,"威慑就是表现出可以造成人们可以相信的最大限度的危险的艺术。在有大量核武器和导弹力量不断增长的时代,有限战争战略比报复威胁更可能起威慑作用。报复威胁总有成为一种空洞姿态的危险"②。

基辛格以有限战争的核战略理论在美苏核恐怖平衡均势这样一个必然性之下为政治家与战略家描绘了一幅可以发挥自由意志的行动纲领。

和平的结构

基辛格以"一个初出茅庐的政治家的信念"为题在其回忆录中详尽地阐述了尼克松政府战略理念的改变,这样的改变对于新战略的制定与推行是必需的,同时这样的战略理念也表现了基辛格自50年代以来一直倡导的战略思想,对此他在1968年发表的《美国对外政策的中心问题》一文中作了较为深入的论述。他认为,美国在60年代后期经历了一个由越南战争导致的"怀疑自己和怨恨自己的时期"。尼克松政府上台之际,冷战正处于相持阶段,一方面是美国陷入越战泥潭的战略困境,另一方面"苏联正接近于达到战略武器的平等地位"③,因此,自战后以来的美国战略优势已经不

---

① 〔美〕亨利·基辛格:《选择的必要》,第77页。
② 同上书,第82页。
③ Henry Kissinger, *White House Years*, p.124.

**基辛格**

复存在,到60年代末美苏双方基本上处于战略平衡状态。同时,这一时期的国际格局面临转折,或者按照威廉·邦迪的说法,"尼克松时期,美国处于从冷战模式走向一个新时代即地方性和区域性危机比超级大国的竞争更为重要、在任何层面上经济因素都比地缘政治更有影响力"①。虽然邦迪的论断也许夸大了这一时期后冷战因素的重要性,但是,特别是进入70年代以后,后冷战国际格局的一些特征的确已经初露端倪。基辛格也认为这一时期处于美国国际角色的转折时期,"如果说哈里·杜鲁门是赢得冷战的核心制度的设计师,罗纳德·里根提供了结束冷战的推动力,理查德·尼克松就是处于中期的关键人物……对尼克松更为重要的是他主导了美国世界角色由统治权向领导权的转变……统治权能够以权力为基础;领导权则需要建立共识"②。显然,旧的政策框架不能服务于这一目标。基辛格将这一时期的美国战略划分为六个方面,"(1)以体面的条件撤出越南;(2)限制对印度支那不同政见的抗议运动;(3)以一个战略抓住和平问题的关键方面,向美国公众显示,即使冷战在继续,我们仍然会尽最大的努力控制危险并逐渐战胜之;(4)将中国纳入国际体系以拓宽我们的外交棋局;(5)加强我们的联盟;(6)并从这样一个平台出发继续我们的外交攻势,特别是在中东地区。"③这也是被尼克松政府一再宣传的要缔造一个"和平的结构"。

在这样一个"和平的结构"中,存在三个层次。第一个层次是

---

① William Bundy, *A Tangled Web: The Making of Foreign Policy in the Nixon Presidency* (I. B. Tauris, 1998), p. 529.

② Henry Kissinger, *Years of Renewal* (W & N, 1999), pp. 92—93.

③ Ibid., pp. 98—99.

前面两项,是美国首先要处理的麻烦,也是最终形成一个"和平的结构"的前提条件,是美国所不得不为。第二个层次是中间三项,这是美国从统治权向领导权转变的基本内容。联盟内部的关系是任何时期都不能忽略的战略问题,从最基本的层面来说,联盟是实现战略目标的基本保障,而加强联盟是美国历届政府的战略目标(至少在口头上是如此),因此相对而言联盟问题还是一个比较一般性的问题。在冷战结构调整时期,在盟国的力量和自我伸张的欲望(或者说战略自觉)都得以强化的情况下,尼克松政府面临的考验是如何继续强化美国对其联盟的整合能力。而尼克松政府关键的,或者说具有创造性的战略是第三项与第四项,即与苏联的缓和与实现中美关系的重建,从而以美国为主导实施地缘政治的三角外交,这是真正意义上的外交革命,世界政治格局为之焕然一新。第三个层次是最后一项,即美国的外交攻势,这是任何有抱负的政治家们都希望实现的。阿拉伯世界与以色列的对立是战后困扰世界和平的最为激烈的地区冲突,中东地区在全球地缘政治中具有突出的战略地位,随着第二次世界大战后各国经济的恢复和发展,拥有巨大石油储藏的中东地区又凸显了其地缘经济上的重要性,由阿以冲突导致中东动荡的局势无疑会加剧国际紧张局势,危及被工业化国家视为生命线的石油供应,美国外交攻势的基本战略目标就是主导中东的和平进程,至少也是充当和平进程最大的外部力量。此即美国应当有所作为。

**外交协调:革命国家纳入国际体系**

缓和与三角外交都牵涉到基辛格所说的两个革命国家——苏联和中国,按照基辛格早年阐发的学术观点,革命国家寻求推翻现存国际秩序,革命的国际秩序是不稳定和趋向于战争的,在革命的

**基辛格**

国际秩序中革命国家寻求的是绝对安全,外交将不会发挥作用。基辛格的这一番宏论在逻辑上无懈可击,但是在现实的国际关系中它似乎只适用于革命国家在战略上处于绝对优势,即同时具备推翻现存国际秩序的能力和意愿之时,外交才完全让位于战争。实际上,基辛格在提出有限战争战略之时就开始修正其观点,核恐惧已经取代合法性的重要性使革命国家不得不将战争限制在有限的规模之上。① 当基辛格从外交的幕后走向前台,在面临政治家的现实选择之时,基辛格基本上抛弃了与革命国家不可能进行外交活动的观点,肯尼思·沃尔兹引述了基辛格在1975年9月接受采访所说的一段话,"'共产主义社会就其国内结构来说在道义上我们是不接受的。'尽管我们和他们(革命国家)的意识形态继续不相容,然而我们能够在我们的外交政策中实现具体的和维持和平的和解。我们确实应该'避免产生这样的错觉,即对外政策问题的一些进展……意味着国内结构已经发生了变化'"。沃尔兹随后对基辛格这段话评论道:"国内特征与外部结果之间的联系不被认为是不可打破的。国内条件和信仰不再决定国际生活的性质。"

因此,可以说作为政治家的基辛格已经修正了他在《重建的世界》和《国内结构与对外政策》中提出的关于革命国家的外交、国内结构与国际行为的密切联系的一系列理论观点。但是,必须要指出的是,笔者不同意沃尔兹由此而得出的结论——"作为政治家的基辛格所认识到的与他作为学者得出的结论引人注目的不同"②。

---

① 虽然基辛格的两部著作《重建的世界》和《核武器与对外政策》都出版于1957年,但是他提出稳定的国际秩序理论模型的前一部著作实际完成于1954年。

② Kenneth N. Waltz, *Theory of International Politics* (New York: Random House, 1979), p.63n.

笔者认为基辛格只是做了修正,并没有放弃关于革命国家的外交、合法性与稳定国际秩序等基本理论观点。这种调整并不具有根本分歧,其原因很大程度上应该归结为政治家与学者不同的问题视角以及面临的不同挑战,对于这一点基辛格有很好的自我说明。特别是在退出公职之后,基辛格从一名学者背景的外交决策人,再度成为国际关系的观察家,更能切身体验分析家和政治家的观点为何大相径庭,"决策者被建议所淹没;他们最根本的经验是在同一时刻不能对所有的问题都给予足够的关注……(但是)决策者所意识到的都是最迫切的,虽然不必是最重要的……局外人不能提供日常的建议。他不可能获得足够的详细资料,以掌握什么是形成微妙意识的先决条件,正是这种微妙意识能够区分塑造事件与被事件所主导的区别……总之,局外人不太可能对具体的策略有所贡献,只能有时对外交政策的方向和目标有所贡献"①。政治家最能够对具体的政策做出适当的判断与选择,但由于深陷在当务之急的事务漩涡中,很难进行抽象的逻辑上的推理、演绎以及归纳;理论家寻求的是逻辑的彻底,是对内在的联系、运作机制的抽象提升;理论家的理论模型总是最典型的形态,而政治家面对的几乎都是各种中间状态,充满了含混不清的特征;理论家试图对既有的经验事实进行抽象概括,而政治家试图突破既有经验事实,造就一个更加理想的世界。因此,作为学者的基辛格与作为决策者的基辛格对待同一对象的观点有差异是再自然不过的事情了,但这种差异只是视角不同造成的,并不能说明一定存在根本的分歧。

基辛格认为,尼克松政府构建缓和与三角外交的战略是基于

---

① Henry Kissinger, *Observations: Selected Speeches and Essays 1982—1984* (Little Brown & Co., 1985), p. ix.

**基辛格** 下述理由：

> 对尼克松而言，美国撤出越南的痛苦过程最终是关于维持美国在世界的地位问题。即使没有这一段煎熬，对美国外交政策的一个根本的重新评估也有其必要，因为美国几乎完全主宰世界舞台的时代已接近尾声。美国的核优势正在式微，它的经济霸权正受到欧洲和日本充满活力的增长的挑战，……越南的最终信号是重新评价美国在这个发展中的世界的地位正当其时，同时寻求在放弃职责和过度扩张之间找到可靠的基础。就另一方面而言，冷战以来被认为坚若磐石的共产主义阵营出现了严重的裂痕，美国外交的新机遇出现了。……所有这些发展预示着一个新的外交灵活性的巨大空间出现了。①

总之，美国地位的衰落使政策调整成为必要，而敌对阵营的分裂使新战略成为可能。在基辛格参与起草的尼克松政府对外政策报告中都明确宣告了将苏联、中国纳入国际体系的战略，"如果一个大国不在这一国际秩序之内或者敌视这一秩序，就不会有稳定的国际秩序"②。

此时两个所谓革命国家苏联和中国加入全球外交协调的时机也已经成熟。基辛格虽然认为"苏联外交政策最独特的特征，当然

---

① Henry Kissinger, *Diplomacy* (New York: Simon & Schuster, 1994), pp. 703—704.

② Richard Nixon, *US Foreign Policy for the 1970s: Building for Peace* (Washington: D. C.: Government Printing Office, 1971), p. 105; *US Foreign Policy for the 1970s: A New Strategy for Peace* (Washington: D. C.: Government Printing Office, 1970), p. 142; *US Foreign Policy for the 1970s: Shaping a Durable Peace* (Washington: D. C.: Government Printing Office, 1973), p. 16.

是共产主义意识形态",但是他并不认为意识形态因素统辖了苏联外交,"我认为,把苏联战略看作实质上是残忍的机会主义的战略是比较有益的"①。因此,基辛格相信"两个核超级大国之间就缓解紧张关系相当可能存在一种暂时的利益交集"②。这种利益交集的出现使美苏两国从对抗走向缓和成为可能,外交重新成为美苏寻求其利益的主要手段。在基辛格看来,苏联虽然坚持其意识形态立场,但是它作为一个"残忍的机会主义者"仍然是外交谈判的对象。基辛格试图以梅特涅对待战败的法国的方式对待苏联,即如果要赢得战后法国的合作,首先要给予它平等的大国合法地位,因此"基辛格的战略中的一个重要因素就是顺应苏联领导人长久以来的愿望,即他们的国家被作为与美国平等的合法国家对待,并且不仅仅是在军事上的平等"③。自罗斯福以来的历届美国政府与其说将苏联作为寻求国际秩序的合作者不如说将之视为国际秩序的挑战者④,因此,基辛格给予苏联平等大国待遇一方面是其外交协调的客观要求,另一方面是希望得到苏联在一系列美国感到麻烦的问题上的合作,例如越南战争与核军备控制问题等等。

从中国方面来说,基辛格认为"促使中国重新加入国际社会出于害怕遭到以前的盟友苏联进攻的因素大于与美国建立对话关系的考虑"⑤。此外,基辛格认为中国的外交传统使中国具备了加入外交协调的条件,他对中国的外交传统充满了赞许和钦佩——

---

① Henry Kissinger, *White House Years*, p. 116, p. 119.
② Henry Kissinger, *Diplomacy*, p. 713.
③ John Lewis Gaddis, "Rescuing Choice from Circumstance: The Statecraft of Henry Kissinger," in Gordon A. Craig and Francis L. Loewenheim, eds., *The Diplomats 1939—1979*, p. 576.
④ Ibid.
⑤ Henry Kissinger, *Diplomacy*, p. 721.

**基辛格**

> 中国具有欧洲政治艺术的伟大的古典传统。中国共产主义领导人冷静、不带感情地评价权力均衡的需要,不受意识形态或感情用事的影响。他们是善于搞平衡的大师和深谙相对性之道的艺术家。他们明白权力均衡中所牵涉的力量是不断变动的,因此必须根据环境的变化不断加以调节。只有一个原则是不能违背的:没有任何一个国家的力量被容许哪怕是在一个短暂的时间内超过能够联合起来与之对抗的力量之和,因为在那样一个容易被忽视的短暂时刻,独立和个性可能就不可挽回地失去了。中国不会冒险将其生存建立在一个占支配地位的大国的善意之上;它会采取行动反对潜在的危险,并认为允许一个可能的对手建立压倒一切的力量就是放弃其领导权。①

基辛格对中国外交的认识差不多等同于将中国外交的风格与梅特涅、俾斯麦的外交风格相提并论,而梅特涅、俾斯麦外交几乎是基辛格新古典浪漫主义中理想的状态。因此,"我从未遇见比中国领导人更能接受尼克松的外交风格的谈判对手"②。在基辛格看来,中国不仅没有革命国家的特征,反而是最佳的外交对手甚至是外交伙伴。给予中国合法的大国地位同承认苏联一样是外交协调的要求,此外,与敌对的中苏两国同时修好则使美国处于类似于德国在俾斯麦时代操纵欧洲大国权力均衡一样的地位。这样,以前的革命国家成为全球外交协调的参与者,两极体系向多极体系过渡,外交史上最富戏剧性的外交革命将以类似于19世纪欧洲外交协调的方式发生。

---

① Henry Kissinger, *Years of Upheaval*, p. 50.
② Henry Kissinger, *Diplomacy*, p. 726.

# 第二章　突破：缓和与战略武器谈判

战后国际关系的基本特征是两极格局之下美国与苏联互为最大的竞争对手，在历届美国政府的外交战略结构中，苏联一直处于核心位置。基辛格对此有这样的表述：

> 在对外政策问题中，很少有像美国的对苏关系那样困扰国内的争论，或者挑战我们的传统思维范畴。我们的历史经验没有提供与一个从长远来说势均力敌的对手打交道的先例。……我们发现自己处于一个政治对抗与意识形态斗争的世界，恐怖武器的阴影同时又在使紧张关系复杂化并使问题难以解决。因此，与另外一个核超级大国的关系问题成为战后美国对外政策持久的当务之急。①

**尼克松与基辛格**

---

① Henry Kissinger, *White House Years*, pp. 113—114.

**基辛格**

美国要重新获得因为越南战争而失去的战略主动权,调整对苏关系势在必行,尼克松和基辛格为此制定的战略就是缓和与关联(linkage)战略。①

### 外交协调:缓和与关联战略

作为战后应对冷战挑战的新学术阶层的一员,作为美国冷战大战略的制定者之一,基辛格早在20世纪50年代开始其学术研究之时就将苏联作为最重要的研究对象。1957年,随着他研究对苏核战略的著作《核武器与对外政策》的出版,基辛格成为美国重要的战略学家。对于苏联的战略意图与手段,基辛格有比较完整的认识。他认为,"苏联外交政策最独特的特征,当然是共产主义意识形态;它把国与国之间的关系变成哲学之间的冲突"②。因此,美苏的冷战冲突与基辛格所熟知的欧洲19世纪的大国关系不同,具有不可调和的特征。但同时,基辛格也意识到"苏联政策也继承了俄罗斯民族主义的古老传统"。他得出了一个与乔治·凯南类似的结论:"把苏联战略看作实质上是残忍的机会主义的战略,是比较有益的。"③在尼克松政府上任之时,美苏冷战对峙已经进入了一个新阶段,由于美国深陷越南战争的泥淖,自战后以来美国享有的军事优势基本丧失,特别是在战略核武库方面,苏联已经大体具有了和美国对等的地位。因此,为摆脱战略被动局面,特别是为了解

---

① "Linkage"一词的翻译有"联系""连环套""挂钩"等几种表述,笔者认为译为"联系"过于模糊、平淡,因为"联系"一词所指过于宽泛,而"连环套""挂钩"的翻译则过于口语化,所以采用了"关联"的译法。
② 〔美〕亨利·基辛格:《白宫岁月》第一册,世界知识出版社1980年版,第154—155页。
③ 同上书,157、158页

决越南战争的当务之急,美国不得不调整冷战战略。同时,基辛格认为苏联既有"一种要求同西方和解的压力,它来自日益增长的对消费品的希望,来自对战争的害怕……也有一种要求同美国继续对抗的压力"①。因此,美国的战略调整也具有了可行性。尼克松政府所推行的对苏新战略就是所谓的缓和与关联战略。

"缓和"(détente)一词来自法语,原意是指"紧张关系的降低"。在尼克松、基辛格看来,缓和是基于冷战核僵局的现实,用基辛格的话来说就是:"我们赞成缓和是因为我们希望降低重大核冲突的风险。"②显然,这是一切外交政策的出发点。同时缓和只是一个手段,基辛格实际上认为缓和是控制美苏冲突,从而以合作的方式实现美国对扩张的苏联权力的控制,以期在美国权力下降的情况下保持在全球的战略主导地位。在其回忆录中,基辛格是这样表述的:"要想苏联领导人克制自己不利用他们眼中的有利形势,那是不懂历史。因此,西方的责任的关键所在就是事先杜绝苏联的机会。我们有责任划定苏联目的的限度……因此以力量均衡为基础的共处应该是我们能够得到的——如果正确地理解了挑战的本质的话。"③因此,基辛格认为缓和战略的本质是"试图以超级大国的合作而不是冲突来管理全球日益增长的权力中心"④。

与缓和紧密相连的就是关联政策,或者说关联政策是缓和战略的基本原则和手段。作为尼克松政府的外交原则,关联比缓和

---

① 〔美〕亨利·基辛格:《白宫岁月》第一册,169 页。
② 引自 Raymond Garthoff, *Détente and Confrontation: American-Soviet Relations from Nixon to Reagan* (Washington D. C.: The Brookings Institution, 1994), p. 33.
③ 〔美〕亨利·基辛格:《白宫岁月》第一册,159—160 页。
④ Jeremi Suri, *Henry Kissinger and the American Century*, p. 226.

**基辛格** 提出得更早是基于尼克松、基辛格对苏联战略意图和战略手段的认识,基辛格写道:"关联的概念是在美苏关系事务上于1969年首先提出的,这一概念是指我们应当在清晰理解国际体系一个方面的变化如何影响其他方面基础上设计和执行我们的政策。"① 在1973年尼克松政府的对外政策报告中指出其基本内涵:"(美苏)双方必须明白议题是相互联系的",并且,应当在"'一个广泛的议题内'达成协议"②。

美国的战略是通过关联政策推进"谈判时代"的到来,"尼克松政府开始判定是否苏联急于安抚一届比其前任更强硬的政府——因此将对苏联利益造成更大威胁——这一点可以用来促使苏联的合作:消除对柏林的威胁,缓和中东的紧张局势,并且最重要的是结束越南战争。这一政策被称为'关联'"③。

除了上述美国政府企图实现的直接政策目标之外,关联政策还有更广泛的意义,"超级大国的关系要真正取得进展的话,就必须在广泛的问题上取得。我们认为,世界各地的事态发展都是相互联系的;由于苏联在世界各地活动,情况更加是这样。……如果把问题分隔开来,那就会使得苏联领导人认为,他们能够利用一个方面的合作当作安全阀而在别的地方谋求单方面的利益。这是不能接受的。……总之,我们将关联视为总体战略和地缘政治观点的同义词。忽视事件间的相互联系就是破坏所有政策的一致

---

① Henry Kissinger,"Continuity and Change in American Foreign Policy," in *For the Record: Selected Statements 1977—1980* (Boston: Little, Brown and Company, 1981), p. 88.

② Richard Nixon, *US Foreign Policy for 1970s: Shaping a Durable Peace*, pp. 27—28.

③ Henry Kissinger, *Diplomacy*, pp. 716—717.

性"①。

因此,基辛格将关联政策划分为两种形式,"第一,当决策者在谈判中将两个相分离的目标结合起来,将一个作为向另一个施压的手段;第二,由于现实的原因,在一个相互依存的世界,一个大国的行动必然互相关联并且其结果会超出与之紧密相连的问题和地区。在关联概念的这两个层面,后者更为重要"②。

这样,基辛格实际上认为关联政策在两个层面上运作,一方面是牵涉到双边关系主要是美苏间的关系,另一方面是通过关联政策将国际体系作为一个整体,从而保持美国在其中的影响力。首先,关联政策意味着美苏关系在一个领域的改善必须与其他领域关系的进展相联系。就对苏联的关系而言,关联政策意味着促使苏联政策趋向温和。在经济上,美国以增加农业出口和技术转让,提供金融信贷,取消对苏联商品的歧视性关税作为让步;在政治上的让步包括美国准备承认二战后的中、东欧的边界等等。美国试图获取苏联在下述问题上的合作,帮助以美国能够接受的条件结束越南战争,限制苏联战略武器增长从而控制核军备竞赛、缓解双方的紧张关系,采取联合行动阻止第三世界地区危机的扩大等等。其次,从美国的全球战略的消极方面来说,"美国在世界的一个地方例如亚洲或非洲表现得软弱无能,不可避免会削弱我们在世界其他地区例如中东的信誉"③。从积极方面来说,美国政策在一个地方的进展有利于其他美国政策的推行,美国开启与中国的外交

---

① Henry Kissinger, *White House Years*, p. 129.
② Henry Kissinger, "Continuity and Change in American Foreign Policy," in *For the Record: Selected Statements* 1977—1980, p. 88;也可参见 Henry Kissinger, *White House Years*, p. 129。
③ Henry Kissinger, *White House Years*, p. 129.

基辛格

关系就是关联政策发挥作用的突出一例,"最终,尼克松及其顾问们成功地使各方面的政策互相支持。尼克松政府设法通过戏剧性地对中国开放产生使苏联行为趋向温和的一个巨大动因,关联政策开始发挥作用。……一旦苏联不再能够依靠世界上最强大的国家和人口最多的国家的永久敌对——如果这两国实际上被视为已经开始合作——苏联不妥协立场的空间就会大为缩小,甚至消失。苏联领导人不得不降低他们的赌注因为威胁性的姿态可能加强中美合作。在20世纪60年代末的情况下,改善中美关系成为尼克松政府的苏联战略的关键"①。

通过关联政策,尼克松政府将其外交战略的六个组成部分连接起来,构成了一幅互相交织的外交网络,霍夫曼对此评论道:"关联预示着一个过程。一个网络才是其结果。俄国熊不得不深陷于密集的条约网络中,它因此即无利益也不可能突破这个网络。这样,遏制政策的新的、创造性的形式以及合法的'和平的结构'都能实现。"②

当然,霍夫曼的评论只是从理论上来说关联政策可能达到的后果。但是,从关联政策实际达到的效果来说,却远不如理论预期那么美妙。一方面就对苏政策而言,关联政策确实发挥了一定的作用,特别是从地缘政治的三角关系着眼,中美关系的突破性进展一定程度上促使了美苏关系走上美国的战略轨道。但这种作用是有限的,因为关联政策是与美国外交传统不相容的,按照基辛格的说法,"美国政治思想的实用主义传统非常强大,因此关联政策引

---

① Henry Kissinger, *Diplomacy*, p.719.
② Stanley Hoffmann, *Primacy or World Order: American Foreign Policy since the Cold War* (Mc-Graw Hill, 1980), p.46.

起了广泛的争论,似乎它是反映了一群特定的决策人的特殊偏好的政策,是他们随心所欲所选择的政策"①。

因此,尼克松政府的对苏缓和战略及关联政策遭到来自自由主义者和保守派两方面的攻击。在自由派民主党人控制国会的情况下,关联政策所推行的给予苏联许多经济好处的议案得不到国会的批准。例如,参议员亨利·杰克逊极力要求扩大东西方贸易必须以苏联在犹太移民的让步为条件。② 从某种意义上来说,杰克逊的要求何尝不是一种关联呢? 只不过在基辛格看来,这一要求过于意识形态化,而不寻求直接的政策回报。基辛格在回忆录中将关联政策未能充分发挥作用归结为国内政治的原因。

另一方面,如果说关联政策在美苏关系上还发挥了一定作用,那么在国际体系的层面上,其作用则非常有限。尼克松政府外交战略的第一要务是体面地退出越南,但是与苏联的缓和很难说对美国的退出越南战略有多大的促进作用,实际上直到他们退出公职,基辛格及尼克松还没有充分意识到莫斯科从来不具有他们所认为的对河内的领导权。③ 此外,与越南问题相关的是美国争取体面地退出越南并没有具体的战略目标,其总体目的只是为维持美国在世界的可信性,但是这种缺乏具体目标的维护可信性的政策就造成基辛格趋向于将可信性作为目的本身,而不管其所要达到的具体目的。④ 约翰·加迪斯(John Lewis Gaddis)认为这种维护空洞的可信性的政策使尼克松政府付出了惨重的代价,加剧了国

---

① Henry Kissinger, "Continuity and Change in American Foreign Policy," in *For the Record: Selected Statements 1977—1980*, p. 88.
② Henry Kissinger, *Years of Renewal*, pp. 121—135.
③ Walter Isaacson, *Kissinger: A Biography*, p. 168.
④ Ibid., p. 648.

内的分裂,最终导致了尼克松的辞职。①

基辛格非常强调关联政策的自发性质,他说道:"总之,关联是总体战略观的同义词。我们只有在处于危险之中时才会忽视它。它是现实世界所固有的,我们的利益的相互关联是超越具体问题和边界的,它的存在是不管时间和人物的偶然性的;它不是一项决定或意愿而是现实。并且它不会因为一项政策的实施而终结。如果我们对美国外交政策要有一个永久性的概念,就必须认识到一项单独的行动的价值只能放在更广阔的背景里来评价。"②

但是,既然关联是自发的,那么将并无必然联系的政策关联起来是否违背关联战略的初衷呢?这是否导致关联的滥用呢?因此将关联这种本身自发的东西上升为一种战略是否会影响政策的灵活性呢?霍夫曼教授对关联政策的可行性方面的评价是:"它可能有一点学究气,或者有一点傲慢;它确实是具有相当的推理性质。"③

**限制战略武器谈判与缓和战略的成败**

随着热核武器储备的增长,冷战对立双方都拥有彻底摧毁对方的能力,形成了所谓的"恐怖核均势",在这样的核僵局之下,战争如果不是过于冒险的话,至少也是不合算的。因此,"既然两

---

① John Lewis Gaddis, "Rescuing Choice from Circumstance: The Statecraft of Henry Kissinger," in Gordon A. Craig and Francis L. Loewenheim, eds., *The Diplomats 1939—1979*, pp. 579—580.

② Henry Kissinger, "Continuity and Change in American Foreign Policy," in *For the Record: Selected Statements 1977—1980*, p. 89.

③ Stanley Hoffmann, *Primacy or World Order: American Foreign Policy since the Cold War*, p. 46.

个大国都有能力毁灭全球,在维护和平方面就有了共同的利害关系"①。在1962年的古巴导弹危机中,美苏两国领导人都觉得有必要建立一个直接、秘密的通讯渠道。危机以后,莫斯科和华盛顿之间设置了直接通讯线路,即所谓热线。这是对美苏在尖锐冷战期间所制定的危机处理规范的一个重大改进。导弹危机之后,美国和苏联都不再威胁要使用核武器。美苏关系出现了一定程度的缓和。苏联总理柯西金在出席了联合国大会后访问新泽西州的小城葛拉斯堡罗,与约翰逊总统进行了会谈,同意在削减军备方面进行讨论。此后,美苏达成部分禁止核试验条约,签订了若干双边协定。这一切为尼克松和基辛格推行缓和战略提供了一个起点。

毫无疑问,在尼克松和基辛格的缓和战略中,最为重要的就是美苏限制战略武器谈判,因为战略武器的军备竞赛是美苏冷战对峙的基本特征,也是双方对立和敌意的表现。尼克松明确指出:"在达成有关军备控制的协议方面,我们和苏联以及其他国家有着较大的共同利益,没有任何一个别的领域能够与之相比。"②

战后美国的核威慑战略几经演变。60年代中期,约翰逊政府的国防部长罗伯特·麦克纳马拉倡导可靠的第二次核打击能力,认为一个国家有了这种能力就不急于发动先发制人的袭

麦克纳马拉与约翰逊总统

---

① 〔美〕理查德·尼克松:《尼克松1973年对外政策报告》,上海人民出版社1973年版,第12页。

② Richard Nixon, *U. S. Foreign Policy for the 1970's*: *A New Strategy for Peace*, p. 142.

基辛格

击,有利于保持稳定的"恐怖的平衡"。据此他提出了"相互确保摧毁"战略。该理论认为,核武器的巨大毁灭性,使之成为一种不大可能用于实战的武器。如果美国和苏联互以对方的居民为目标,那么双方都不可能动用核武器。如果美国有能力在第二次打击中毁灭苏联近50%的人口和近80%的工业能力,苏联就不会轻易动用核武器。因此,他主张将对城市和工业力量的打击列为打击的重点,美国没有必要去与苏联进行核军备竞赛,因为能造成巨大规模毁灭所需要的核武器数目是固定的,而且也不大。美国只需要400枚100万吨TNT当量的核导弹就可以了。在这种理论的指导下,约翰逊政府后期就未再提出新的进攻性战略武器的采购计划,并停止增加陆基洲际导弹与潜射弹道导弹的数目,导致苏联的战略核力量全面赶超美国。苏联发展SS-9巨型导弹的势头更是让美国朝野恐慌。此型导弹于1966年开始部署,1967年部署了160枚,1968年为190枚,1969年为230枚,每年增加40余枚。照此势头下去,美国不仅会失去相对优势,连战略均势也难维持。军备竞赛的战略思路走入了死胡同。4月18日,尼克松指出:"我不希望在将来看到一个美国总统在发生危机的时候,因美国处在一个二等国或劣势的地位,便让他的外交信誉受到大大的损害。我们已经知道,当苏联处于二等国的时候,苏联人作何感想。我不希望在将来的外交危机中,美国会有这种处境。"① 尼克松和基辛格深知,苏联在战略核力量上赶上美国只是一个时间问题,美国应该在苏联掌握多弹头分导重返大气层运载技术之前,通过谈判把美国的优势固定下来。

---

① 〔美〕塔德·肖尔茨:《和平的幻想——尼克松外交内幕》,商务印书馆1982年版,第102页。

而从苏联方面看,经过多年努力,苏联的核军备水平已经赶上了美国,大体上取得了战略均势。这使得苏联可以有足够的实力坐下来与美国谈判,迫使美国不仅承认苏联在军事上的同等地位,而且承认苏联在政治上的同等地位,这是苏联长期企求而不可得的东西。这就是苏联不断强调的美苏"平等"和"同等安全"的原则的含义。因此,通过谈判迫使美国承认苏联的核均势地位,对苏联的战略利益有益无害,"缓和对于勃列日涅夫和尼克松来说,同样是有利可图的、必要的"①。

　　核力量的建设给苏联的国内经济造成了很大的压力。1969年,苏联的国民生产总值只有3000亿美元,但用于核武器发展的费用却高达250亿美元。苏联希望通过限制战略武器谈判来给不堪重负的苏联经济减负。苏联还担心,在核均势形成之后仍大规模地发展战略武器,会不可避免地引起新一轮的核军备竞赛,而鉴于美国的总体技术优势和庞大的经济实力,苏联很难保证在下一轮竞赛中取胜。另外,约翰逊政府后期,美国开始部署"哨兵"反弹道导弹系统,这一决定使苏联感到担忧。尽管苏联在这一领域保持领先地位,但鉴于美国的技术优势,苏联担心两国会在反弹道导弹系统展开新一轮军备竞赛。苏联国内面临经济困难,需要西方世界的技术、资金及贸易,勃列日涅夫希望通过缓和谋取和平红利,进而巩固自己在国内的政治地位。美国和苏联本拟于1968年进行首脑会谈,但由于苏联在1968年8月入侵捷克斯洛伐克,国际形象严重受损,约翰逊总统取消与勃列日涅夫的会晤。大选结束后,约翰逊曾希望在卸任前与勃列日涅夫举行最后一次首脑会晤,

---

① 〔美〕沃尔特·拉弗贝:《美苏冷战史话(1945—1975)》,商务印书馆1986年版,第291页。

但新总统尼克松明确表示,约翰逊在会谈期间的任何承诺对新政府没有约束力。约翰逊只得作罢。

中苏交恶后,中国由苏联的盟邦变成敌对国家,这是苏联在战略上的败招。苏联要缓和与美国和西方的关系,以应付所谓的"中国威胁"。尼克松上台后,中美关系逐渐解冻和改善,更使苏联意识到改善与美国和西方关系的重要性,意欲阻止美中接近,联合美国共同孤立、遏制中国,以免在新形势和三角外交中陷于被动。它还企图在新的实力地位的基础上,实现苏联早就追求过的"美苏共治"。当尼克松宣布进入"谈判时代"几小时后,克里姆林宫迫不及待地表示,要求白宫说话要算数。新闻司司长列昂尼德·扎米亚京和国际司司长基里尔·诺维科夫宣布,苏联已准备好就限制两个超级大国的核武库问题"开始认真交换意见"。诺维科夫说:"尼克松政府的代表什么时候愿意坐下来谈判都行,我们是准备好了的。"①

限制战略武器谈判涉及两种不同类型的战略武器,其一是防御性的反弹道导弹系统(ABM),其二是多弹头分导重返大气层导弹(MIRV)。苏联从1964年开始部署代号为"塔林"的防空系统,随后又在莫斯科周围配置代号为"橡皮套鞋"的反导弹系统。1967年,在国会的推动下,麦克纳马拉提出了一个代号为"哨兵"的反弹道导弹计划,但这一计划的主要目标并不是苏联,而是中国。麦克纳马拉本人对反弹道导弹计划持反对态度,认为它削弱了对方核武器的威慑力,反而有可能引起对方先发制人的打击。②

---

① John G. Stoessinger, *Heary Kissinger: The Anguish of Power*, New York: W. W. Norton, 1976, p. 83.
② 〔美〕亨利·基辛格:《白宫岁月》第一册,第257页。

多弹头分导重返大气层运载工具问题是反弹道导弹问题的另一面。所谓多弹头分导重返大气层运载工具，实际上是一种携带氢弹头的导弹，它可以一次将14个弹头送入外空，然后由复杂的电子设备控制重返大气层击中目标，其准确性极高。在经验丰富的军控人员看来，多弹头分导重返大气层运载工具已经不是一种稍加改进的武器系统，而是核战争能力的一个巨大的质的跃进，实为美国战略核武器的最重要的技术突破，它使美国核力量在质量方面对苏联占了重大优势。导弹的最后一节是低推力的，好像一个公共汽车的母弹头，它携带着所有的分导弹头，由单一的制导和推进系统推动。母弹头通过改变速度和方向逐一地发射它所携带的分导弹头。这些速度和方向的调整确定了分导弹头到达目标的路线。它比其前身集束多弹头导弹能更容易突破对方的防御，具有较强的突防能力。60年代初，美国五角大楼的官员发现，如果没有多弹头分导重返大气层运载工具，美国所拥有的核弹头数目已经不足以对付苏联境内的核目标了。1968年8月，多弹头分导重返大气层运载工具首次试验成功，最后一轮多弹头分导重返大气层运载工具试验将在1969年5月份进行。

美国在这两种武器的部署上面存在着重大分歧。国会原先对部署反弹道导弹系统十分感兴趣，但到尼克松政府上台时，国会的风向已经发生改变。许多科学家怀疑反弹道导弹的可靠性，认为它在技术上太复杂，运行时不可能有充分的准确性，而且，即便它按计划运行，也可能被苏联的各种反措施击败。美国科学家联合会下属的科学家院外集团"可生存世界委员会"预言美国部署反弹道导弹系统将会引起苏联在这方面的军备竞赛，从而刺激美苏双方生产出更多弹头的进攻性武器以突破对手的防御。

**基辛格**

尼克松设想了一个分阶段的反弹道导弹系统,首先包括北达科他州的两个民兵式导弹发射场,然后根据苏联的行动,每年研究一次,决定是否应该继续扩充。这个新的系统叫"卫兵"反弹道导弹系统,它将替代约翰逊政府时期的"哨兵"系统。3月5日,国家安全委员会审议了这一计划。3月14日,尼克松在记者招待会上宣布了他关于反弹道导弹系统的设想。

他说"卫兵"系统将可以同时用来对付苏联和中国,这是防务概念上的一个新提法,它向莫斯科发出了一个信号,美国将从更有实力的地位出发参加限制战略武器谈判。他还建议拆除在华盛顿和其他一些城市周围的奈基二型和奈基三型反弹道导弹系统,以建设卫兵式的现代化的反弹道导弹系统。在说明这种战略武器控制的新概念时,尼克松指出:"搞大规模的城市防御系统,即使是从一个单薄的系统开始,然后再向重型发展,也往往是更富有挑衅性的,因为它使第一次打击苏联的力量牢靠。我不希望出现可能阻碍武器谈判的任何挑衅行为。"当一个超级大国在城市周围布下重重防御,另一方则认为它正在谋求第一次打击的能力。那么,为什么要使城市大规模设防呢?尼克松认为,从长远的眼光看来,比较安全的办法是,不在城市设防,集中力量保护第二次打击的能力是作为防止战争的一种威慑。这是核时代的心理学。他指出:"讲到城市防御,它必须是完善或接近完善的,这样才可靠,因为我研究了严密设防城市的可能性,我发现哪怕是最乐观的估计,采用我们最先进的技术,也意味着我们仍要死亡三千万至四千万人……但是,至于对威慑力量的保护,就不必十全十美,只需保护足够的威慑力量就可以了,因为报复性的第二次打击将使敌人在发动第一次打击前慎重考虑。"①

在向国会议员解释"卫兵"系统时,他说美国对苏联导弹的反应能力必须占优势,"我不相信一个美国总统会冒险把自己的国家暴露在苏联的导弹攻击之下……1962年,我们的导弹对苏联具有5∶1的优势。我们今天仍然强大,但是情况却发生了变化,并非因为我们做了些什么,而是因为苏联人做了些什么,他们在1962年决定拉近战略距离。他们沿着这条路走了很远,他们在常规性武器方面已经超过了我们,他们开发和装备了世界上惟一的反弹道导弹系统,而我们却没有;他们在性能上和数量上增加了潜艇能力……至于中国,我们所有的预测都低估了中国的实力"②。

尼克松讲得冠冕堂皇,但却没有道出其内心的真实想法。反弹道导弹系统在技术上很不成熟,"卫兵"系统在很多方面徒具虚名,并无能力阻止来袭的导弹,成为导弹基地或城市的保护伞。在尼克松和基辛格的心目中,它只不过是一个讨价还价的筹码,永远也不会建立起来。重要的是,民众并不知道这一点,国会也不知道。

莫斯科声称部署在莫斯科周围的反弹道导弹系统是防御性的,因而不能视为军备竞赛的升级,而且,苏联在美国宣布部署"哨兵"反弹道导弹系统的第四天,就建议举行限制战略武器谈判。尼克松对此当然清楚。他解释说:"我们可以增强我们的进攻力量,我们的潜艇力量,甚至我们的'民兵'式导弹力量或我们的轰炸机

---

① "The President's News Conference of March 14, 1969," *Public Papers of President Nixon*, 1969. http://www.nixonlibrary.org/clientuploads/directory/archive/1969_pdf_files/1969_0108.pdf.

② 〔美〕理查德·里夫斯:《孤独的白宫岁月——近距离看到的尼克松》,经济日报出版社2004年版,第44页。

**基辛格**

力量,但是,我认为这将是一条错误的道路,因为这对苏联是一种挑衅行为,并且可能使军备竞赛升级。"三军参谋长曾建议美国应该恢复制造洲际弹道导弹,并加紧生产核潜艇和远程轰炸机。基辛格表示反对。在3月5日一次专门研究反导弹系统的国家安全委员会会议上,他陈述了自己的理由:那样做会加剧军备竞赛,因而从长远来看,可能危及限制战略武器会谈的前途,不必要地刺激俄国人。

多弹头分导重返大气层运载工具已经在1968年试验成功,用基辛格的话说就是,这个"魔鬼"已经被从瓶子里放了出来,美国在这一问题上的分歧不如反弹道导弹问题那么大,但很多人还是认为应该控制分导式多弹头导弹的发展。在整个1969年,多弹头分导重返大气层运载工具的反对派都在向尼克松政府施加影响,有40位参议员鼓吹通过一项决议,反对部署多弹头分导重返大气层运载工具,众议院外交事务委员会发起了一份报告,要求通过谈判冻结这种武器。

1969年6月初,麻省理工学院的拉思詹斯和鲁伊纳写了一篇文章,从理论上阐述了多弹头分导重返大气层运载工具扩散的危险性。论文指出,有三个要素会破坏战略平衡,其一是部署反弹道导弹系统,其二是苏联导弹力量继续增长,其三是美国研制多弹头分导重返大气层运载工具而苏联也这么干,而在三大因素里,前两个因素的危险性都不如多弹头分导重返大气层运载工具来得紧迫。文章强调,一旦多弹头分导重返大气层运载工具的试验到达可以部署的程度,我们就无法指望通过协议来制止其发展了,能否核查苏联是否遵守(禁止发展这种导弹的)协议也没有足够的把握。两位作者警告说,如果把已经进行了10个月的试验继续搞下去,哪怕再搞几个星期,美国就可以提高这种武器的准确性,以致苏联把它看成是一种第一次打击的威胁。如果美国能做到这一点,苏联也能做到,那么美国就处于遭到苏联精确的分导式多弹头导弹打击的威胁之下。这样,美国势必把它的民兵式陆基导弹部署到整个西部平原地区,进一步增加军事预算。两位作者建议美国单方面停止试验多弹头分导重返大气层运载工具,同时宣布,只要苏联也停止试验多弹头分导重返大气层运载工具,美国将继续暂停试验。①《纽约时报》6月12日的社论也反映了两位作者的观点。社论指出,诱使苏联中止多弹头分导重返大气层运载工具试验的一个办法是,主动提出中止美国的多弹头分导重返大气层运载工具试验,甚至实际上中止试验,同时宣布,只要苏联不试验多弹头,美国就不会恢复这种试验。②

美国之所以在多弹头分导重返大气层运载工具问题上存在如此之大的分歧,一个重要原因是对分导式多弹头导弹的理解以及苏联在此种武器上的进展程度上存在分歧。4月至5月间,苏联在太平洋上空进行了一系列试验,发射了一枚携带三个弹头的导弹。进一步的分析显示,苏联最初进行的试验其实是一种多弹头重返大气层飞行器,它能够携带三个弹头,并把它们发射到同一地区,弹头脱离发射导弹后不能各自击中不同目标,因此,它是一种多弹头重返大气层导弹,而不是多弹头分导重返大气层导弹。美国自1963年起就在北极星潜艇上部署了这种多弹头重返大气层导弹。按照多弹头分导重返大气层运载工具的标准,苏联的导弹系统还是很原始的。中央情报局长赫尔姆斯认为,苏联还没有发展出多

---

① 〔美〕西摩·赫什:《权力的代价——尼克松执政时期的基辛格》,国际文化出版公司1991年版,第196页。
② 〔美〕亨利·基辛格:《白宫岁月》第一册,第266页。

**基辛格**

弹头分导重返大气层运载工具。一份绝密的《国家情报评估》认为,由于技术能力的限制,苏联至少还需要三年时间才能生产出完善的可针对各自目标的多弹头,对这种导弹在大气层中的试验,美国可以通过遥测技术进行监测。因此,在签订限制战略武器协定之后,美国可以通过卫星监视苏联对协定的遵守情况。国务卿罗杰斯和国务院参加限制战略武器谈判的理查森、史密斯也赞同赫尔姆斯的观点。

但是,国防部长莱尔德根据参谋长联席会议和国防情报局的估计,认为苏联已经实现了分导式多弹头导弹化。基辛格也对赫尔姆斯的判断表示怀疑。他认为,限制战略武器协定对赫尔姆斯有肯定的利益,因为这项协定需要利用广泛的核查手段来进行监督,从而会增加中央情报局及其情报伙伴的权力。尼克松甚至公开宣称,中央情报局关于SS-9导弹的评估是错误的。

对苏联多弹头分导重返大气层运载工具技术水平的不同估计直接导致了美国在限制战略武器谈判中的立场。如果莱尔德所说的是真的,苏联已经研制出多弹头分导重返大气层运载工具,那么,把限制多弹头分导重返大气层运载工具协议作为限制战略武器谈判的一部分就显得非常必要。反之,如果赫尔姆斯的估计是准确的,苏联并没有生产出分导式多弹头,那么,美国可以在第一次谈判中从容地先搞一个防御性武器条约,而把进攻性的武器条约放在第二次限制战略武器谈判中去讨论。中央情报局国家评估办公室主任约翰·休曾格(John Huizenga)认为:"从中央情报局观点出发,这场争斗之所以进行是因为苏联的多弹头分导重返大气层运输工具是一种必要的威胁,以证明卫兵系统的必要性。毫无疑问,白宫坚定认为应该有情报发现,证实苏联正在从事多弹头分导重返大气层运输工具的试验。"①

6月19日,尼克松在记者招待会上含糊其辞地说,苏联已经试验了一种多弹头武器,以此为他提出的但遭到参议院坚决反对的卫兵式反弹道导弹系统辩护。他警告说,到1973年,美国80%以上的民兵导弹将处于苏联导弹的威胁之下。② 结果,参议院以一票之差通过了反弹道导弹系统的方案。

基辛格是一位研究核战略的学者。自1957年《核武器与对外政策》一书出版以后,他一直对核军备竞赛保持关注。他认为,战略核武器在很大程度上并非是为了实战,核武器的巨大毁灭性使之只能成为一种威慑手段。在1961年出版的《选择的必要》一书中,他继续发挥了这种观点。他指出,小型战术核武器具有某种战场作用,但是更大的战略核弹头绝大部分是用作对某国平民或领袖的具有恐怖作用的威胁。这就是相互确保摧毁战略的实质。基辛格指出,只有在双方都承认相互威慑战略是一种有效的方法,它才会发生作用。军控专家把核战争看得过于认真,核战争虽然具有可能性,但却不大可能发生。尤其在苏联成功地研制了原子弹,打破美国的核垄断之后,情况一直如此。他指出,没有军备控制,固然将难以达到稳定,但是即便如此,仍有可能实现稳定。③ 在他看来,决定性的理由既是军事性的,也是外交性的。苏联的领导人和军事理论家从来没有采纳西方这种学究式的概念,认为易被摧

---

① 〔美〕亨利·基辛格:《白宫岁月》第一册,第266页。

② "The President's News Conference of June 19, 1969," *Public Papers of President Nixon*, 1969. http://www.nixonlibrary.org/clientuploads/directory/archive/1969_pdf_files/1969_0248.pdf.

③ Henry Kissinger, *The Necessity for Choice: Prospects of American Foreign Policy* (New York: Harper and Row, 1961), p. 296.

## 基辛格

毁是可取的,或者是,反弹道导弹会造成威胁和不稳定。柯西金总理在葛拉斯堡罗会见约翰逊总统时曾这样说过,反弹道导弹不是要杀人,而是要救人命,放弃防御性武器是他听到过的最荒谬的主张。① 由于苏联正在发展自己的反弹道导弹系统,美国没有理由不这么干,美国只有也发展类似的武器,才有可能在未来的限制战略武器谈判中与苏联讨价还价。此外,苏联的核力量正在快速增长,除非美国在反弹道导弹系统和多弹头分导重返大气层导弹上取得突破,否则美国将没有任何选择自由。因此,基辛格认为,美国可以用限制反弹道导弹系统来换取苏联愿意限制进攻性武器,从而在美苏之间产生一个平衡。

为了使自己的决策显得很有根据,基辛格曾邀请一批学术精英和政界闻人来华盛顿,参加星期六的早餐会,讨论军控问题。这些专家包括哈佛大学的保罗·多尔蒂、马歇尔·舒尔曼,普林斯顿大学的马尔文·戈尔德伯格,斯坦福大学的西德尼·德里尔,前国家安全委员会成员卡尔·卡森。作为昔日的学界同事,这些人为得到基辛格的青睐感到受宠若惊,但他们在多弹头分导重返大气层运载工具问题上的态度与基辛格迥异。他们试图向基辛格施加影响,但一旦发现根本影响不了基辛格后,他们就有点恼羞成怒了。②

基辛格赞成五角大楼的估计,认为苏联洲际弹道导弹的轨迹说明,他们的多弹头分导重返大气层运载工具可以预先制导,向美国的民兵式导弹发射井发射三颗弹头。基辛格明白,如果不禁止

---

① Thomas J. Schoenbaum, *Waging Peace & War: Dean Rusk in the Truman, Kennedy & Johnson Years* (Simon & Schuster, New York: 1988), p. 483.

② Walter Isaacson, *Kissnger: A Biography*, p. 317.

多弹头分导重返大气层运载工具,其他国家也发展这种武器,美国仍将受到威胁,但由于尼克松已经执意要发展多弹头分导重返大气层运载工具,在这种情况下要向总统进逆耳之言是危险的。在整个争议过程中,基辛格与莱尔德结成了同盟,从而也就与总统保持了一致。

据一位情报官员说,基辛格出于两个动机而大玩权术。其一,在赞成莱尔德的观点的同时,加强他对付苏联人的地位。他想他可以用假定莫斯科已经有了分导式多弹头导弹的办法,来迫使他们达成一项关于限制进攻性武器的协议。其二,他想使赫尔姆斯丢脸。在华盛顿的官场上,他一直看不起赫尔姆斯,这是一个公开的秘密。① 他向尼克松指出,中央情报局变得骄傲自满了。1969年6月,他曾把理查德·赫尔姆斯叫来参加一个会议,会上他和国家安全委员会的人员明确表示,他们认为苏联试验的就是多弹头分导重返大气层导弹,赫尔姆斯应该重写他的报告,并提出更多的证据来支持莱尔德的立场。中央情报局国家评估办公室主任约翰·休曾格说:"亨利的意见是材料写得不够明确,在编排上和表述上都有毛病。他这样说不致让人家觉得他主张修改。"②国家评估办公室重新评估了这一问题,但结论并没有改变:苏联并没有试验多弹头分导重返大气层导弹。这使尼克松和基辛格得出了中央情报局"不忠诚"的结论,两人开始有步骤地贬低中央情报局评估报告的重要性。白宫要求中央情报局将据以做出评估报告的原始资料交出来,由国家安全委员会工作人员对此进行分析,从而得以随心所欲地从事情报研究,得出自己需要的结论。

---

① 〔美〕西摩·赫什:《权力的代价——尼克松执政时期的基辛格》,第105页。
② 同上书,第204页。

## 基辛格

此外,基辛格还认为,一旦俄国人看到美国在分导多弹头的武器竞赛中处于明显的领先地位,要他们放弃研制自己的多弹头分导重返大气层运载工具是不现实的。他从来不相信单是武器这个因素就会引起战争,战争要归咎于人、政治和外交,武器本身是中性的。即使美国在多弹头分导重返大气层运载工具问题上做出单方面让步,苏联也不会做出回报。它一面呼吁举行新的武器谈判,一面继续扩充其 SS-9 导弹。他提醒记者们,早在麦克纳马拉时期,美国就已经开始研制多弹头分导重返大气层运载工具了。因此,他对拉思詹斯和鲁伊纳的建议表示感谢,但对其要美国单方面对多弹头分导重返大气层运载工具的试验采取限制的建议十分恼火。5月23日,他致信尼克松,说禁止多弹头分导重返大气层运载工具将极大地限制美国的第二次打击能力,相反增强苏联的第二次打击能力,如果禁止反弹道导弹,苏联的第二次打击能力增强的幅度最大,因此,限制反弹道导弹对苏联有利,而对美国不利。①

为了准备限制战略武器谈判,尼克松上任的第二天,基辛格指示国家安全委员会工作人员,就美国战略态势进行全面研究,以备政府内部参考之用,并供限制战略武器谈判时使用。这一军事态势的基本要求,就是要"决定采取什么样的步骤,以保证我国战略威慑力量的可靠性"②。这一研究被称为《国家安全研究备忘录》第三号,由国防部副部长戴维·帕卡德(David Packard)主持。他利用五角大楼、国务院、军备控制和裁军署、中央情报局、财政部和预算局等机构的材料,对第二次世界大战以来美国的国家安全政策进行了最全面的审查。

---

① http://www.gwu.edu/~nsarchiv/NSAEBB/NSAEBB60/abm01.pdf.
② 〔美〕塔德·肖尔茨:《和平的幻想——尼克松外交内幕》,第96页。

3月初,《国家安全研究备忘录》第三号完成。备忘录提出了五个基本方案,其一是保持从约翰逊政府继承下来的战略态势,在民兵Ⅲ型洲际弹道导弹和潜艇发射导弹上加装分导式多弹头。保持这种核态势,美国每年需要花费100亿美元。

第二个方案建议大量增加美国的战略进攻力量,以造成压倒一切的第一次打击力量,这样,美国的一次进攻就有可能使敌人丧失战斗力。它排除了限制战略武器谈判,每年需要耗资160亿美元。

第三方案主张扩充防御型的反弹道导弹系统,把阿拉斯加和夏威夷也包含在内,略微增加部署分导式多弹头导弹。这一方案需要耗资600亿美元。

第四个方案考虑由美国单方面冻结除部署分导式多弹头导弹以外的进攻力量,而且把反弹道导弹系统限制在两个民兵式导弹发射场上。

第五个方案建议不再生产新的分导式多弹头导弹,建立起一个有深度的反弹道导弹系统,用来保卫25—52个美国城市及所有的民兵式导弹发射场。

在《国家安全研究备忘录》第三号研究的过程中,尼克松和基辛格已经开始消除五角大楼对限制战略武器谈判和国会对分导式多弹头导弹的反对意见,决定扩充反弹道导弹系统来武装美国。这一复杂的策略是要争取时间,加强美国在限制战略武器谈判中的地位。但是,尼克松并不愿意使自己受一项确定政策的限制。他请基辛格让国家安全委员会再进行一些研究,这包括1月28日提出的《国家安全研究备忘录》第40号《东西方关系》,2月8日提出的《国家安全研究备忘录》第八号《美国武装力量》,2月12日提出的《国家安全研究备忘录》第20号《裁军》。与此同时,美国情报委员会在极端秘密的情况下研究了苏联的导弹试验,特别是其在

**基辛格**

分导式多弹头导弹方面的进展。

3月13日,国家安全委员会定量分析组完成了《国家安全研究备忘录》第28号《限制战略武器谈判准则》,它把《国家安全研究备忘录》第三号中提出的五个方案增加到九个,并对一些可能采取的行动方案作了改进。在九个方案中,有六个主张把洲际导弹和潜艇发射导弹冻结在现有水平上,有五个主张允许搞多弹头分导重返大气层导弹,另外四个则主张禁止多弹头分导重返大气层导弹。除一个方案外,所有的方案都主张禁止机动陆基导弹,这种导弹双方目前都没有配置。九个方案中,有七个方案建议对反弹道导弹系统进行不具体的限制,一个方案建议这种反弹道导弹系统仅限于保卫国家指挥机构。①

6月13日和25日,国家安全委员会开会规定了美国在限制战略武器谈判中的立场,既要限制进攻性武器,也要限制防御性武器。对此,多勃雷宁一再声称,苏联宁可集中谈判防御性武器,而把进攻性武器留待下一轮去谈。显然,苏联想拖延时间,在同意任何限制之前,先改进分导式多弹头导弹。

基辛格与多勃雷宁

1969年10月20日,总统和基辛格同多勃雷宁大使秘密会晤。他们说,美国准备就限制战略武器问题举行会谈,多勃雷宁说苏联也已准备好了。5天后,美苏两国同时宣布,

---

① 〔美〕约翰·纽豪斯:《苦寒的拂晓——限制战略武器会谈内幕》,生活·读书·新知三联书店1974年版,第260页。

限制战略武器会谈将于11月17日在赫尔辛基开始。

在白宫发布这个公告后举行的一次记者招待会上,罗杰斯声称,限制战略武器会谈"完全没有附带条件,我们并没有为这个谈判提出任何条件"。基辛格认为,罗杰斯的话是传给苏联人的错误信号。他建议立即重提"关联"政策。第二天,总统发言人齐格勒对记者说:"这个谈判是不能在真空中举行的。总统的看法是,限制战略武器会谈与悬而未决的政治问题之间有一定的联系。"①

11月11日,国家安全委员会开会讨论了九个方案。会后,基辛格收到一份备忘录,该备忘录建议在谈判初期不要强调这几种方案,而应该把注意力集中在反弹道导弹和多弹头分导重返大气层导弹等主要问题以及它们之间的连带关系上。这一主张得到了大家的同意。

11月17日会谈开始。美国代表团团长是杰勒德·史密斯。史密斯是裁军署署长,他认为建立裁军署的法令已经授予该机构负责会谈的主要责任,且史密斯本人对裁军谈判有着自己的见解,因此理所当然地认为自己在谈判中扮演着主要角色。但尼克松和基辛格并不这样认为。与其他谈判一样,他们认为史密斯只是一个在前台演出的演员,而真正的谈判必须由基辛格在幕后进行。史密斯对基辛格所进行的幕后谈判的要点一无所知,这使得史密斯与他们发生了许多冲突,也使史密斯对谈判的结果总体上持否定态度。

苏联代表团由费拉吉米尔·谢苗诺夫率领,他是个德国问题权威,1955年以来任副外长。真正主宰谈判的则是第二号人物、苏

---

① 〔美〕马文·卡尔布、伯纳德·卡尔布:《亨利·基辛格》,生活·读书·新知三联书店1975年版,第177页。

**基辛格**

军副总参谋长奥尔加科夫。苏联代表团里有许多文职专家,但这些人对苏联的战略实力一无所知,而且,苏联政府也不想让他们知道这些秘密。当美国代表滔滔不绝地谈论美国和苏联的战略实力时,奥尔加科夫十分着急。他曾经把美国代表拉到一边,说他手下的文职专家并没有了解苏联战略能力的资格,因此请美国代表不要再讲得这么详细。这样一看,苏联人对谈判实际上也是三心二意的。

史密斯收到了一份总统发来的由基辛格起草的谈判要点。要点表示美国政府愿意就进攻性和防御性武器进行谈判并达成协议,代表团有权对苏联提出的任何建议进行讨论,但一切决定必须由总统作出。要点还突出地强调"关联"的重要性:"国与国之间发生战争和危机,不是简单地因为有武器,而是因为双方的利害冲突,或是因为一方野心勃勃追求单方面利益。正是由于这个原因,我们要在解决当代危险的政治问题方面求得进展。"① 换句话说,美国并不准备匆忙地达成军备控制协议,虽然这样的协议也许是值得欢迎的。美国打算等一等,先作些试探,看看在政治问题上有无同时出现进展的迹象。通过会谈可以全面考察一下苏联的意图。因此,美国代表团带到赫尔辛基去的谈判文件里边竟没有一个具体方案,只有4个说明性的方案用作谈判依据。这4个方案内容广泛,从冻结进攻性武器到实际削减这种武器的储存都包括在内。基辛格给苏联人提供了选择余地,可以从中任意挑一个。实际上他等于提出了这样的问题:哪个方案你们最感兴趣?说得更具体些,这4个方案中哪些部分你们最感兴趣?也许我们可以把这些

---

① 〔美〕马文·卡尔布、伯纳德·卡尔布:《亨利·基辛格》,第178页。

部分捏在一起。①

这是一种不同寻常的做法，其依据是基辛格所谓的"积木组合"，构成每一方案的各个因素可以重新搭配，构成各种各样的组合和整体，从而使美国的谈判立场具有很大的灵活性。如果苏联对美国提出的建议的某些部分不满意，那么可以把其余的部分结合到另一个提案中，而无须再在美国国防部门对整个美国的立场进行重新协调，因为所有的方案都是各部门事先同意的。一句话，这种积木组合的方法可以使美国对苏联做出迅速反应，并且大大缩小华盛顿政府机构内部的分歧。这是白宫对会谈保持控制的又一手段。②

在第一轮会谈时，美国提出了多弹头分导重返大气层导弹问题，并把它同其他可能降低对方报复能力的技术革新联系起来。而苏联只愿意讨论截击导弹的数目，而不愿去讨论导弹的性能、雷达以及反弹道导弹系统中其他重要组成部分的性能，对多弹头分导重返大气层导弹问题，连提都不提。莫斯科认识到，美国在进攻性和防御性武器的全部或大部分质量方面都处于领先地位，苏联的兴趣不在于讨论美国的优势，而在于如何通过别的方法去抵消美国的优势。在核查问题上，苏联强调限制战略武器协定的所有条款，都必须用"国家技术手段"也就是卫星侦察去进行核查，而不是搞就地视察。③

1969年12月22日，两国谈判代表休会。通过第一轮会谈，双方搞清了几个长期起作用的问题。其一是苏联反对大量配置反弹

---

① 〔美〕马文·卡尔布、伯纳德·卡尔布：《亨利·基辛格》，第179页。
② 〔美〕约翰·纽豪斯：《苦寒的拂晓——限制战略武器会谈内幕》，第261页。
③ 同上书，第265页。

道导弹。其二是苏联人坚持要把美国的前沿武器系统(部署在欧洲大陆以及地中海、太平洋东北部的航空母舰上的飞机,这些飞机可以两用,既可携带核炸弹,也可携带普通炸弹)视为核心武器中的一种,要同远程导弹和轰炸机一起看待。这一建议大大出乎美国代表团意外。美国代表辩称,这些飞机虽然能轰炸苏联内地城市,但只能单程飞去,不能返回基地,因此构不成第一次打击的威胁,几乎没有第二次打击的潜力。这些配置在前沿的飞机主要是为对付苏联瞄准美国的欧洲盟国的中程和中远程导弹的,牵涉到其他国家的利益,不属于双边谈判的范围,根本不能算是核心武器系统。① 双方同意于1970年4月16日在维也纳复会,从而确立了轮流在芬兰和奥地利进行谈判的格局。

12月30日,基辛格交给核查小组一份秘密指示,这个指示后来成了美国1970年谈判方案的基础。史密斯和谢苗诺夫在4月复会时,美国方面首次提出了一整套具体方案,但是苏联人不接受。他们一直要求订立一个局部协议——仅限于冻结防御性的反弹道导弹,只是在达成了这样的协议之后,他们才准备讨论冻结某些进攻性武器系统的问题。罗杰斯和史密斯对这个主张是感兴趣的,但总统和基辛格却不以为然。基辛格坚持认为,防御性武器和进攻性武器两方面必须联系起来,只谈一方不谈另一方是根本不能接受的。谈判陷入僵局。

1970年4月8日,国家安全委员会讨论了限制战略武器谈判的各种方案,其中第一个方案把美国拥有的洲际导弹和潜艇发射的弹道导弹数目限定在1710枚,冻结轰炸机的数目,美国527架,

---

① 〔美〕约翰·纽豪斯:《苦寒的拂晓——限制战略武器会谈内幕》,第266—267页。

苏联195架,同时允许美国设立卫兵反弹道导弹系统,建立12座反弹道导弹发射场。这一方案要求苏联单方面减少导弹数量,而不影响美国的轰炸机和反弹道导弹计划。方案二对进攻性武器的限制与第一个方案相同,但把反弹道导弹的设置范围限定在全国指挥部,否则就完全禁止。方案三对进攻性武器的限制与第一、二个方案相同,它也把反弹道导弹限制于全国指挥部,或者全部禁止。它还禁止多弹头分导重返大气层导弹,条件是苏联同意现场视察。第四个方案建议对洲际导弹和潜艇发射洲际导弹进行削减,每年减少100枚,直到1978年双方各减为1000枚为止。同时,该方案还禁止设置反弹道导弹,否则就把它限制在全国指挥部范围,对多弹头分导重返大气层导弹则未予禁止。① 每一种方案还包括11条"附加措施",其中一条措施规定美国有权对"塔林"防空系统进行视察,以证实苏联人没有将它们升级为反导弹系统。另一条限制规定,双方都无权改建现有的发射井。这一条规定是想限制苏联发展SS-9导弹:一旦限制改建发射井,苏联就无法用SS-9巨型导弹来代替比较小型的导弹,从而迫使苏联离开其力量较强的陆地向海上发展。这一条规定也可以挫败苏联以技术手段来逃避协定条款限制的任何伎俩。一位苏联代表发愁地问道,假如他们在导弹发射井的盖子上刷油漆,是否也将被视为违反了规定,结果他得到了肯定的回答。②

基辛格认为第二个方案最为可行,也符合美国的利益。它使美国在导弹的现代化方面拥有最大的灵活性,制止美国最关心的

---

① Raymond L. Garthoff, *Detente and Confrontation: American-Soviet Relations from Nixon to Reagan*, pp. 138—139.

② 〔美〕约翰·纽豪斯:《苦寒的拂晓——限制战略武器会谈内幕》,第271—272页。

苏联进攻性武器的增长,并规定了最高限额,并可在以后谈判削减。据此方案,美国可以冻结正在遭到国会封杀的反弹道导弹计划,使苏联冻结他们仍在继续制造的进攻性武器。但是,如果把这一方案作为美国的谈判方案提出,国会和五角大楼都不会同意。人们会说尼克松政府对禁止反弹道导弹和多弹头分导重返大气层运载工具问题甚至未予以探讨。①

史密斯对方案三特别感兴趣。他认为多弹头分导重返大气层运载工具是自弹道导弹问世以来最重要的武器系统,坚决主张禁止其发展。他曾专门写过一个备忘录给总统,要求停止这种武器的试验。② 现在在国家安全委员会的方案中出现这么一个政策选择,当然符合其心意。罗杰斯也主张搞不加视察的禁止多弹头分导重返大气层运载工具协议。但是基辛格和尼克松为这个方案增加了两个附加条件,以确保其不被莫斯科所接受。第一个条款是加入了现场核查。这一条款系尼克松亲自添加。基辛格的一名助手承认,之所以加上现场监督这一协议,就是为了使之不能为苏联所接受。"加上这一条款时,根本就没有指望它会被接受,或者一旦被接受会有助于核查。"③在维也纳,参加谈判的加特霍夫注意到,当史密斯提出方案三时,苏联人一直做着笔记,但当史密斯提到现场核查的时候,苏联人放下了手中的笔。这个人后来告诉加特霍夫,说:"我们一直希望你们能提出一个严肃的多弹头分导重返大气层运载工具条款。"④

---

① Walter Isaacson, *Kissinger:A Biongraphy*, p. 319.
② Ibid., p. 317.
③ 〔美〕西摩·赫什:《权力的代价——尼克松执政时期的基辛格》,第214页。
④ Raymond L. Garthoff, *Detente and Confrontation:American-Soviet Relations from Nixon to Reagan*, pp. 138—139.

基辛格为方案三增加的第二个限制条件是：允许生产多弹头分导重返大气层运载工具，从而使条款含糊不清，为以后违反协议留下漏洞。实际上，对一种武器加以禁止应该分成三个阶段，即在试验、生产和部署各个阶段都进行禁止。然而，美国的建议却是禁止试验、部署但并不禁止生产多弹头分导重返大气层运载工具，其逻辑依据是，试验和部署一种武器，都可以通过卫星进行核查，但是要禁止生产一种武器，却要困难得多。由于美国已经完成了多弹头分导重返大气层运载工具的试验，一旦协议撕毁，它立即可以生产这种武器，而苏联尚未进行这种武器的试验，禁止试验只会是限制苏联的单方面行动，苏联人肯定不会接受。果不其然，苏联人提出了一个反建议：允许试验，但是不允许生产和部署。① 史密斯和谈判代表团认为，应该禁止试验、生产和部署多弹头分导重返大气层运载工具，但是基辛格反对这一建议。

基辛格认为，折中的解决方法是以第三和第四方案作为谈判的基础。这符合国会和官僚机构中主张禁止多弹头分导重返大气层导弹和反弹道导弹的要求，并使美国能够以赞成全面限制的积极姿态出现。如果苏联接受了这一建议，美国就前进了一大步。反之，美国也可以提出第二方案。尼克松同意了基辛格的看法。4月10日，基辛格据此发出了训令。这就是《国家安全决策备忘录》第51号。备忘录规定，代表团在提出方案时，必须首先提出保卫国家指挥机关方案，然后才提出不设反弹道导弹方案。②

不出所料，苏联代表团拒绝了美国的第三和第四方案。这时，所有人都倾向于第二方案，同意把进攻性武器的最高限额规定为

---

① Walter Isaacson, *Kissinger: A Biography*, p. 320.
② 〔美〕约翰·纽豪斯：《苦寒的拂晓—限制战略武器会谈内幕》，第279页。

2000件运载工具。这一方案有一个缺陷,那就是只限制运载工具,而不限制核弹头,其必然结果是刺激双方在多弹头分导重返大气层运载工具上展开竞争,以部署更多的核弹头。①

6月23日晚,基辛格在白宫会见了多勃雷宁,探讨苏联对限制战略武器谈判的态度。多勃雷宁指出,莫斯科只希望就限制反弹道导弹达成一项有限协议。随后,他以备忘录的形式正式提出了苏联的观点:苏联希望达成两项协议,其一是把反弹道导弹系统限制在莫斯科和华盛顿,其二涉及"减少由于意外或未经批准地使用核武器导致苏美发生导弹核战争的危险"的问题。也就是说,苏联要制止美国正在进行的惟一的战略计划,同时拒绝对美国关心的进攻性导弹施加任何限制。②

7月4日,基辛格把多勃雷宁的建议提交给史密斯,征求他的意见。史密斯说,这个建议局限性太大,不符合美国利益。对美国反弹道导弹施加优先权限制都应当要求对苏联进攻性武器系统施加相应的限制。在维也纳取得积极成果是可取的,但不应使我们过早地投入最强有力的谈判筹码。基辛格同意史密斯的看法,但认为最好是使谈判迅速回到限制战略核武器这个主题上去。经尼克松批准,他通知史密斯要坚持把限制进攻性武器和防御性武器结合在一起,因为美国参加谈判的主要目标是限制苏联的进攻性武器,而且美国不会在不对等的情况下放弃美国事实上正在获得的一个新武器系统。最好的对策是提出比第三、四两个方案更现实的建议,然后长期坚持这个立场。

---

① Raymond L. Garthoff, *Detente and Confrontation: American-Soviet Relations from Nixon to Reagan*, p.140.

② 〔美〕亨利·基辛格:《白宫岁月》第二册,世界知识出版社2003年版,第699页。

他向尼克松提交了一个长篇备忘录,建议按照方案二的精神搞一个新建议,删去全国指挥部的建议,保持双方实际上正在执行的部署方案。这个方案得到了尼克松的批准。国家安全委员会内部人士把这个计划称为"计划戊",后来白宫人士还把它叫做"斯威"(SWA,即 Stop Where We Are),意思是"到此为止"。这个方案于8月4日向苏联人提出,它规定:在进攻性武器方面,允许配置的洲际导弹(包括 SS-9 导弹在内)的限额为每方 1900 枚,并完全禁止陆基机动洲际导弹。该方案不包括分导多弹头导弹,也没有提及前沿导弹系统,即部署在中欧的中程导弹。在防御性武器方面,方案建议,用来保卫莫斯科和华盛顿的反弹道导弹的限额应为 100 枚,要不就干脆不搞什么反弹道导弹防御系统。但是,苏联人不接受"到此为止"方案。基辛格的一个助手后来说:"凡是涉及 SS-9 导弹的,不管是'到此为止'方案,还是任何其他方案,他们连听都不要听。由于苏方坚持只谈反弹道导弹问题,我们完全停顿了下来。"①

7月10日,苏联人一反常态,离开他们"只谈反弹道导弹"的既定方针,提议建立华盛顿—莫斯科联盟来对付"拥有核武器的第三国的挑衅性进攻"。虽然没有明确说明,但是苏联人的建议无疑是针对中国的。美国拒绝了这种建议。基辛格后来解释说:"假如苏联方面是认真打算这样做的话,他们就会向我提出这个建议,而不是向史密斯提出。"②

7月13日,基辛格向尼克松发出一份备忘录,提醒他注意,不要认为达成限制战略武器协议就会从此天下太平。即便达成协

---

① 〔美〕马文·卡尔布、伯纳德·卡尔布:《亨利·基辛格》,第182—183页。
② 同上书,第183页。

基辛格

议,苏联总有一天可以通过增加投掷重量、加强准确性和发展多弹头分导重返大气层导弹等一系列办法来威胁美国以陆地为基地的导弹。

> 苏联可以相当有把握地认为他们今后再也不会处于战略劣势地位了。当然,他们将期望从得到正式承认的战略'平等地位'中捞到大量政治好处……限制战略武器协议,即使存在局限性,很可能具有深刻的政治影响……如果苏联感到'缓和'的效果破坏他们在东欧的霸权,这种协议并不能阻止苏联领导人在东欧采取激烈行动;它也不能阻止苏联在西欧、中东、地中海和其他地方推进他们的利益而损害我们的利益。①

基辛格认为,限制战略武器谈判并非万应灵药,谈判是恢复战略均势,并为双方在政治上保持克制创造条件。无论谈判结果如何,如果没有这种克制,危机就不可避免。从军事方面说,限制战略武器谈判将推迟苏联扩充军备的计划,从而推迟终将出现的对美国陆基部队的威胁。

限制战略武器会谈与越南问题之间的连环关系,乃是尼克松政府的策略核心。虽然基辛格花了很大的力气,这两个问题却久久没有得到解决。美国和苏联追求的是战略力量的根本均势,这是达成协议的惟一可能的基础。明确地说,就是必须联系数量和质量两方面的限制。根本均势当然意味着每一方允许对方拥有第二次打击的能力,也就是说,每一方在敌人发动第一次突然袭击之后,都能够进行破坏性的报复。在限制战略武器谈判中,华盛顿和

---

① 〔美〕亨利·基辛格:《白宫岁月》第二册,世界知识出版社1980年版,第702页。

莫斯科都从这个前提着手,那就是,美国由于拥有多弹头分导重返大气层运载工具而占有质量优势,而苏联则在武器的实际数量和个别导弹较大的投掷重量方面占有数量优势。成为1970—1971年限制战略武器谈判的主要事实是,无论是美国或苏联都不准备放弃其多弹头分导重返大气层运载工具的自由使用权。这从根本上影响了关于进攻性武器的某种可能的协定,排除了禁止双方进行多弹头分导重返大气层运载工具的试验或部署。

尼克松认为,关于限制战略武器会谈的进一步谈判,应当以形成美国新立场的四项原则为基础。这四项原则是:

假如我们仅仅限制防御力量而听任进攻性武器的威胁不受约束,就会危及战略平衡。随意部署进攻性武器就达不到谈判的基本目标。例如,协议仅仅限制防御性武器,而苏联却继续扩充进攻性武器,特别是扩充用多弹头装备起来的巨型SS-9洲际弹道导弹,其结果就可能使苏联严重威胁我们的陆基战略力量。

第二,假如一面限制进攻性力量,一面允许无限制地增加战略防御力量,那将是危险的。为保卫城市而部署的反弹道导弹系统数量足够,技术先进,则可以减少报复能力。因此,反弹道导弹无限增加,最终会迫使进攻性武器增加。

第三,假如我们不能制订满意的方案来限制所有的重要武器系统,我们则应该把注意力放在对战略平衡具有首要意义的武器系统上,这类武器系统如果不加以限制,就会形成对全面战略均势的威胁。

最后,假如我们在技术上不能求得一些解决办法来

**基辛格**

限制在数量上和性能上已有差距的那些武器系统,那末我们可以采取一个临时步骤,按目前的水平冻结部署最不稳定的进攻性武器。①

尼克松此时明显在寻求一个关于限制战略武器谈判的折中方案。弹道导弹条约和关于进攻性武器的临时协议是有价值的。这个主要由基辛格想出的临时协议的概念,企图要苏联答应在即将装备分导式多弹头的 SS-9 洲际导弹的部署方面最低限度地同美国一齐暂时冻结,以打破僵局,而不强求莫斯科全面、长期地承担限制它的全部进攻性武器的义务。兜售这样一种折中

**勃列日涅夫与尼克松**

方案的想法,成了尼克松同勃列日涅夫搞秘密外交的基础。尼克松后来指出:"由于认识到只有在最高级的领导之间建立政治信用,我们才能在使谈判者仍然感到困难的技术问题方面取得重大进展,我试图建立一个双方都能继续谈下去的协商机构。"②

1971 年 1 月 9 日,基辛格和多勃雷宁在苏联大使馆见面,并通过后者转交了一封尼克松致勃列日涅夫的私人信件。尼克松在信中强调,两国要在限制战略武器谈判中达成协议,必须把进攻性武器和防御性武器联系起来。在随后的会谈中,基辛格建议打破把反弹道导弹和限制进攻性武器联系起来而产生的僵局,美国将接受苏联方面关于谈判一项反弹道导弹条约的建议,条件是苏联同

---

① 〔美〕塔德·肖尔茨:《和平的幻想——尼克松外交内幕》下册,第 558 页。
② 同上书,第 559 页。

意立即开始进攻性武器的谈判。这两个谈判将同时结束。限制进攻性武器将包括承担一项义务,即任何一方不得在谈判进行期间构筑以地面为基地的洲际导弹的新设施。

两周后,尼克松会见了刚从莫斯科返任的苏联大使多勃雷宁。多勃雷宁建议在夏末举行首脑会议,并表示有可能按美国提出的折中方案商订限制战略武器谈判协议,愿意在进一步谈判期间冻结进攻性武器。2月10日,多勃雷宁肯定了把限制进攻性武器和防御性武器联系起来的谅解。如果这两项协议不能同时进行谈判,苏联将考虑在完成这些谈判之前冻结进攻性武器的部署。至于反弹道导弹,多勃雷宁表示愿意采取在两国首都部署反弹道导弹的方案。这样,限制战略武器谈判终于在原则上取得了重大突破。此时,两国的官僚机构和在前方的谈判代表对此还一无所知。

2月25日,美国发表总统世情咨文,尼克松在咨文中多次谈到限制战略武器谈判,说进攻性武器和防御性武器是一个问题的两个方面,如果仅限制其中的一方面,只会重新导致军备竞赛,而不能有效地减少军备竞赛。① 咨文说,美国不能不推行一项最低限度的反弹道导弹计划,但暗示不设反弹道导弹协议也未尝不可谈判。事实上,政府正在要求拨款建造四处反弹道导弹基地,白宫战略的基本点仍然是把"卫兵"作为讨价还价的筹码。白宫还布置了一系列关于生存能力的研究,以了解洲际导弹、潜射弹道导弹和战略轰炸机组成的三位一体的战略武器系统的真正弱点何在。研究结果表明,"民兵"导弹面临着一种无情的威胁,而"卫兵"系统只能对民兵导弹提供无足轻重的保护,而美国的战略轰炸机和核潜艇都不

---

① 〔美〕约翰·纽豪斯:《苦寒的拂晓——限制战略武器会谈内幕》,第306页。

基辛格

存在真正的威胁。

3月11日,白宫下达了《国家安全决策备忘录》第102号,指示史密斯提出一项关于反弹道导弹的建议,允许莫斯科保留"橡皮套鞋"系统,也允许美国完成已得到拨款的那四处卫兵导弹基地。

3月26日,多勃雷宁从莫斯科收到指示,同意继续进行限制战略武器谈判,并在反弹道导弹系统达成协议后冻结进攻性武器。这是美国一直期待的突破。5月12日,多勃雷宁向基辛格递交了苏联关于限制战略武器谈判的最新方案,同意把进攻性武器和防御性武器放在一起考虑。这使得尼克松得以在5月20日向记者宣布,美苏已经同意在当年集中力量制订一项限制部署反弹道导弹系统的协议。[①] 与此同时,两国将商定关于限制进攻性武器的某些措施,从而为进一步谈判限制一切战略武器创造条件。

谈判突破是美苏双方相互妥协的结果。双方同意不涉及限制进攻性武器的正式条约,但是将暂时冻结洲际导弹发射器的部署,细节留待以后的谈判中拟定。苏联同意美国驻西欧和亚洲前进基地的飞机不在冻结之列。相比之下,美国做出的让步更大。基辛格同意把潜艇发射的洲际导弹问题排除在谈判之外,实际上让苏联能够放手继续执行庞大的建造潜艇计划。史密斯指出,没有任何证据表明,限制战略武器谈判方针出现如此重大的转变,事先经过详细的考虑,甚至于连基辛格本人对这一问题都没有审慎考虑过。它也许只是一个身心疲倦的人做出的一个随意的回答,连他

---

[①] "Remarks Announcing an Agreement on Strategic Arms Limitation Talks," http://www.nixonlibrary.org/clientuploads/directory/archive/1971_pdf_files/1971_0175.pdf.

自己都没有明白自己所表达内容的重要含义。① 此外,基辛格还答应苏联的陆基导弹系统的现代化问题不在谈判之列,这就使苏联可以自由地继续改进多弹头分导重返大气层导弹系统和其他武器的质量。尼克松和基辛格不再热衷于既限制进攻性武器也限制防御性武器的全面条约的谈判,而代之以一个仅仅限制反弹道导弹系统,加上一项需经参议院批准的限制苏联制造洲际导弹发射器的过渡性协定。

1972年5月20日,在访问中国后,尼克松终于启程前往莫斯科进行访问。这是有史以来第一位美国总统访问苏联首都,在美苏关系史上意义非同一般。访问期间,尼克松与勃列日涅夫进行了会谈。会谈没有中心议题,但内容广泛,中国问题、欧洲问题、中东问题、越战问题、限制战略武器问题、经济关系问题、两国关系的一段原则问题等等,都在讨论之列,但限制战略武器问题、越南问题成为尼克松此次访问的重点。尽管基辛格和多勃雷宁此前已经做了大量工作,但留待最高决策者的仍有四大难题。

第一个难题是陆基机动洲际导弹问题。这种武器易于逃脱侦察卫星的监视,具有打破整个战略平衡的能力。美国没有生产这种武器,所以在会谈中,始终坚持要求禁止这种武器,但苏联拒绝承担条约规定的义务。

第二个难题是导弹的大小问题。美国担心苏联可能把SS-11和SS-13等轻型导弹发射器改换成重型的SS-9导弹发射器,从而打破美国在多弹头分导重返大气层导弹上的优势,并使苏联拥有大量的超级武器。此外,美国谈判代表还认为,苏联不久就将在多弹头分导重返大气层导弹问题上取得突破。然而,在这一问题上,

---

① Walter Isaacson, *Kissinger: A Biography*, p.325.

苏联不愿接受美国的定义,把 SS-9 型导弹发射器看成是重型的,而其他导弹发射器都是轻型的。

与此相关的第三个难题是导弹发射井的体积问题。美国希望在更换洲际导弹发射井的时候,其体积不能超过原发射井 10%—15%。

在留给两位领导人决策的四个难题中,第四个难题最为棘手,这就是核潜艇以及发射管的数量问题。苏联要求拥有更多的核潜艇以及更多的发射管,最高限额为 62 艘核潜艇和 950 个发射管,美国原则上同意了这个要求,但要求苏联每生产一艘新的核潜艇和一个新的发射管,就必须拆除一艘旧潜艇,以避免苏联核力量保持绝对增长。苏联也同意这一点,但明确拒绝美国对于苏联需要拆除的旧潜艇和旧的洲际导弹发射器、以换取生产新的核潜艇或增加多少个发射器的权利的估计数字。美国估计苏联在 1972 年可供使用的或正在建造的 Y 级核潜艇有 41—43 艘,而苏联人却硬说自己有 48 艘核潜艇。通过多报核潜艇的数目,苏联只需要付出极小的代价就可以完成 62 艘核潜艇和 950 个发射器的目标。但是,经过讨价还价,莫斯科自己放弃了 48 艘核潜艇这个数目。

难题的解决涉及许多尖深的技术问题,需要技术人员来进行讨论。基辛格虽然是美国著名的核战略理论家,也专门钻研过技术问题,但这些问题明显超出了其能力。例如,他不知道苏联已经发展了一种冷发射技术,即在发动机点燃之前可以利用压缩空气升高井内的导弹,这样,SS-11 型导弹发射井无须扩大 10% 就可以容纳下 SS-9 型导弹。① 与他一起参加谈判的索南费尔特等人都是政治人物,他的技术专家都留在了华盛顿。而他真正的谈判对手

---

① 〔美〕塔德·肖尔茨:《和平的幻想——尼克松外交内幕》下册,第 741 页。

斯米尔诺夫（L. V. Smirnov）是苏联军事工业委员会主席，负责领导苏联的系统和其他现代化武器的研制工作。因此，基辛格在谈判时经常遇上技术难题，不得不与留在华盛顿的技术专家通过电话反复磋商，有些电话就是通过克里姆林宫的公共线路打的，因此对于美国的谈判意图，莫斯科可以说知道得清清楚楚。尼克松和基辛格不得不在没有技术专家支持的情况下与勃列日涅夫讨价还价，其结果可想而知。裁军问题专家纽豪斯指出：白宫代表团在回到华盛顿后，限制战略武器谈判核实小组召开了好几次会议，以确证在潜艇发射洲际导弹问题上，代表团究竟同意了什么，这一切又意味着什么。①

众议院情报特设小组委员会在1976年的一份报告中指出：

> 显然，美国的谈判代表在限制战略武器谈判的最后阶段，没有充分请教和通过情报专家们，而这些专家是以往讨论条约的主要人物。这次在场的只有俄国的技术专家。在这期间，基辛格博士与苏联领导人的秘密会谈还没有被很多人所知道。一些官员们断言，协定上的那些模棱两可之处可能是美国决策者在关键时刻自己造成的情报闭塞的结果。记录表明，这次协定的美国设计师基辛格博士企图对有关苏联明显违反限制战略武器协定的情报资料的扩散和分析进行控制。②

基辛格和苏联人确定了协议的基本框架，而协议的具体文本依然要由远在赫尔辛基的两国谈判代表团敲定。5月26日中午12

---

① 〔美〕约翰·纽豪斯：《苦寒的拂晓——限制战略武器会谈内幕》，第389—390页。
② 〔美〕塔德·肖尔茨：《和平的幻想——尼克松外交内幕》下册，第756页。

基辛格

点半,美国代表团从电话中得知谈判取得突破的消息,但关于潜艇导弹问题达成协议的材料在下午两点半才送到代表团,两国代表这才开始起草议定书,并对临时协定的有关条款作相应的修改。忙了一个下午,代表们才就各项协定的某些部分商定一致同意的解释。议定书拟就并打出来后,双方代表团立即启程前往莫斯科。双方代表团实际上是在飞机上完成了最后的文件。他们抵达莫斯科时已经是深夜时分,可就在这时又出了一个意外。美国大使馆派往机场迎接史密斯的汽车,不知什么原因,未能开进机场。史密斯只得求助于他的苏联同行谢苗诺夫,才到达了克里姆林宫。此时,大大小小的美国官员,正在参加尼克松为勃列日涅夫举行的宴会。史密斯狂怒得失去了理智,谴责说这里根本没有分析专家参与,也没有国家安全委员会的讨论,连苏联独裁者还要召开政治局会议进行讨论,而尼克松和基辛格两个人就把这件事决定了下来。签字之前,基辛格和史密斯举行了一个记者通报会,但两人互相抵触,在条约内容上发生了争吵,结果会议被迫中止。

5月26日,作为限制战略武器谈判的阶段性成果,美苏《关于限制进攻性战略武器的某些措施的临时协定》和《关于限制反弹道导弹系统条约》在莫斯科签字。美国和苏联都放弃了保卫其社会和领土不受他方核武器攻击的任何有意义的权利,这是《限制反弹道导弹系统条约》最具历史意义的实质,它使相互确保摧毁理

1972年,尼克松与勃列日涅夫签订《反导条约》。

论得到了确认。条约规定：允许美苏双方在各自的首都周围和一个洲际弹道导弹地下发射井周围建立有限度的反弹道导弹系统。双方保证不研制、试验或部署以海洋、空中、空间为基地的以及陆基机动反弹道导弹系统及其组成部分，保证不研制、试验或部署能从每部发射架上同时发射一枚以上的反弹道导弹截击导弹的反弹道导弹发射架，不改进已部署的发射架，使之具有上述的能力，也不研制、试验或部署反弹道导弹发射架上快速装填用的自动化或半自动化或者其他类似的装置。

《关于限制进攻性战略武器的某些措施的临时协定》规定双方的陆基洲际导弹冻结在1972年7月1日实有和正在建设的水平上，苏联为1618枚，美国1054枚。潜射导弹和导弹核潜艇冻结在1972年5月26日双方实有和正在建造的水平上，苏联为950枚和62艘，美国为710枚和44艘。协定规定，导弹及其发射架可进行现代化和更新，即该协定只限数量，不限质量。

尼克松访问苏联和限制战略武器条约的签订使美苏的缓和达到了高潮。在尼克松访问莫斯科期间，美苏双方签署了九个协定和条约，内容涉及军控、环境、卫生、外空探索、科教合作等各个方面。几乎每天都有签字活动。在尼克松和勃列日涅夫签订的联合公报中，双方重申要进一步努力，保证欧洲拥有一个和平的前途，没有紧张局势，没有危机和冲突。公报为欧洲安全会议奠定了基础。关于中东问题，两国政府一致承认"它们的愿望是发挥它们的作用，以便找到一项和平解决的办法"，它将"开辟中东局势正常化的前景，并将着重考虑如何进一步给那个地区带来军事上的缓

基辛格

和";在印度支那问题上,双方都表明了自己的立场。①

在尼克松和基辛格的总构想中,美国将通过缓和战略鼓励苏联自愿进入国际体系。他们认为,如果苏联在这个体系中有更大的利害关系,它就不太会支持引起全球动荡的革命活动了。"将苏联的利益卷入国际稳定和国际现状,增加苏联在其中的利害关系。并没有设想商业、技术和科技关系会自行阻止对抗或战争,但只要苏联被诱使沉迷于国际冒险时,至少它们应当被计入受益和亏损的平衡表。"②通过限制战略武器谈判缓和与苏联的关系,美国对它所赞成的苏联行动将用积极的鼓励来给以奖励,同时用消极的制裁来对苏联的"革命行动"做出反应,从而从根本上建立起美苏缓和的一整套规范,以全面处理包括军备控制、经济合作和危机处理事务。在尼克松执政前的美苏冷战急剧对抗时期,美苏之间通过历次危机的考验,已经开始建立起一些规范以协调两国之间的关系。这些规范包括危机处理和核威慑的规则和程序,但是,在军备控制和经济领域,美苏之间未能建立起全面的规范。③

第一阶段限制战略武器谈判只是美苏在军备控制领域建立规范的一个开端。双方都同意靠各自的监测系统来核查对方是否遵守协议。这就为美苏在军备控制领域建立起一个初步规范。从1972年11月21日到1979年6月18日,美苏两国继续就军备控制展开谈判,签订了一系列的协定,以建立双方信任,控制、削减和限制核武器。这其间共举行了15轮会谈和五次首脑会晤。1973年

---

① 〔美〕塔德·肖尔茨:《和平的幻想——尼克松外交内幕》下册,第759页。
② 〔美〕约翰·加迪斯:《遏制战略:战后美国国家安全政策评析》,世界知识出版社2005年版,第327页。
③ 〔美〕丹·考德威尔:《论美苏关系》,世界知识出版社1984年版,第17页。

6月,勃列日涅夫访问美国,与尼克松签订了《防止核战争协定》、《关于进一步限制进攻性战略武器会谈的基本原则》等文件。这些文件宣称,双方将制订限制进攻性战略武器的长期协定,遵循承认双方相互对等安全和不允许直接或间接谋求单方面优势的原则,美苏之间或一方与其他国家之间出现核冲突的危险时,两国立即进行磋商。1974年7月3日签订的《关于反弹道导弹协定的议定书》把两国的反弹道导弹基地的数量从两个减到一个,《级限禁试条约》禁止进行超过15万吨当量的地下核试验,条约的附加议定书要求交换技术情报,1974年11月24日《符拉迪沃斯托克协议》声明,美苏各自把战略武器库限制在2400个发射装置之内,双方各自把分导式多弹头限制在1320枚之内。1976年5月26日签订的《和平核爆炸条约》规定双方不得进行当量大于15万吨的和平核爆炸。这些条约和协定规定,双方可以通过"国家技术手段"(即卫星侦察和电子监听)监督协定的实施情况。如果在实施过程中发生问题,双方应该通过联合国范围或双边机构进行磋商。这表明,通过尼克松—福特时期的美苏缓和,美苏之间已经建立起来一个明晰的军备控制规范。这使因意外事故发生核战争的危险得以大大降低,也使得两个超级大国在核问题上建立起初步的信任。

美苏经济规范是整个美苏缓和的一个组成部分。美国指望通过经济合作把苏联纳入一个国际体系中,尼克松在1973对外政策报告中提到,在他上台的头几年中,把经济关系的扩大和政治关系的改善联系在一起。苏联则指望通过缓和获取美国的经济援助,摆脱沉重的军费负担。从1968年起,苏联开始加紧生产肉类,到1971年,苏联用于饲料的谷物增长了40%,需要进口大量谷物。"美国与苏联把贸易和经济联系看作是加强它们双边关系的重要

基辛格

和必要的因素,因而将积极推进这种联系的发展。"①

在进行限制战略武器谈判的同时,一项全面的贸易协定的谈判也在紧锣密鼓地进行中。1971年6月1日,美国商务部批准了对苏联的价值8000万美元的车辆制造设备的出口许可,9天之后,尼克松总统把粮食从必须获得出口许可证才能从美国出口的商品清单中除掉。在莫斯科最高级会谈前,美国公司已经成功地与苏联贸易部门达成了几项较小的交易。有人甚至认为,美苏限制战略武器谈判之所以在1971年5月20日取得突破,其原因就在于两国在谷物交易上达成了协议。② 1972年5月26日,美国和苏联协议建立一个联合贸易委员会,解决在租借债款、对苏联的最惠国待遇、信贷和对大规模的长期贸易的监督等问题上的分歧。该机构被认为是解决冷战初期遗留下来的经济问题,并为美苏这两个不同的经济体系之间的贸易提供一个总的框架。1972年7月,美国向苏联提供了75000万美元的信贷,以解决苏联在为期三年的时间里向美国购买粮食的问题。1972年夏天,苏联共进口2800万吨粮食,其中有1900万吨是从美国进口的,占美国全年小麦收获量的四分之一。这使得本来过剩的美国小麦迅速减少,同时造成世界粮食市场对小麦的需求猛增。1972—1974年间,美国的小麦价格上涨了一倍。这被尼克松的政敌攻击为"美国历史上政府干的最臭名昭著的蠢事之一"③。1972年10月14日,美国和苏联签订了一项为期三年的海洋协定,确定了运输苏联所购粮食的美国船只的保险费率。协定还增加了两国相互向对方船只开放的港口数

---

① 〔美〕丹·考德威尔:《论美苏关系》,第101页。
② 〔美〕西摩·赫什:《权力的代价——尼克松执政时期的基辛格》,第432页。
③ 〔美〕丹·考德威尔:《论美苏关系》,第103页。

量。10月18日,美国和苏联签订了一项为期三年的全面贸易协定,目的在于提供一个"用来建立我们的贸易关系的良好的总框框"①。尼克松总统还签署了一项正式声明,确认美国进出口银行为对苏联销售提供信贷和担保符合美国的国家利益。这样,美国和苏联之间建立了一系列的经济规范。美苏贸易有了大幅增长。

美国和苏联曾制定了一套处理危机的规范,在尼克松—福特执政期间,美国和苏联继续发展了这些规范,并使之经受了考验。现代化的通讯手段为莫斯科与华盛顿之间的热线提供了保证。此外,苏联和美国之间还通过各种渠道进行直接磋商。苏联驻美大使多勃雷宁与基辛格一直保持着直接联系。在十月战争的高潮期间,勃列日涅夫邀请基辛格赴莫斯科讨论战争的经过。这是苏美直接联系中前所未有的最有戏剧性的事件之一。

1972年尼克松访问莫斯科期间,苏美两国领导人签订了《美利坚合众国和苏维埃社会主义共和国联盟相互关系的基本原则》。这一基本原则标志着美苏关系中"克制"和"创造"新时代的开始。该文件第二款规定,美苏两国同意"尽它们的最大努力避免军事对抗和防止核战争的爆发",同意"在相互关系上永远进行克制",为此目的,美苏两国"应本着对等、互让和互利的精神"进行谈判。双方确认,直接或间接地以牺牲对方利益来获取单方面的好处是不符合这些目标的。文件第三款规定,美苏领导人同意尽最大努力,使"会加剧国际紧张局势的冲突和局面不致出现"。在文件的其他各点中,两国要求履行已经缔结的各项协定,每隔一段时间就举行最高级会谈,继续进行关于军备控制和裁军的谈判,并促进商业、

---

① 〔美〕丹·考德威尔:《论美苏关系》,第104页。

经济、科学和文化方面的合作。

苏联高度评价这一文件,认为其重要性超过了《限制战略武器协定》,但许多美国官员认为,基本原则只是装饰门面的陈词滥调,它没有阻止苏联随后在安哥拉的冒险行动,也没能阻止美国在中东谋求单边优势。侥幸地利用一下紧张的国际局势,获得单方面的优势,本质上就是吹嘘过度的缓和的应有之义。斯坦利·霍夫曼评论道:"一个终生酗酒的醉鬼也会尝试着戒酒,但大国却很少放弃利用国际局势。"①

但基辛格很看重这份原则声明。他认为,基本原则的签订是首脑会议的根本成就,它至少在书面上表示应该采取负责的政治行动②,"我们已经绘制了一幅路线图。我们将沿着这条路线走下去吗?我不知道?这是自然而然的事吗?当然不是。但它规定了一项行为准则,只要双方明智地干,经过一段时间,也许可以做出些成绩来。在目前,这还只是个愿望。如果我们认为根本不可能,我们是不会签署这个基本原则文件的"③。这一基本原则并无法律约束力,但它确定了评价每个超级大国外交政策行为是否合理的一套指导原则。因此,从某种意义上说,《基本原则》和一年之后签署的一项类似文件,不失为苏美缓和理论的最简明的表述。④ 尼克松也把美苏关系基本原则比作是双方维护和平应走道路的交通图。⑤

---

① Walter Isaacson, *Kissinger: A Biography*, p. 427.
② Ibid., p. 427.
③ 〔美〕马文·卡尔布、伯纳德·卡尔布:《亨利·基辛格》,第511页。
④ 〔美〕丹·考德威尔:《论美苏关系》,第113页。
⑤ 〔美〕亨利·基辛格:《白宫岁月》第四册,世界知识出版社2003年版,第1588页。

限制战略武器谈判和尼克松访问苏联标志着美中苏三角关系的最终确立。限制战略武器谈判自开始以来一直陷于僵局,但在1971年7月基辛格秘密访问北京后,限制战略武器谈判的速度在事实上加快了。"在勃列日涅夫看来,达成一项限制战略武器协议比什么都更能抑制中国的作用和野心。"①1972年2月尼克松的中国之行,给了苏联很大的压力,苏联希望能够顺利实现莫斯科峰会与美国达成限制战略武器协定,以平衡中美苏三角关系。在限制战略武器谈判的最后一个阶段,美苏双方以冲刺的速度向达成协议迈进。约翰·纽豪斯评论道:"谁又会想到,中国之行竟然推动'会谈'出现了一个达成这种协议所必不可少的最后冲刺呢?"②

**缓和战略的衰落**

美苏首脑会晤和限制战略武器协定的签署可以看作是美苏实现缓和的标志,从苏联方面来说,有史以来美国总统的首次到访以及双方就广泛国际问题进行的讨论、一系列条约的签订都象征着苏联所期望的美苏对等地位的到来。而在美国人看来,总统对苏联的首次访问标志着美国所期望的谈判时代真正到来,基于关联战略的考量,这似乎预示着莫斯科将为美国解决越南的棘手问题提供帮助,至少为之提供了良好的国际氛围。

尼克松和基辛格对首脑会谈和限制战略武器协定的签订评价甚高。尼克松在宣布会谈取得突破的时候曾说:"这项协定是打破核武器谈判僵局的一个重大步骤……如果我们成功了,今天已发

---

① 〔美〕约翰·纽豪斯:《苦寒的拂晓——限制战略武器会谈内幕》,第360页。
② 同上书,第399页。

**基辛格**

表的联合声明很可能作为新时代的开端留在人们的记忆之中。"①在签署《限制进攻性武器临时协定》的时候,尼克松再度肯定:"这不是一个保证将来没有战争的协定,但它却是一个极其重要的进程的开端。这个协定在目前将限制军备的负担,我们今后还要削减军备的负担,从而减少战争的危险。"②在国会山,他告诉议员们:"(首脑会谈)为世界上两个最强大的国家之间建立一种新型关系奠定了基础",《限制进攻性武器临时协定》标志着"两个主要核国家走向克制和限制武器的时代的第一步"③。

基辛格把美苏首脑会谈和限制战略武器条约的签订作为他任内最重大的成就。④ 他认为,无论从首脑会谈的内容还是从历史背景来看,这都是美国政策的一项重大成就。"限制战略武器会谈体现了我们的下述信念:核军备竞赛愈演愈烈,对任何国家都没有好处,也不能加强任何国家的安全"⑤,因此,不能把限制战略武器协定仅仅看作是一个技术性的成就,而必须将它视为具有某种重要性的政治事件。⑥ "缓和紧张关系不能只建立在控制军备竞赛的基础上,最终的试金石是在国际行动上保持克制",裁军的意义并不在于裁军问题自身,而在于通过裁军,美国和苏联之间形成了缓和的关系。⑦ 因为军备控制并不能产生在政治真空中,最小的裁军也必须放在广泛的政治背景中来考虑,"限制战略武器协定并非单独

---

① 〔美〕西摩·赫什:《权力的代价——尼克松执政时期的基辛格》,第 435 页。
② 〔美〕塔德·肖尔茨:《和平的幻想——尼克松外交内幕》下册,第 785 页。
③ 〔美〕亨利·基辛格:《白宫岁月》第四册,第 1588 页。
④ John G. Stoessinger, *Henry Kissinger: The Anguish of Power*, p. 82.
⑤ 〔美〕亨利·基辛格:《白宫岁月》第四册,第 1589 页。
⑥ "President Nixon and Dr. Kissinger Brief Memebers of Congress on Strategic Arms Limitations Agreements," *Department of State Bulletin*, 7/19/72, p. 42.
⑦ 〔美〕亨利·基辛格:《白宫岁月》第四册,第 1589 页。

存在,相反,它与一个协定链条有机地联结在一起,并且与对核时代危险的广泛认识及与此相适应的国际行为相结合。这种协定,在核时代是没有先例的,在与此相关的全部现代史上也确实如此。①

基辛格也认为限制战略武器协定的签订限制了苏联进攻性导弹的发展,从而使美国有可能赶上去。他提醒国会议员们,用胜负的方式来看待限制战略武器谈判是不合适的,"当代的武器竞赛是数量与技术相混合的。已证明苏联最具有竞争力的完全是数量,这个领域受到了协定的限制。由此协定把同苏联的竞争限制在技术领域。因此,我们已经拥有重大优势"②。此外,谈判也使美国摸清了莫斯科对缓和的真实想法,并使美国与莫斯科定出了在核时代相互克制的规则,从而避免了核对抗。③

协定签订后,一向对尼克松政府的对外政策持批评态度的《华盛顿邮报》和《纽约时报》对协定表示肯定。美国外交史学家托马斯·帕特森认为,缓和显然没有阻止核武器竞赛,但是它提供了一个谈判的环境,至少使全副武装的敌手可以面对面地,月复一月、年复一年地坐下来寻求减少核武器大屠杀的可能性的方法。④ 纽豪斯指出:"从一开始,双方便就同安全最关重要的武器问题进行了开诚布公的、心平气和的对话。这本身就是一个分水岭。"⑤

但是,对缓和政策的评价并非没有争议。几乎从限制战略武

---

① Robert D. Schulzinger, *Henry Kissinger: Doctor of Diplomacy*, New York: Columbia Vniversity Press, 1989, p. 71.
② Ibid.
③ 〔美〕亨利·基辛格:《白宫岁月》第四册,第 1578—1579 页。
④ 〔美〕托马斯·帕特森等:《美国外交政策》,中国社会科学出版社 1989 年版,第 782 页。
⑤ 〔美〕约翰·纽豪斯:《苦寒的拂晓——限制战略武器会谈内幕》,第 411 页。

## 基辛格

器谈判一开始,人们就对基辛格的战略充满了疑虑。到福特离任的时候,这已经成了激烈辩论的话题。批评者指责基辛格的概念前后不一,喜好表演,倾向于戴一副"苏联中心论"的近视眼镜观察世界。民主党人一方面指责基辛格导致美国军事力量衰退,另一方面又批评他对人权问题不敏感。右翼共和党对此种抱怨也应声附和。因此,在1976年大选期间,缓和战略成为来自左右两翼政治力量猛烈攻击的对象,曾经被大肆鼓吹的外交成就反而成为福特政府竞选的战略负资产。

同样地,尼克松和基辛格的政策方式也成为舆论批评的焦点,在对苏外交领域主要就是美国与苏联的双重谈判:基辛格在幕后的秘密谈判是决定美苏双方达成协议的关键,对此,一直在谈判的前台唱主角但从未为聚光灯聚焦的杰德勒·史密斯满腹怨言,批评尼克松和基辛格的独裁:"也许需要作一分析来看一看5月20日的协议是怎样达成的……所谓的秘密谈判是以一种完全不同于代表团的程序进行的。这种谈判,有关部门不做基础工作,也不进行战略分析。没有核查小组,也不经国家安全委员会讨论,不同国会的有关委员会磋商,也不同盟国磋商。完全是单枪匹马:一个总统的助手对付苏联领导集团的集体力量。这是一种不令人愉快的对比,一个美国人同苏联最高政治和技术机构对着干。"①《生活》杂志的批评则占了整整一个版面:"在实施我们的外交事务时,现在有些东西被可怕地歪曲了……民主体现在哪里了?只有按照总统的决策去做才是合适的角色吗?对已经实施行动之后才让我们知道,我们也要赞成吗?……太多的变数需要人反思——这个人似

---

① 〔美〕西摩·赫什:《权力的代价——尼克松执政时期的基辛格》,第444页。

乎没有能力寻求广泛的意见,即便是在他自己的政府机构内部。"①

尼克松—基辛格推行缓和战略的一个重要目的,就是通过对苏关系的缓和,促使美苏之间其他问题的解决,即所谓的关联政策。柏林问题的解决、欧安会议的召开都可以作为例证,关联政策确实获得了进展。但是,对这一策略的效应不能估计过高。在许多至关重要的问题上,关联政策并没有取得突破。特别是尼克松和基辛格曾对苏联帮助解决越南问题寄予厚望,基辛格第一次访问莫斯科时,主要讨论的就是越南问题。在一连串的危机中,基辛格也曾向多勃雷宁施加压力,要求苏联向越南施加影响。但正如多勃雷宁所说,越南是一个独立的社会主义国家,苏联能施加的影响是有限的。基辛格后来也认识到,莫斯科一直说它在河内的影响很有限,这可能是实话。美国最后从越南落荒而逃,与关联政策的失效有着密切的关系。尼克松和基辛格也意识到这一点。在限制战略武器谈判开始时,美国政府曾坚持对苏缓和要与其他国际问题的解决结合起来,但不久它就发现此路不通,在以后的谈判中,美国政府只得完全放弃了这一政策。显然,尼克松和基辛格对于关联政策的有效性及适用范围过于乐观了,他们醉心于大国政治的游戏中,基辛格这个时候似乎还执迷于维也纳会议时期以欧洲协调的方式来维持国际体系的稳定,几乎没有意识到越南战争很大程度上是本地起源的,与大国竞争的背景关联度远远低于他们的预想。

批评者声称缓和战略使美国进一步丧失了战略力量的优势地位,使优势进一步向苏联倾斜。在莫斯科期间,美国参谋长联席会

---

① 〔美〕理查德·里夫斯:《孤独的白宫岁月——近距离看到的尼克松》,第408页。

**基辛格**

议已经开始反对美国和苏联达成的协议,参谋长联席会议主席朱穆沃尔特说,协定允许苏联在核导弹数量上的优势是惊人的。基辛格的助手黑格也反对这一协定,一直在说限制战略武器谈判的坏话,同时把华盛顿的反对意见及时转达给基辛格。签字那天,他告诉未来的国防部长詹姆斯·施莱辛格,说今天是美国的国耻日。①

基辛格曾向国会保证,新达成的限制战略武器协定将阻止莫斯科研制当量更大的新型洲际弹道导弹。他引证说,莫斯科曾保证"不用比现存最重的轻型导弹当量更大的导弹来替换现有系统",这种声明与限制增加导弹发射井体积的措施结合起来,就能为反对用大量重型导弹替换轻型导弹提供充足的保证。② 但实际上,这种说法只包含在美国的单方面声明中,起不到保护作用。事实是,限制战略武器协定并没有限制苏联战略武器的发展。在1973年勃列日涅夫回访华盛顿后,苏联即开始试验四种新型洲际弹道导弹。到1973年8月,载有多弹头分导式导弹的SS-17、SS-18、SS-19型洲际弹道导弹试验成功。SS-19型导弹取代SS-11成为苏联战略火箭部队的主力,其威力比原先的导弹要大得多。因此,基辛格限制苏联战略武器发展的目的并没有实现。英国战略武器专家查尔方特认为:"正当限制战略武器会谈还在进行的时候,部分由于美国在谈判中作出的让步,苏联在战略核武器方面已超过美国,取得了优势的地位。"③ 罗纳德·里根在1976年大声疾呼:"由

---

① Walter Isaacson, *Kissinger: A Biography*, p. 435.
② Raymond L. Garthoff, *Detente and Confrontation: American-Soviet Relations from Nixon to Reagan*, p. 379.
③ 〔美〕塔德·肖尔茨:《和平的幻想——尼克松外交内幕》下册,第756页。

基辛格和福特领导,美国在一个即便并不致命也是危险的世界上成为一个次强国家。我能看到的一切便是全世界其他国家看到的:美国意志的崩溃和美国权势的退却。"①

另一个重要方面,就是尼克松—福特时期美苏之间的缓和并没有真正实现。缓和期间,苏联稳住了欧洲,利用第三世界反帝反殖反霸斗争和一些地区性冲突,在70年代,苏联先后同印度、埃及、伊拉克、叙利亚、索马里、埃塞俄比亚、安哥拉、刚果、莫桑比克、越南、阿富汗等一大批国家缔结了"友好合作条约"。从非洲之角到安哥拉,从阿富汗到格林纳达,苏联的影响随处可见。在二战以后的美苏关系史上,苏联展现出一副前所未有的进攻态势。1969—1979年间,苏联对外军援高达207亿美元,为1955—1968年间的四倍多。1975—1979年向第三世界出售军火物资达260亿美元,超过同一时期的美国。到1983年,苏联已与35个发展中国家有了军事联系。② 苏联军队的职能不仅是保卫苏联和"其他社会主义国家",还要执行"日益扩大的国际主义义务","帮助各国人民进行争取自由独立的斗争"③。苏联军队的矛头直指中东、波斯湾和非洲,威胁大西洋、印度洋、红海、波斯湾、马六甲等海上交通要道。苏攻美守的战略态势彻底形成,这在美苏关系史上是前所未有的。

这是人们对缓和战略的主要批评。应该说,有些批评并非全然没有根据。然而,在评论尼克松和基辛格推行的缓和战略的时

---

① 〔美〕约翰·加迪斯:《遏制战略:战后美国国家安全政策评析》,第336页。
② 《苏联东欧研究资料》1984年第3期,第43页。
③ 叶章蓉、姚文彬、韩彬等:《大国军事战略》,世界知识出版社1989年版,第56页。

**基辛格**

候,我们仍然要谨记一个指导原则,即必须区分尼克松和基辛格所继承的战略环境和他们试图创造的一个新的战略环境。在严峻的现实面前,任何人的努力都是相对的、有限的。战略家只能根据他所认识的环境来制定政策,从而在一定程度上影响环境、改造环境,他不可能完全脱离现实去创造一个全新的环境。我们需要考虑的是,在70年代严峻的现实面前,尼克松和基辛格的政策是不是适应了当时的战略环境,从而在某种程度上改变了这一环境。首先,在尼克松政府上台之时,美国的战略环境恶化是不争的事实,在多重的战略压力之下,战略的调整(或者说战略收缩)成为必然。但是,战略收缩的前提是不能被认为是美国的失败,特别是在越南战争问题上,美国追求的是体面的和平,美苏关系的缓和显然适应了这样的战略环境。其次,尼克松和基辛格以现实政治理念重构了美国外交战略,在基辛格为主要执笔人的尼克松政府的首份外交政策报告中,明确地宣告了这样的新战略理念:

> 我们将首先视我们的共产主义对手为寻求其自身利益的国家,这些利益是他们所认识到的;正如我们也追寻我们所认识到的利益那样。我们将以其行为作为评估他们的标准,正如我们期待我们也是以自己的行为被别人评判那样。具体的条约以及他们帮助下所构建的和平的结构将来自于对冲突性利益的现实主义的妥协。①

这也成为缓和战略与三角外交的哲学基础。缓和的实现一定程度恢复了美国的战略主导地位,解决了美国所面临的紧迫战略压力(即核大战的可能性),因此如果从这一标准出发,我们可以认

---

① 引自 Kissinger, *Diplomacy*, p.712。

为,尼克松和基辛格的缓和战略确实在一定程度上改变了当时美国的战略环境。

限制战略武器协定的签订之所以没有起到预先设想的限制苏联进攻性战略武器发展的作用,与美国国内的政治生活有着密切关系。尼克松时代的美国陷入了严重的国内政治分裂。由于越南战争的影响,民众对政府的决策普遍持怀疑态度。这使得尼克松政府不得不在国内民意分裂的情况下推行其外交政策。尼克松政府成为"战后这一代第一个不得不在没有全国一致意见的情况下来处理它的外交政策的政府"①。越南政策是如此,限制战略武器谈判也是如此。尼克松和基辛格想以反弹道导弹系统为筹码,迫使莫斯科在进攻性战略武器方面让步,然而,国会却在这个问题上拒绝拨款,从而使美国在谈判过程中不能有效地利用这一筹码。1972年,民主党总统候选人乔治·麦戈文在大选中许诺要在年内把军事开支减少40%,现役兵员从250万人减至175万人,停止在陆基洲际弹道导弹上安装分导式多弹头,单方面拆除反弹道导弹系统,B-52战略轰炸机削减60%,航空母舰从15艘减至6艘,其他海军舰艇要削减一半,战术空军减少30%。他甚至扬言军费可以削减一半。② 收缩成了美国一致的对外选择。1950—1969年,美国国会平均每年削减国防预算1.7%,削减非国防预算9.2%。1970—1975年,国会每年削减国防预算平均为6%,而非国防预算每年增加4.7%。③ 结果空军中队从1968财年的169个下降到

---

① 〔美〕亨利·基辛格:《白宫岁月》第一册,第83页。
② 时殷弘:《尼克松主义》,武汉大学出版社1984年版,第62页。
③ 资中筠主编:《战后美国外交史——从杜鲁门到里根》下册,世界知识出版社1994年版,第603页。

**基辛格**

1974 财年的 110 个,陆军师和海军师从 23 个下降到 16 个。海军舰艇(包括潜艇)从 976 艘下降到 495 艘。[①] 当苏联的能力在世界其他地区不断增长时,这些削减严重限制了美国向这些地区投射常规军力的能力。战略的天平终于大大向苏联一方倾斜。基辛格指出,在美国人知道"缓和"这个词之前,国会就从尼克松第一届任期的防务预算中削减了 400 亿美元。正是因为国会拒绝拨款,才导致许多重要的战略武器无法生产。[②]

70 年代美国国内一连串的政治事件实际上削弱了政府的影响力。1973 年的《战争权力法》规定,总统动用美国军队去国外不得超过 60 天,超过这个期限就需国会批准。国会还削减了对外援助,实际上限制了美国与苏联对抗的强度。随后发生的水门事件使尼克松成了一个跛足总统。"国会对地位削弱了的总统的攻击既剥夺了他进行遏制的手段,又剥夺了他鼓励苏联采取温和态度的措施,使得抵抗无能为力,同时又驱使我们进行对抗,但又没有策略或手段作对抗的后盾。我们对待东西方关系的国内基础遭到了腐蚀。"[③]基辛格惋惜地说,要是没有水门丑闻,没有国会的干预,他本可以完成更多的事。在考虑美苏攻守易位的时候,我们必须把这一因素考虑进去。

第一阶段限制战略武器谈判并不是对美国战略核力量的单方面限制。它没有限制多弹头分导重返大气层导弹的数目,这使美国在可发射的弹头方面拥有 5700 比 2500 的优势。协定没有限制

---

① Lawrence J. Korb, *The Fall and Rise of the Pentagon*: *American Defense Policies in the 1970's* (Westport, Conn.: Greenwood Press, 1979), p. 42.
② 〔美〕亨利·基辛格:《动乱年代》第一册,世界知识出版社 1983 年版,第 298 页。
③ 同上书,第 308—309 页。

美国占压倒优势的远程轰炸机的数目,这方面美国拥有 450 比 200 的优势。协定也没有禁止发展新武器。美国在研制三叉戟潜艇、B-1 轰炸机和巡航导弹,这些武器是美国未来战略核力量的支柱。在国防经费捉襟见肘的情况下,国防部长莱尔德把削减的重点放在常规力量方面,对美国的战略核力量,他尽可能进行了保留。基辛格后来评价说:"他保存了我们国防力量的精华,并且为日后公众情绪有了转变的时候扩张我们的实力打下了基础。这就是一项重大的成就。"① 协定签订的时候,美国至少在 5 年时间里没有任何建造核武器的新计划。因此,冻结对美国是有利的,至少是美国在这次谈判中可以取得的最好的成果。事实上,基辛格正是利用这种冻结核武器数量的方法使美国在核军备质量方面全面超过苏联。② 中央情报局副局长小赫伯特·斯科维尔一针见血地指出:"军备控制谈判正迅速成为军备竞赛升级而不是减缓的借口。"③ 加迪斯评论道:"鉴于前十年里战略武器的发展趋势,第一阶段限制战略武器协议显然有利于美国。"④ 至于说美国后来在战略核力量方面被苏联全面赶超,那是由美国的国内政治所决定的,并不能归咎于限制战略武器谈判。

如果从一个较长的时段来看,尼克松和基辛格通过限制战略武器谈判来限制美苏之间的军备竞赛代表了历史的方向。尽管限制战略武器协定签订之后,美苏之间的核军备竞赛并没有停止,但是,它毕竟是美苏第一次就战略核武器问题达成协议,把愈演愈烈

---

① 〔美〕亨利·基辛格:《白宫岁月》第一册,第 42 页。
② 〔美〕托马斯·帕特森等:《美国外交政策》,第 781 页。
③ Richard J. Barnet, *The Giants: Russia and America* (New York: Simon and Schuster, 1977), p. 102.
④ 〔美〕约翰·加迪斯:《遏制战略:战后美国国家安全政策评析》,第 339 页。

## 基辛格

的竞赛纳入一定的框架,以建立和维持均势状态,减少代价和风险。基辛格和洛德在为尼克松写的致国会的报告中指出:"两个在冲突的意识形态和政治制度方面存在着如此对立的竞争对手,能够答应限制决定着它们命运的军备,这是前所未有的。"①美国一直企图让苏联相信"相互确保摧毁"的核战略理论,最终得到莫斯科的认可,核战争的毁灭性后果为双方所接受。

基辛格指出:"如果你们认真地分析,你就不得不说在协议的主要方面有太多的不利于苏联的利益,而奇怪他们为什么还要签它……假如他们愿意,他们可以,正如你们当中在座的武器服务委员会的议员们所了解的,每年生产8或9艘潜水艇,而我们却一艘都不生产。但是为什么苏联签署了这项阻止它继续生产的协议呢……除非你能够占有压倒性的优势,而不给对手以机会,否则这些武器又能派上什么用场呢?"②任何一个苏联领导人都会寻求建立与美国之间有效的军事平衡,但他们也很清楚,尽管苏联人口多于美国,但其经济上依然无法与美国相匹敌,其生产力甚至不及美国的一半。尼克松指出:"他们很清楚,美国依据它巨大的经济实力,不可能允许苏联占据藐视群雄的位置……在他们如此绝对地需要生活的时候,他们还要进行源源不断地生产更多军需品的军备竞赛吗?……(苏联领导人)务实地认识到,核武竞赛不是他们的长处。他们签署这项协议是由于他们自己的原因,而我们这样做是为我们自己。"③

---

① Walter Isaacson, *Kissinger: A Biography*, p. 436.
② 〔美〕理查德·里夫斯:《孤独的白宫岁月——近距离看到的尼克松》,第418页。
③ 同上书,第417页。

限制战略武器协议的签订在一定程度上减少了核战争爆发的可能性。1973年6月18—25日,勃列日涅夫访美,与尼克松讨论欧洲安全、军控、中东、经济关系、防止核战争等问题,签署了《关于进一步限制进攻性战略武器谈判的基本原则》《关于防止核战争的协定》等11个条约和协定。1974年6月27日到7月3日,尼克松再访苏联,与勃列日涅夫在莫斯科和克里米亚进行会谈。双方签署了10个文件,其中较重要的还有《限制地下核武器试验条约》及其议定书、《关于限制反弹道导弹防御系统的议定书》。前者规定双方从1976年3月31日起不再进行超过15万吨级的地下核试验,把其他地下核试验限制在最低次数,并继续争取停止所有地下核试验。这个条约实际上是1963年《部分禁止核试验条约》的继续和补充。从这个意义上说,限制战略武器谈判确实发挥了给双方核军备竞赛降温的作用。

欧洲安全问题一直是困扰东西方关系的一个重大问题。苏联自60年代中期以来就倡导召开欧洲安全会议。1969年12月,在美国的敦促下,北约外长会议同意欧洲安全问题必须同具体问题的解决联系在一起,宣布只有在柏林问题的谈判、苏联与联邦德国的谈判取得进展的情况下,才同意召开欧洲安全会议。美国和北约反复向苏联申明了这个观点。1970年3月,关于柏林问题的四方谈判(美、苏、英、法)开始。1970年8月,苏联与西德达成互不使用武力和承认现存边界的条约。基辛格在四国谈判之外亲自与苏联大使多勃雷宁交涉。1971年8月23日,美苏达成了《关于柏林问题的四方协定》。葛罗米柯认为"协定从国际法观点出发准确而合理地肯定了西柏林作为一个独立的政治实体的地位",基辛格认为"基本达到了我们的目的"。四方协定为召开欧洲安全与合作会议创造了一个条件。1972年尼克松访苏期间,双方宣布将"分别而

## 基辛格

平行"地举行"欧洲安全与合作会议"和"中欧裁军会议"。1972年11月,"欧安会"在赫尔辛基召开了筹备会议,历时半年。1973年7月起召开正式会议。美、苏等欧洲和北美的35个国家参加了会议。1975年夏,被称为"和平会议"的欧安会首脑会议在赫尔辛基举行。美国总统福特和苏联领导人勃列日涅夫都出席了会议。会议签署了《赫尔辛基最后文件》,画定了战后欧洲的政治疆界,"禁止使用武力或武力威胁来改变领土现状","不干涉内政",尊重各国平等主权和选择政治、经济、社会制度的自由等等,成为"对第二次世界大战作出的必要的政治总结"。

欧安会召开之际,两大军事集团间的"中欧均衡裁军谈判"也在维也纳开始。中欧是两大集团对峙的前沿,要实现欧洲缓和,就需要减少在中欧的军事对峙。美国还觉得,只有在中欧"共同均衡裁军",美国才有可能减少在欧洲的军事负担。谈判虽然没有成果,但作为70年代欧洲东西方缓和的一个组成部分,它毕竟加强了缓和的气氛。事实上,80年代中期以后,美苏开始了认真的裁军谈判,而其起点完全可以追溯到限制战略武器谈判中。

欧安会以及《赫尔辛基协定》的签署可以看做是缓和的最高潮。推行缓和战略是美国冷战战略的重大改变,但如加迪斯所言,它并不是一次史无前例的创新。在许多方面,基辛格倡导的缓和与乔治·凯南倡导的遏制有许多相似之处。缓和不是冷战的替代物,在实行缓和战略的时候,尼克松和基辛格并没有想当然地认为苏联已成为一个友善的大国,或者说冷战已经结束。相反,美苏之间仍视对方为主要对手,双方的竞争与冲突有时还相当激烈。尼克松和基辛格并未指望在一夜之间消除美苏间的所有分歧。制订遏制战略的出发点是:如果假以时日,通过关联策略,可以使苏联接受一个稳定世界秩序的约束和责任。缓和本身并不是目的,它是美国运用外交手段维护自身利益的策略,"作为一种处理超级大国竞争关系的政治方法,这一战略寻求以较少紧张和较低代价保护美国的利益,而运用冷战对抗和经常的危机办法代价会更高"①。因此,缓和并不是遏制的终结,而是遏制的新形式,是遏制的继续,是美国遏制苏联扩张一连串努力中的新尝试。② 基辛格指出:"我们依靠共同利益的平衡,而不依靠苏联的意图。我们受到挑战——例如在中东、加勒比海或柏林——始终作出坚定的反应。当苏联的政策趋向和解时,我们就谋求把那种行为作为策略手段开始的行动变成持久的行动格局"③,美国既准备对抗苏联的扩张主义,又表明愿意为将来进行合作。"如果把和解本身作为目的,冷酷的苏联政策就会把它变成进行讹诈的工具,并以此掩护它追求单方面的利益……一项政策要取得成功,需要两条:鼓励苏联克制(例如利用经济关系)和惩罚冒险主义(例如美国作出坚决反应,包括对正在抵制苏联、古巴或激进派压力的朋友给予军事援助)"④,"无论苏联的意图是什么,我们力求通过系统地对抗压力并对温和姿态做出调和反应以促进和平"⑤。

基辛格如此认识缓和,莫斯科又何尝不是。基辛格指出:"并非不可思议的是,苏联领导人对一个缓和的阶段颇感兴趣,目的是

---

① John Spanier, *American Foreign Policy Since World War II* (Congressional Quarterly Inc., 1992), p. 191.
② Coral Bell, *The Diplomacy of Detente: The Kissinger Era* (New York: St. Martin's Press, 1977), p. 1. 另见〔英〕理查德·克罗卡特:《50年战争》,新华出版社2003年版,第294页。
③ "Detente with the Scviet Union: The Reality of Comptetion and the Imperative of Cooperation", *Department of State Bulletin*, 10/14/74, p. 508.
④ 〔美〕亨利·基辛格:《白宫岁月》第四册,第1590页。
⑤ 〔美〕约翰·加迪斯:《遏制战略:战后美国国家安全政策评析》,第327页。

基辛格

软化美国然后把我们挤出欧洲。但是无论他们的动机何在,我们都不必害怕。我们的战略将为苏联框架下的和平建立既定的利益,这将为遏制他们的行动提供帮助。"①

尼克松和基辛格的确希望,通过他们的行为至少实现两方面的目标:在第三世界危机的"处理"上获得苏联的援助;将苏联并入一个经济关系网,使其很难采取有损西方工业化国家的行动。这一思想符合全球化的趋势,尽管这一趋势在当时远不像现在这样明显,但也符合美国冷战初期对苏政策的初衷:遏制苏联的扩张,等候苏联内部的变化,最后把苏联纳入美国的轨道。一直在华盛顿与尼克松政府打交道的苏联大使多勃雷宁一语道破缓和的真正目的:尼克松和基辛格并不打算在苏美关系方面取得重大的突破性进展,也不打算结束冷战和军备竞赛,"他们的对苏政策基础是威慑与合作的结合,短期考虑与长远打算的汇集……从本质上说,无论是总统还是他的亲密助手都没有能够冲出冷战的影响范围,尽管他们比其他几位白宫的冷战斗士表现出更注重实效、更现实的态度"②。这个评价可以说是一语中的。缓和战略既考虑美国彼时现实的切身利益,又立足为美国未来设计一项长期战略。尼克松和基辛格认为,对抗和孤立只能够加强一个"独裁政权",而清醒的谈判和同外部世界的接触才能削弱它。"美国的确认为,苏联国内的自由化和最终的政权变质是缓和政策的长期目标之一。"③"缓和为西方影响进入苏联打开了大门,从而在意识形态上使苏联受

---

① 〔美〕理查德·里夫斯:《孤独的白宫岁月——近距离看到的尼克松》,第407页。
② 〔俄〕阿纳托利·多勃雷宁:《信赖》,世界知识出版社1997年版,第224页。
③ 《中美苏战略三角》,时事出版社1988年版,第123页。

到一定冲击。"①

　　当然这样的事后评价虽然指出了缓和战略长远的战略后果，但似乎有夸大尼克松、基辛格战略远见的嫌疑。因为在美苏冷战对峙高潮时期，作为决策者的尼克松、基辛格虽然构建了一幅宏大的外交战略图景，但是并没有超越当时两极格局的战略框架。他们首先必须要解决的是美国面临的严峻的紧迫战略挑战，即越南战争，能否达到预想的战略前景在尼克松政府的战略议程排序中显然居于相对次要的位置。缓和战略的批评者还认为缓和的成效有限，并且最终半途而废。缓和的停滞当然与美国的国内政治有密切关联，特别是水门事件毫无疑问极大地削弱了尼克松的政治地位，加强了国会中反对派的力量，尼克松政府无法像最初那样强势推行其政策。但是，可以预想的是，缓和战略必然遭到极大质疑，因为以利益为口号重构美国外交与美国外交传统相背离，在意识形态极端对立的冷战氛围下，这样的反差是国内政治力量难以容忍的，"许多习惯于美国传统外交政策方法的人士，不分自由派或保守派，都起而反对尼克松的新做法。自由派反对，是因为认为强调国家利益不道德；保守派反对，是因为他们重视与莫斯科的意识形态竞争，不能认同因地缘政治需要而同苏联修好"②。同时，美苏之间的激烈冷战竞争既是传统的地缘战略的竞争，也是意识形态的竞争，这是美苏关系的结构性矛盾，不可能因为一时的战略需要而有根本变化。缓和显然不能扭转这种竞争的本质，因此在缓和达到双方关系一定程度的改善，从而降低核大战以致体系崩溃的风险之后，必然遭遇这种结构性因素的抵抗，因此缓和的停滞乃

---

① 资中筠主编：《战后美国外交史》下册，第675页。
② 〔美〕基辛格：《大外交》，海南出版社1998年版，第686页。

基辛格

至倒退都是很难避免的。作为冷战背景下成长起来的政治家,无论是尼克松还是基辛格应该不会忽略这样的结构性问题,但基辛格在其回忆录中将缓和的停滞归结为国内反对派的阻挠,从一方面可以解读为基辛格在最初低估甚至是忽视了国内反对派的能量,19世纪初期梅特涅在欧洲推行外交政策的手段显然很难适用于20世纪70年代的美国的政治生态。从另一方面来说,也体现了基辛格试图以欧洲的现实政治原则重构国际关系的努力遭遇美国保守势力的激烈反对,保守势力指责欧安会以及《赫尔辛基协定》与二战结束前与苏联划分势力范围的《雅尔塔协定》类似,美国与苏联可以在各自的势力范围内自行其是,消除双方争执与摩擦的根源,从而将二战后苏联对东欧地区的领土占领和势力范围合法化,这是美国抛弃东欧国家的政策。而这是与美国的道德优越感背道而驰的。

80年代里根政府时期,美国新保守主义重执美国外交的方向盘,缓和被打入冷宫。但是,如果我们抛开这种复杂的国内政治与美国外交传统的争执,仅从国际关系演变的角度考虑,可以认为至少缓和战略在当时不失为一个较优的战略选项。美苏缓和导致国际紧张局势的降低,促使美苏冷战对峙从尖锐的军事对抗、战略武器竞赛向谈判、接触与对抗、竞争并行的模式转变,有利于国际体系以和平的方式向后冷战格局的演变。缓和战略的推行显然突破了美苏冷战的僵局,从而使外交谈判、斡旋成为70年代后国际关系运作的基本平台。即使从缓和政策的具体措施来看,对于美国的价值观与传统也是并行不悖的。欧安会开启了所谓的"赫尔辛基进程",明确地将各个国家的人权与其国家安全联系起来。它创建了由56名成员组成的欧洲安全与合作组织(OSCE),这个国际组织积极地在全球倡导民主和人权,确立了一系列人权义务和民主承诺。《赫尔辛基协定》表面上看使战后德国、波兰和苏联之间的边界线合法化,但实际上,苏联人签约后必须承担多项义务,特别是在人权领域。从长期影响看,这项协定从某种程度上促使了导致苏联在东欧和国内的强权解体。

**与新俄罗斯的地缘竞争与战略合作**

随着东欧剧变、苏联解体,仿佛是一夜之间,持续了半个世纪之久的冷战格局就此轰然坍塌。面对这样的惊天剧变,不管是满腹经纶的理论家还是信心十足的外交政策决策者都显得不知所措,对他们中的大多数而言,冷战的终结及其方式都是一个巨大的意外。毫无疑问,基辛格自然也在其中,在冷战终结已经尘埃落定之后,基辛格还是无法掩饰他对于国际格局巨变的惊讶:"在美国的国际地位似乎沦落到无以复加的最低点之时,共产主义却开始

1991年8月19日,经过一场推翻戈尔巴乔夫的政变之后,苏联坦克停在靠近帕斯基门附近的地方,这是通往莫斯科红场内的克里姆林宫和罗勒大教堂的门户。

## 基辛格

解体……从来没有过一个世界强权未曾输掉一场战争,就如此迅速、彻底地分崩离析。"① 基辛格参与构建的美苏缓和结构是传统均势思维的产物,他无法想象仅仅十多年之后,这一体系就轰然坍塌。但是,两极结构的消失似乎预示着一个基辛格更为熟悉的类似于19世纪欧洲多极格局的世界权力均势局面,取代苏联的俄罗斯将成为其中的重要一极。同时,基辛格也不忘对西方世界冷战胜利、历史终结的欢呼泼了一盆冷水,他认为意识形态冲突的消失并不能让地缘政治的竞争一同消失,"地缘政治和历史研究者对这种一厢情愿的方法相当不安"②。基辛格对俄罗斯这个苏联的继承者的演变充满疑虑,他认为俄罗斯的演变充满了不确定性,"她(俄罗斯)是否会寻求回归历史的循环以恢复一个失去的帝国?她是否会将其重心东移成为亚洲外交的一个更为积极的参与者?"③ 总之,基辛格坚信俄罗斯依然是美国的一个重要地缘竞争对手。

在紧接苏联解体之后美俄关系的短暂蜜月时期,基辛格就断言"美国也不要期望对俄经济援助会产生与马歇尔计划相同的结果",俄罗斯的改革也很难使它改变其外交政策的扩张倾向,在共产主义意识形态之后,俄罗斯民族主义将成为各政治派别获取民众支持的凝聚力量,"俄罗斯民族主义在历史上一直充满使命感和帝国主义色彩"。基辛格还从俄罗斯与西方不同的历史文化传统出发,对俄罗斯民主政治的前景是否会导致俄罗斯奉行导向国际稳定的政策表示怀疑,"追求多元化不是他们的第一天性,恐怕也不是他们的最后天性"。基辛格的建议是:"将俄罗斯纳入国际体

---

① Henry Kissinger, *Diplomacy*, p. 763.
② Ibid., p. 814.
③ Ibid., p. 25.

系是正在形成中的国际秩序的关键任务。这包含两个必须平衡的因素:影响俄国的态度和影响俄国的算计。"而美国应该确立长远的对俄战略,"美国的对俄政策应符合永久的利益,而不是随其动荡的国内政治而变动"①。

基辛格的客观、冷静源自他信奉的现实政治理念,当然也源自他对欧洲历史文化的深刻洞见。美俄关系的演变很快就证实了他的预见力,到 90 年代中期,随着美俄之间的争吵与龃龉不断,双方战略利益的冲突渐趋明显之际,基辛格明确提出一个更为强硬的对俄政策。在北约东扩问题上,基辛格表达了其坚定立场,认为"大西洋联盟的任务是给俄国一个机会全面参与新千年的政治建构,同时保证其传统的民族主义不会越出其边界。将北约扩大到中欧的原苏联卫星国家能够为这一任务提供一个基本的安全网。同时必须建立一个包括大西洋联盟基本成员以及俄罗斯的政治合作机构。为此目的的合适论坛是欧洲安全与合作组织"②。因此,基辛格主张以北约和欧安组织为框架,前者起到对俄罗斯的防范作用,后者则能促使其合作。同时,基辛格坚决反对将北约组织和欧安组织的功能混淆,特别是不能将俄国纳入北约,俄罗斯加入北约"破坏北约作为安全网络的功能,并招致俄国永久性地加入联盟的决策中心"③。借用基辛格的比喻就是,北约是西方国家的家庭组织,当然不能让外人介入。或者用美国学者的性别比喻,在北约这一场婚姻中"美国作为丈夫或者'强壮的男伴',欧洲国家是婚姻

---

① Henry Kissinger, *Diplomacy*, pp. 814—818.
② Henry Kissinger, "A World We Have Not Known," *Newsweek*, January 27, 1997.
③ Ibid.

伴侣,俄国作为美国的男性竞争者不'适合'加入后冷战的核心家庭"①。

进入新世纪,在普京的领导下,俄罗斯的对外政策开始出现了一些引人注目的变化,俄罗斯似乎加快了"回归西方"的步伐,但基辛格对21世纪俄罗斯外交走向的预测还是持非常谨慎的态度,在讨论21世纪美国外交的专著《美国需要外交政策吗?》一书中,他重申了对俄战略的基本观点。

首先,他认为俄罗斯国内体制的演变依然有很大的不确定性,"在俄国,缺乏必不可少的资本主义和民主的传统,既没有参与宗教改革、启蒙运动,也没有经历地理大发现的时代,这一演变可能会特别复杂。特别是在早期,这一进程会激发俄国领导人通过民族主义的诉求获取国内支持"②。其次,俄罗斯很难改变其传统的扩张政策,基辛格认为俄罗斯并未放弃在原苏联地区寻求霸权的努力,俄罗斯国家安全政策文件是普京担任代总统后签署的第一个官方法令,其中就确定了这样的政策:"在独联体成员内建立一个单独的经济空间",在基辛格看来其目的仍然是霸权企图:"俄罗斯在其前帝国的范围内扩张其国内影响,灵巧地利用私有化进程在前苏联共和国尽量收购工业企业,因此扩张其经济影响力。"③基辛格因此建议美国及其盟国应当在对俄政策上坚持两手政策:"一是应当注意到在正在成型的国际体系中,俄罗斯的声音得到了尊重,并且尽量给俄国参与国际决策的感觉,特别是在与其安全相关

---

① Frank Costigliola,"The Nuclear Family: Tropes of Gender and Pathology in the Western Alliance,"*Diplomatic History*,Vol. 21, No. 2, Spring 1997.

② Henry Kissinger, *Does America Need a Foreign Policy?: Toward a Diplomacy for the 21st Century*, p. 78.

③ Ibid., p. 76.

的问题上尤其如此。同时,美国及其盟国(尽管它们有不同的倾向)必须强调它们对于均势的关注并不随冷战的结束而消失。"①为此,基辛格建议美国应对俄罗斯支持伊朗核计划的政策采取更强硬的措施,表明美国对于俄罗斯试图急于建立瓦解美国霸权的联盟的关注等等。同时,基辛格再次否定了俄罗斯作为一个平等成员加入北约和欧盟的可能,"这两个进程在以后的二十年并不是一个有意义的选择",因为"俄罗斯成为北约一员将使大西洋联盟变成一个微型的联合国安全机构,或者变成一个西方工业民主国的反亚洲特别是反华联盟。另一方面俄国成为欧盟的一员将导致大西洋两岸的分裂……俄罗斯与欧洲间结成比欧洲与美国更为紧密的或者相当的制度关系将导致大西洋关系的革命性变化——这是普京对美国的盟国孜孜以求的原因"②。相反,基辛格的建议是"北约必须维持,以作为防止俄罗斯重新帝国化的手段",与俄国的合作则通过欧洲安全与合作组织(OSCE)及八国首脑会议等机制来实现。按照基辛格这样的设计,"欧洲的新秩序将从西向东进行建构而不是像一些人所推行的从东向西进行建构"③。事实证明,基辛格对俄的务实、谨慎的判断基本符合普京第一次担任总统时期俄罗斯内外政策的演变,而其对俄政策建议也符合美国在此后的政策选择。

　　普京卸任之后,基辛格认为梅德韦杰夫总统和普京总理两个权力中心的出现在俄罗斯现代化进程中具有重要意义,"不管最终

---

① Henry Kissinger, *Does America Need a Foreign Policy?: Toward a Diplomacy for the 21st Century*, p. 77.

② Ibid., p. 79.

③ Ibid., pp. 79—80.

基辛格

的结果如何,最近的俄罗斯选举标志着从巩固阶段向现代化时期的转变。……回顾历史,至少在最初,政府以两个权力中心运作看来是朝向一种形式的权力相互制衡演变的开始"。那么这一结果对美国有什么样的政策含义呢?基辛格认为苏联解体后美国历届政府奉行的政策是,似乎在俄罗斯建立民主是美国的首要任务。这一政策应当抛弃,因为绝大多数的俄国人相信美国是专横的,并处心积虑地阻碍俄罗斯的恢复和发展。基辛格呼吁美国和西方对于俄罗斯的演变要有耐心,因为"这样的演变速度不可避免地取决于俄国人。我们的耐心和对历史的认识比令人恼怒的不接触政策和公开的劝诫更能对演变进程施加影响力"。① 基辛格关于俄罗斯演变的乐观基调与美国国内刺耳的批评与攻击形成了鲜明对比,也许原因在于基辛格是从更为广阔的历史视野看待俄罗斯的演变,并且没有意识形态驱动的那种先入之见。虽然普京的对美政策不可避免地有尖锐的批评、对抗性的言辞和恐吓的姿态,基辛格认为普京旨在寻求一种可靠的伙伴关系,而美国是其首选。因此,基辛格主张建立美国与俄罗斯的战略合作关系,作为拥有全球最大核武库的国家,美国和俄罗斯有义务带领各国在核不扩散领域开展合作,特别是在伊朗核问题上更应当如此。

但是,基辛格关于俄罗斯出现梅德韦杰夫和普京两个权力中心相互制衡演变的预言被证明过于乐观了。2012 年 3 月普京再度当选俄罗斯总统,西方媒体充满了对此次俄罗斯大选舞弊传闻的报道,普京的当选更被主流媒体视为俄罗斯民主的倒退。但基辛格却不为所动,在接受著名公共媒体人法里德·扎卡利亚的 CNN

---

① Henry Kissinger and George Shultz, "Building on Common Ground With Russia", *The Washington Post*, Wednesday, October 8, 2008, A19.

人气时评节目"法里德·扎卡利亚的环球公共广场"(Fareed Zakaria GPS)的访谈时指出:"我不认为普京是反西方的,他首先是一位爱国者,他对俄罗斯90年代的经历感到羞辱。"他还以自己与普京10多年交往的经历指出:"当我第一次与他会见时,他就非常急于与美国建立一种战略伙伴关系。"他还告诫美国人,普京"非常憎恨他所认为的对俄罗斯内政的干涉,当然尤其憎恨他认为美国存在的鼓励其政治对手推翻他的那些倾向"。总之,基辛格相信美俄之间的"对话是可能的并且在一些特定的议题上他(普京)会成为一个建设性的伙伴"①。

2012年6月18日,奥巴马和普京在墨西哥洛斯卡沃斯出席二十国集团(G20)领导人第七次峰会期间举行了双边会晤。

面对一个更加衰弱的俄罗斯,基辛格从强调美俄地缘战略竞争转向强调尊重俄罗斯的地缘战略利益。2008年8月8日,在举世瞩目的北京奥运会开幕之际,深处欧亚大陆腹地的高加索山区却传来枪声,自2003年以来就紧张对立的俄罗斯和格鲁吉亚违反奥运期间不开战的惯例,为了南奥塞梯的归属发生武装冲突。俄军很快驱逐了进入南奥塞梯的格军,并趁势攻入格鲁吉亚,引发了一场自"9·11"事件以来最为严重的国际危机。基辛格对美国和西方对俄罗斯军事行动的过度反应持批评态度,"存在这样一种危险,就是起因于高加索地区祖传激情的冲突被当作是一场更大冲

---

① FAREED ZAKARIA GPS, One-on-One with Henry Kissinger, Aired March 11, 2012. http://transcripts.cnn.com/TRANSCRIPTS/1203/11/fzgps.01.html.

**基辛格**

突的象征,这危及更为紧迫的问题:在全球化的世界建立新的国际秩序、核不扩散和种族冲突"。他强烈反对继续这种对抗性的政策,"不管作为一种表达我们关切的临时措施是多么适当,孤立俄罗斯不是一个可以持续的长期政策"。基辛格认为高加索的冲突之所以演变为一场国际危机,很大程度上是因为冲突双方的错误估计:第比利斯错误地判断了莫斯科对其军事行动反应的程度,而俄罗斯则错误估计了西方对其干预规模反应的程度,并且未能充分考虑承认南奥塞梯和阿布哈兹独立的后果,特别是世界其他有着类似于俄罗斯的那种显著种族差异的地理区域的国家显然很难认同,因此俄罗斯的举动几乎没有得到其他国家的承认。但是,"不能让这些错误估算主导未来的政策"。基辛格从更为深层次的历史传统剖析了格鲁吉亚危机的起因,认为其表现了俄罗斯试图用凶猛好战的方法被接纳为国际体系平等一员的传统,以及在徘徊于遵守欧洲秩序与受填补其沿着其漫长边界的亚洲、中东战略真空诱惑之间的传统。

但是,"公平地说,需要承认西方总是不能敏锐意识到莫斯科是如何看待这个世界的"。首先,是北约这一冷战时期的防御型军事联盟执行了一次进攻性的军事行动,实际上将科索沃置于欧盟监管之下,并于2008年初在没有联合国授权以及俄罗斯的强烈反对下,承认其独立。其次,几乎与此同时,北约决定邀请乌克兰和格鲁吉亚加入北约,美国公布了在波兰和捷克部署导弹防御系统的计划。这些举动显然加剧了莫斯科的战略焦虑。因此,基辛格建议美国搁置乌克兰和格鲁吉亚加入北约的计划,这将有助于降低俄罗斯的担忧,从而缓解与俄罗斯的紧张关系,"我们相信今天美国、欧洲和俄罗斯的根本利益更加一致,或者说能够更加一致,即使在格鲁吉亚危机之后,也比最近历史上的任何时候都更加如此。我们不能浪费这一机遇"。再次涉及俄罗斯与其原苏联国家的关系,特别是乌克兰。基辛格重申了西方与乌克兰关系的重要性,"乌克兰真正的独立对于和平的国际体系而言是必需的,美国必须明确支持"。同时,基辛格认为应当在欧盟和乌克兰之间建立紧密联系包括加入欧盟。为了避免过分刺激莫斯科,基辛格认为,"在北约原则同意接受乌克兰为其一员时,不必急着加快其实施"。① 2013 年底,乌克兰发生较大的政局动荡,亲欧洲派在基辅展开的反政府示威,起因是乌克兰总统亚努科维奇中止和欧洲联盟签署政治和自由贸易协议,却强化和俄罗斯的关系。基辛格再次强调西方不要过度干预,以免俄罗斯的强烈反弹,他回顾历史,特别指出乌克兰是一个分裂的国家,一个亲俄罗斯的东部和亲西方的西部很难调和,并且乌克兰之所以对俄罗斯重要是因为俄罗斯的历史开始于基辅,"我不认为有俄国人会认为乌克兰不是俄罗斯历史的一部分,不管他是反对派还是亲政府人士"。他还特意提醒奥巴马政府"应当有一个更好的历史演变的图景","让他们感到陷入了四面楚歌的状态不符合我们的利益"。② 随着乌克兰危机愈演愈烈,基辛格又专门撰文阐述他的主张。他首先指出,乌克兰危机的症结在于乌克兰试图在东方和西方之间做出选择,因此解决之道在于乌克兰必须做出更为明智的抉择:"如果乌克兰要存在并繁荣,绝不能成为一方对抗另一方的前哨,而是要担当他们之间的

---

① Henry Kissinger and George Shultz, "Building on Common Ground With Russia", *The Washington Post*, Wednesday, October 8, 2008, A19. 本段以上未注明出处的文字均引自该文。

② FAREED ZAKARIA GPS, Discussion of Russia's Reaction to Ukrainian Revolution, Aired February 2, 2014—10:00 ET, http://transcripts.cnn.com/TRANSCRIPTS/1402/02/fzgps.01.html.

**基辛格**

桥梁作用。"他接着批评了俄罗斯政策,俄罗斯如果坚持试图用武力将乌克兰变成一个卫星国的做法,那么"莫斯科将重复与欧洲和美国相互对抗的自我实现的历史循环。"而西方必须充分理解俄罗斯在乌克兰特殊的历史、战略利益,因为事实上许多俄罗斯人将乌克兰视为"俄罗斯和俄罗斯历史不可分割的一部分"。但是,乌克兰本身才是解决危机的关键,对于这样一个只存在了23年的国家,有着复杂的历史发展进程和人口构成:东部以说俄语、信奉东正教居民为主,西部则是说乌克兰语、信奉天主教居民主导。不幸的是独立后的乌克兰领导人不仅"没有学会妥协的艺术,更缺乏历史视野",这是乌克兰内斗的根源。因此明智的美国政策"应当寻求一条该国两个派系如何相互合作的路径。我们应当寻求和解而非一个派系的主宰。"基辛格接着指出俄罗斯和美国领导人存在认知鸿沟,"普京是一个认真的战略家,他是以俄罗斯历史为依据的。理解美国价值观和心理不是他的强项。同样理解俄国历史和心理也不是美国的决策者的强项。"基辛格最后给出了乌克兰危机的解决之道,他重申了反对普京军事干预的企图,乌克兰有自由选择其政治、经济联盟的权利,但是不能加入北约;此外乌克兰应当在国内应推动两派和解,在国际上推行与芬兰类似的政策,一方面与西方合作,另一方面应小心避免针对俄罗斯的制度性敌意;俄罗斯不能吞并克里米亚,因为这违反现有的国际秩序原则,但是俄罗斯在克里米亚的利益应当得到尊重,除了加强克里米亚在乌克兰的自治地位之外,还包括"去除在塞瓦斯托波尔的黑海舰队地位的模糊性"。①

---

① Henry Kissinger, "How the Ukraine Crisis ends", *The Washington Post*, March 6, 2014. 本段以上未注明出处的文字均引自该文。

塞缪尔·亨廷顿认为冷战后的国际冲突将发生在所谓的文明的断层线,"欧洲最为重要的分割线……纵贯白俄罗斯和乌克兰,将信奉天主教的西乌克兰与信奉东正教的东乌克兰分割开来。"①被他不幸言中,2014年3月以来乌克兰似乎正在成为美俄战略角逐的主战场。基辛格给出的无疑是其一贯的大国妥协的药方:俄罗斯尊重乌克兰的主权与独立,并自主选择选择其政治、经济结盟的方向,但是不能有与西方的军事联盟(即不能加入北约)。俄罗斯得到的补偿是一个高度自治的克里米亚,以及在克里米亚军事存在的保障,基辛格只是很模糊地提到这一点,即在塞瓦斯托波尔的黑海舰队地位将明确化,虽然不知道是否意味着黑海舰队租借塞瓦斯托波尔基地的永久化,但基辛格的意思是清楚的,模糊化处理的原因也在于具体的结果实际上取决于各方谈判妥协的结果。乌克兰的悲剧在于不仅处于文明断层线上,而且还是亨廷顿所定义的标准的"无所适从"的国家(有着大量不同文明人群的国家),从2004年橙色革命以降,乌克兰的两大政治派别一直在进行激烈的角力,但是至少在2013年底以来的危机之前还没有出现双方面临摊牌并使其强大的邻国俄罗斯摆出了军事干预的态势。基辛格非常清楚地认识到乌克兰危机的起因在于其内部的分裂,但是与亨廷顿的文明转化论不同,基辛格对乌克兰的建议是类似于"芬兰化"的政策。虽然并非最优,但至少可以看作是乌克兰一条较为可行的选择。

基辛格对乌克兰危机的认识比较多地考虑到对俄罗斯战略利益的尊重,在冷战结束二十多年之后,虽然俄罗斯国力衰退,已经

---

① Samuel P. Huntington, "The Clash of Civilizations?" *Foreign Affairs*, Summer, 1993.

不再是美国战略竞争的一个平等对手,但在事关俄罗斯战略利益的议题上,美国必须谨慎行事,以免破坏美俄战略合作的基础。基辛格对俄政策的基点从地缘竞争转向寻求与俄罗斯关系的共同基础,在一个广泛的全球框架下进行战略合作。

与俄罗斯建立更为紧密的合作关系还与基辛格关注的另一重要战略议题——核军备控制——密切相关。后冷战的全球核安全态势发生了巨大改变,"冷战的结束使得美苏相互威慑的战略过时。威慑仍然是许多国家在面对其他国家威胁时的基本选择。但依靠核武器进行威慑变得日益危险而无效"①。因此,大国核战争的风险降低,但突出的核安全难题却是核扩散与核恐怖主义的风险大为上升。基辛格与其他三位政治家在 2007 年提出"无核世界"的构想,致力于维护全球核安全。当然"无核世界"作为一个终结理想目标需要付出艰苦的全球努力,而其中一个关键的步骤就是两个核大国美国、俄罗斯通过密切合作实现世界核武库的有效削减,"作为拥有最大核武库的国家,美国与俄罗斯就此而言有特别的责任"②。因此,美俄关系的稳定与否对于全球的核安全至关重要。

基辛格在 1982 年创办了全球商务咨询公司"基辛格伙伴公司",公司红火的业务不仅带来滚滚财源,而且使他与全球的政界、商界保持密切的联系。基辛格继续广泛的环球旅行,他所精心打造的全球政商网络成为一个重要的甚至可以说是全球最有效的民

---

① George P. Shultz, William J. Perry, Henry A. Kissinger and Sam Nunn, "A World Free of Nuclear Weapons," *The Wall Street Journal*, January 4, 2007.

② George P. Shultz, William J. Perry, Henry A. Kissinger and Sam Nunn, "Next Step in Reducing Nuclear Risks," *The Wall Street Journal*, March 6, 2013.

间外交平台。基辛格是自里根以来历届政府的外交决策顾问,与美国外交决策层关系密切,同时他还与俄罗斯、中国政界高层保持着密切的接触,从而使他成为美国与俄罗斯、中国等有着战略竞争关系大国的最为重要的第二轨道外交渠道。在美俄关系中,基辛格的影响力迄今依然不可替代,被称为美俄关系的"教父"。在10余年间,基辛格仅与普京单独会谈就超过20次,确定无疑地成为与普京会面最多的非俄国人。2013年10月,俄罗斯外交学院向基辛格颁发荣誉博士学位,以表彰他在政治思想领域的杰出贡献,普京照例会见了基辛格,并且指出:"基辛格关于全球问题的观点总是备受俄国政治家和外交家的关注。"[1]同样,在美俄关系面临重大政策选择时,美国决策层总会倾听基辛格的意见。2013年9月11日,在即将出发前往日内瓦与俄罗斯外长拉夫罗夫商讨叙利亚化学武器问题之前,国务卿克里与基辛格进行了单独会谈,显然既是对俄外交的老手,又是美国中东外交的始作俑者,基辛格的特殊重要性对于美国的决策者有着巨大的参考价值。

已过九十高龄的基辛格被美俄决策者争相邀约的场景颇富戏剧性,很容易让人回想起上个世纪70年代那个在全球炙手可热的外交魔术师。在退出公职三十多年以后,基辛格继续发挥着他对政策的影响力,将他的大国外交协调理念付诸实施。无论苏联/俄罗斯是作为冷战对峙中的强大敌人,还是其缓和战略的对手,或者是权力已遭到极大削弱的"正常国家"(即不再是帝国形态的国家),基辛格对俄罗斯(苏联)的不信任与防范态度以及将其作为外

---

[1] The Vocie of Russia, "Russia always carefully listens to Kissinger's judgments on world politics-Putin", http://voiceofrussia. com/news/2013_10_29/Russia-always-carefully-listens-to-Kissingers-judgments-on-world-politics-Putin-4919/.

**基辛格**

交对手的基本思路是从来没有改变的。其原因当然不是意识形态对立,因为现在的俄罗斯已经放弃了苏联官方所坚持的意识形态而宣称奉西方自由民主思想为圭臬,更为重要的是基辛格从来不将意识形态作为国家间关系的主要因素考虑。除了基辛格经常所强调的战略利益的冲突之外,正如基辛格把美国与西欧的稳定盟友关系归结为共同文化传统,基辛格将苏联/俄罗斯视为对手也有更为深层的文化原因。但是,基辛格也强调与俄罗斯发展合作关系的重要性,特别是经历了后冷战时代多年的演变之后,基辛格对于俄罗斯在世界秩序中的建设性作用更加重视。近年来,基辛格更加强调寻求美俄两国之间共同合作的战略基础,反对以对抗为基础的对俄战略,反对孤立俄罗斯,并力图扭转美国以意识形态看待俄罗斯行为的倾向,主张与俄罗斯开展战略合作,以塑造更为稳定的全球安全环境。基辛格的战略主张凸显了以大国合作为国际秩序稳定基础的历史浪漫主义。

# 第三章 基辛格的中国外交与中国战略观

战后国际关系的一个基本特征是,在长达二十多年的时间内,政治上独立、经济及军事获得一定程度发展的中国与美国处于紧张对立状态,这既是美国介入中国内战的结果,当然也与朝鲜战争所引发的东亚冷战格局密切相关。中国被排斥于美国主导的国际体系之外,这显然既不正常,也不利于国际体系的稳定。但从另一个角度来看,在人口、幅员规模上具有全球战略地位的中国重新进入国际体系将导致国际格局的深刻变迁,引发一场波及全球的外交革命。而作为国际体系的主导国家,美国、苏联同时与中国处于敌对状态,如何改变长期以来的政策轨迹、顺应中国加入国际体系的进程既是战略挑战,又是战略机遇。

**在中国的外交突破:从华沙到北京**

对于刚刚担任美国总统国家安全事务助理的基辛格来说,中国几乎完全是一个陌生的课题。他的人生经历是以欧洲为背景的,他的学术研究的旨趣也几乎是欧洲指向的。尼克松上任伊始

**基辛格** 就已经考虑如何打开与中国的关系之门,但基辛格最初对此似乎缺乏热情,其原因除了中国并非这位新任国家安全事务助理的专业领域之外,他还忙于新政府紧迫的外交议题:与苏联的战略武器谈判和退出越南的可能路径。① 但是,这两项紧迫议题很难一蹴而就,到1969年秋天的时候,这两项议题都没有取得进展,特别是尽快在越南达成初步协议的前景黯淡。很快,基辛格敏锐地意识到对华政策突破可能给新政府外交战略带来的巨大机遇。基辛格对新的对华政策的兴趣日益增长,而且他也逐渐对尼克松访华的可能性持更加积极的态度了。"7月初他命令进行一项对中苏边境冲突后果的全面研究。7月底8月初的环球旅行使他完全意识到尼克松通过巴基斯坦和罗马尼亚领导人建立最初联系的意图。这些动作最终将基辛格置于中美接近的中心位置。到1969年9月,他已经完全加入到这些努力中来。"② 1969年9月9日,基辛格与尼克松在白宫会见了沃尔特·斯托塞尔,指令这位美国驻华沙大使设法与中国外交官建立联系并转达美国总统乐于进行"具体谈判"的信息。

在冷战的背景下,两个没有外交关系的大国处于敌对状态,几乎没有任何联系、沟通的渠道(此时中美之间的华沙会谈也处于停顿状态)。特别是对中国外交官而言,当时"文化大革命"在国内开展得如火如荼,在无法回避的公开外交场合,他们都会有意避开美方人员。因此,心急如焚的斯托塞尔在白宫的一再催促下,在接近三个月的时间之后才找到了一个机会。1969年12月3日晚,华沙

---

① Jussi Hannhimäki, *The Flawed Architect: Henry Kissinger and American Foreign Policy*, p. 33.

② Ibid., p. 55.

科学文化宫大厅举行南斯拉夫时装展示会。中国使馆二等秘书李举卿及翻译景志成出席,美国方面出席的有大使斯托塞尔及担任中美大使级会谈的美方秘书西蒙斯。散场后,中国外交官迅速离开会场,意在避开与美国人的正面接触。但走到楼梯的一半时,他们所担心的事还是发生了。西蒙斯追上景志成,把斯托塞尔介绍给他。斯托塞尔用不大顺畅的波兰语说:我是美国大使,想会见你们代办先生。景志成表示将转达后,加快步伐想甩开斯托塞尔。斯托塞尔紧追不舍,在文化宫外广场上追上了景志成,有些气喘吁吁地说:"最近我在华盛顿见到了尼克松总统,他说他要与中国进行重要的、具体的会谈。请你把这一情况向上级汇报。"①事后,美方还致电中国使馆询问美方的请求有没有转达高层,当时刚刚到任的中国驻波兰临时代办雷阳按照过去的惯例作了较为冷淡的回应。但是,这一事件却引起国内的高度重视,不为雷阳这些一线的外交官所知的是,此时中国高层已经开始探讨改善中美关系的可能性,准备择机重开华沙大使级会谈。

在此前后,双方不断释放善意。早在 10 月 10 日,基辛格就委托巴基斯坦驻华盛顿大使向中国转达一个信息:美国决定撤走两艘在台湾海峡巡逻的驱逐舰。周恩来在 11 月初收到了该信息。

---

① 骆亦粟:《中美关系解冻的开端——最后两次中美华沙大使级会谈》,《百年潮》2008 年第 4 期。这一戏剧性的一幕屡屡被后来的研究者们提起。当时中国驻波兰临时代办雷阳刚刚到任,与美国大使并不认识,因此斯托塞尔误将李举卿认作雷阳,而几天后美国国务院发言人麦克洛斯基在华盛顿记者招待会上答问时称:美大使谈话的对象是负责中美会谈事务的"骆先生"(即该文作者),显然又是张冠李戴了。因此,在美国方面的文献中大多都把斯托塞尔追逐的对象误为雷阳本人。见 James Mann, *About Face: A History of Amercian Curious Relationship with China, from Nixon to Clinton* (New York: Alfred A. Knopf, 1999), pp. 22—23. 后来的美国研究者几乎都沿用了这一说法。这样张冠李戴的错误凸显了中美关系解冻的艰辛。

**基辛格**

作为回应,12月初中国决定释放1969年2月乘游艇误入中国领海而被拘留的两名美国公民——鲍德温和唐纳德。12月11日,雷阳与斯托塞尔按约定的时间举行会见,这是大使级会谈停顿近两年以来双方谈判的首次接触。斯托塞尔在发言中首先说,尼克松总统、罗杰斯国务卿已经发表的谈话和声明阐明了我们的信念,并提出举行中美大使第135次会谈的建议,而会谈地点不再由波兰方面提供,而是在中美两国大使馆轮流举行。1970年1月8日,雷阳与斯托塞尔再次会见,表示同意美国政府提出的关于举行两国代表正式会谈的建议。中方建议会谈时间为1月20日,同意美方关于会谈改在中美两国大使馆轮流进行的建议,同时中方建议第135次会谈在中国大使馆举行。

1月20日,在中断了两年之后,中美第135次大使级会谈在中国驻波兰大使馆举行,这是中美双方采取的一个带有全局意义的重大举动,引起了全世界的关注。在这次会谈中,中美双方不约而同地提出了举行更高级会谈的问题。三周后,即1970年2月10日,雷阳与斯托塞尔在美国大使馆举行第136次大使级会谈。该次会谈最重要的成果是,中方表示如果美国政府愿意派部长级的代表或美国总统特使到北京进一步探索中美关系中的根本原则问题,中国政府愿意接待。这样,冰冻的中美敌对状态终于开始解冻,中美关系的重大转折拉开了序幕。2月18日,由基辛格及其国家安全委员会助手起草的第一份年度外交政策报告发表,在这份向国会提交的报告中,以前所未有的务实精神来谈论中国。报告中关于中国的部分是由基辛格亲自起草并多次修改的①,其中充满

---

① Marvin Kalb and Bernard Kalb, *Kissinger*, p.230.

了对中国人民的赞誉之词:"中国人民是伟大的生气勃勃的民族,不应该继续孤立于国际社会之外。从长远来看,没有这个有7亿多人民的民族的贡献,稳定、持久的国际秩序是不可想象的。"对于中国最为关切的苏联威胁问题,报告也明确地表明了美国不会插手中苏冲突以及不谋求与苏联达成美苏共同主宰全球的局面,"我们改善关系的目的不是利用中国与苏联冲突的一种策略手段。我们看不到冲突加剧对我们有任何好处,因此我们也无意偏袒哪一方。同样美国也没有兴趣加入任何一个大国共同主宰世界的计划或者一个敌对的大国联盟来反对两个共产主义大国的任何一个。我们的态度是明确的——只要某些国家将它们自己看作是另外一些国家永久的敌人,就不可能有永久的和平"①。

  但是,经过二十多年相互对立、相互隔绝形成的坚冰非常难于融化。为准备第137次会谈,外交部打算将正在等待分配工作的柴泽民派驻波兰大使,以取代当时身份是临时代办的中方代表雷阳,承担继续进行华沙会谈的使命。但国务院和白宫(主要是罗杰斯和基辛格)的矛盾争执使得美国几次变更第137次会谈的时间,几番往来,中美双方最后才同意在5月20日举行第137次会谈。美国方面的拖延以及最终确定的这个明显很晚的日期,不能不使中方对美国的诚意产生怀疑。更为不幸的是3月底柬埔寨发生政变,印度支那局势骤然紧张,4月30日,美国宣布其在印度支那的军队进入靠近南越边境的柬埔寨境内作战,打击经"胡志明小道"来到这里屯兵的越南人民军主力,使战争烽火燃遍了整个印度支那三国。中国政府很快做出了反应:授权新华社宣布,取消原定于

---

① Henry Kissinger, *White House Years*, pp. 688—689.

基辛格

5月20日举行的第137次华沙会谈。这样一波三折的华沙会谈终成绝响,中美关系解冻之旅再度陷于困境。

华沙会谈的终结,一方面表明长期的紧张对峙使双方缺乏互信,另一方面也表明华沙会谈这一双方对立时期的沟通方式很难承担中美关系解冻的使命。在当时的中美关系状态下,如果按照自下而上的官僚层级实现中美关系的解冻不仅会使进程旷日持久,而且必然会一波三折。因此受官僚体制束缚的职业外交官很难承担突破性的使命,由更高层面的政治领导人担负谈判应该是迅速达成战略谅解从而实现关系解冻的可行路径。而基辛格与尼克松也决心排除官僚机构的低效率,抛开国务院,在保密的情况下由白宫直接负责对华事务。华沙渠道的终结使双方的沟通更加依赖秘密的巴基斯坦和罗马尼亚渠道。大约半年后,巴基斯坦渠道和罗马尼亚渠道迎来了发挥沟通作用的重要时刻。来美参加联合国大会的巴基斯坦总统叶海亚·汗和罗马尼亚总统尼古拉·齐奥塞斯库相继访问华盛顿。10月25日,尼克松、基辛格在白宫与叶海亚·汗举行会谈,尼克松宣称:"重要的是我们要开启与中国的谈判。不管我们与苏联的关系如何,或者我们做出了什么样的声明,我想让你知道下述事实:(1)我们不会建立反对中国的国际共管,并且我想让他们知道这一点,不管(你们)怎么告诉他们;(2)我们将乐于派遣墨菲或者杜威到北京以建立秘密联系。"①第

尼克松与叶海亚·汗

---

① *Foreign Relations of the United States* (cited as *FRUS*) *1969—1976*, *Volume XVII*, *China 1969—1972* (Washington: U. S. Government Printing Office, 2006), p. 240.

二天,尼克松会见齐奥塞斯库总统,尼克松重申了他有意推动中美之间的对话,使之不再局限于华沙。尼克松总统还希望罗马尼亚与中美双方进行对话,担当(中美双方的)调停人。次日,基辛格也与齐奥塞斯库总统举行了会谈,他除了重申尼克松的观点之外,还就美方如此重视罗马尼亚这样的非正式渠道的原因作了说明:"我们期待与中华人民共和国建立的沟通管道不要受到外部压力的困扰,也不要受到声誉问题的困扰。如果中华人民共和国的领导人想要告诉我们什么事情,通过你或者你的大使将信息带给我,我向你保证这样的信息将限于白宫之内。"①值得注意的是,基辛格在谈话中使用了"中华人民共和国"的称呼,虽然这次谈话并不会公开,但这显然是非同寻常的,实际上含蓄地表达了承认中国大陆政权的合法性问题。1971年伊始,美国政府公开表明了在这一问题上的立场,在2月25日发表的美国对外政策年度报告中对中国采用了"中华人民共和国"的称呼,这是有史以来美国的官方文件第一次使用中国的正式名称。报告中重申了改善对华关系的愿望:"我们准备与北京开展对话。我们不能接受其意识形态主张,或者共产主义中国必然在亚洲称霸的观念。但是我们也不希望对中国施加一种国际立场,否定其合法的国家利益。"②

  密切关注美方动态的中国高层,很快采取了一个更为大胆的公共外交措施。1971年3月,第31届世界乒乓球锦标赛在日本名古屋举行。美国队向中方提出访华要求,中方经过缜密的研究认为目前邀请美国队的机会尚不成熟,外交部和国家体委联合起草了"关于不邀请美国乒乓球队访华"的报告,并上报周恩来总理。

---

①  FRUS, 1969—1976, Volume XVII, China 1969—1972, p. 239.
②  Henry Kissinger, *Diplomacy*, p. 724.

4月4日,总理在报告上面批注"拟同意"后呈报毛泽东。4月6日,毛泽东圈阅报告,退外交部办理。美国乒乓球队无缘来华似成定局。但几天后毛泽东态度来了个180度的大转弯,转而做出邀请美国队访华的决定。据《周恩来年谱》记载:"1971年4月10日,本日,根据毛泽东作出的邀请美国乒乓球队访华的决定,嘱告外交部以电话通知在日中国乒乓球代表团负责人,对外宣布正式邀请美国队访华。"毛泽东的外孙女孔东梅后来谈到了为什么毛泽东做出这一重大的政策转变:世锦赛正值中美关系的敏感时期,世界各大传媒密切关注中美球员举动与接触,试图从中窥探中美关系变化的蛛丝马迹。4月4日这一天,参加世锦赛的美国选手科恩却不小心乘错了车,登上了中国运动员的专车上,他以美国人特有的热情主动与中国选手交流,坐在大轿车最后一排座位上的中国著名乒乓球运动员庄则栋站了起来,来到科恩身边,微笑着说:"我们中国人民和美国人民一直是友好的。你在我们国家有许多朋友。今天你来到我们车上,我们大家都很高兴。我送给你一件礼物吧……"说着,庄则栋从随身背着的挎包里掏出一件精美的小礼品——杭州织锦送给了科恩,汽车到达体育馆后,敏感的日本记者发现两人站在一起,纷纷用照相机把这个镜头拍摄下来。第二天,科恩把一件别有美国乒协纪念章的美国短袖运动衫回赠给庄则栋。第二天各家报纸又图文并茂地报道这件事。连续几天的几则外电,连篇累牍、事无巨细的报道,生动形象地说明了中美乒乓球队员接触后给外界带来的巨大震动,远在北京的毛泽东也同样在跟踪事态的进展,中美两国运动员的交流对毛泽东触动很大,并最终促使毛泽东决定邀请美国队访华。①

4月14日周恩来总理以不同寻常的高规格在人民大会堂接见了美国乒乓球队,他向美国球员说:"你们开启了中美两国人民关系的新篇章。我相信,我们友谊的这一新开端必将受到我们两国大多数人民的支持。"②就在这次接见的当天,美国总统尼克松宣布了5个对华政策新步骤,从实质上结束了长达20年之久的对华贸易禁令。

与此同时,通过巴基斯坦渠道进行的秘密沟通最终实现了中美关系的突破。1970年11月11—15日,巴基斯坦总统叶海亚·汗访问北京。在与周恩来总理会谈时,他特别提到了上月对华盛顿访问时尼克松总统希望向中方转达的内容。周恩来对此表现出极大的兴趣,并表示要将此次谈话的内容转达给毛泽东和林彪。三天之后,周恩来于14日作了回应,他告诉叶海亚总统,他就此问题与毛泽东、林彪作了讨论并声明,特别是在台湾问题上,中国与美国的关系有重大困难,但是中国政府希望两国之间能发展一种更为友好的关系。③ 同时,周恩来发出了邀请:"为了讨论被称之为台湾的中国领土的地位问题,非常欢迎尼克松总统的特使访问北京。"④叶海亚总统担心电报通讯容易被泄露,12月9日,巴基斯坦驻美大使阿格哈·希拉利来到基辛格的办公室,向基辛格宣读了中方的访问邀请。基辛格在回忆录中对此有这样的评论:

---

① 孔东梅:《改变世界的日子——与王海容谈毛泽东外交往事》,中央文献出版社2006年版,第42—44页。

② Henry Kissinger, *White House Years*, p. 710.

③ *FRUS, 1969—1976, Volume XVII, China 1969—1972* (Washington: U. S. Government Printing Office, 2006), pp. 247—248.

④ Ibid., p. 250.

基辛格

> 一个以古老宗教为立国之本的国家的杰出的、举止文雅的代言人口念一个富有战斗精神的亚洲国家革命领导人的信息,而由西方资本主义世界领导人的一个代表把它记下来,这是多么不和谐……在这个信息随发随收的时代,我们竟回到一个世纪前那种外交方法——由一名信使传递、宣读手写照会的方法。①

即使在当事者看来,中美关系的破冰之旅被开启的方式竟然也是如此的不可思议。仅仅在几天之后,1970年12月16日,基辛格让希拉利转交美国的回复,实际上接受了中方的邀请。在经过之前的一系列接触、沟通之后,双方对彼此的战略意图有了一定程度的了解。1971年4月27日下午,希拉利又一次紧急要求会晤基辛格,并转交了一封周恩来总理写给尼克松总统的信件。这封写于4月21日的信中再度提出了中美直接高层会谈的倡议:"如果中美关系要得到根本恢复,只要通过两国高层负责人直接会谈才能找到解决这一关键问题的方法。因此,中国政府重申愿意在北京公开接待美国总统的特使(例如基辛格先生)或者国务卿甚至是美国总统本人进行直接谈判和讨论。"②虽然基辛格一直在猜测为什么中方直到现在才发出进一步的邀请(因为这时距双方12月的首次沟通已经过去了100多天),但是在收到中方来信的当晚,尼克松和基辛格就决定给予积极回应。因为早在之前他们就认为"对华访问不仅能转变与北京的关系,而且正如基辛格所说,'能够暂时分散这个国家在越南问题上的注意力……也需要它在我们与苏联

---

① 〔美〕基辛格:《白宫岁月》第二册,第900页。
② FRUS, Volume XVII, China 1969—1972, p.301.

的博弈中发挥作用'"①。但接下来的关键问题是：谁来担当尼克松的特使呢，因为"即便是重大事件最终也要归结为执行问题"②。有趣的是，基辛格并非尼克松最中意的人选。作为一个外交总统，尼克松渴望建立外交伟绩以确立自己伟大总统的声名，在否决戴维·布鲁斯、纳尔逊·洛克菲勒、乔治·H. W. 布什作为特使人选时，尼克松戏谑地说："我觉得应该是我自己（担当特使）。"③如果不是因为总统身份的限制，尼克松确实乐意成为中美关系破冰之旅的第一人，在尼克松、基辛格讨论中方邀请的时候，他们都按捺不住对成为即将发生的重大历史转折缔造者的向往。当晚的讨论并没有得出结论，第二天，尼克松、基辛格、霍尔德曼在椭圆形办公室继续商讨特使的人选问题。尼克松在回忆录中是这样记录的：前述的人选加上后来还提到的卡波特·洛奇、国务卿威廉·罗杰斯等都被尼克松和基辛格否决，最后尼克松决定："亨利，我想你得去才行。"而基辛格认为他与罗杰斯一样目标过大，容易泄密，但尼克松坚持认为基辛格有办法保守秘密。④ 基辛格在回忆录中认可了是尼克松决定由基辛格担任特使，但认为尼克松之所以这样决定恰恰是因为"对于广大公众来说，我基本上是默默无闻的"，即使基辛格圆满地完成了中美关系的破冰之旅，但基辛格也不会抢了尼克松的风头，因为作为白宫工作人员，"我的成功也就是总统的成功"⑤。但实际上，是基辛格主动要求承担这一使命的，他对尼克

---

① Robert Dallek, *Nixon and Kissinger*：*Partners in Power* (New York：Harper Collins Publishers, 2007), p. 288.
② 〔美〕基辛格：《白宫岁月》第二册，第 918 页。
③ Robert Dallek, *Nixon and Kissinger*：*Partners in Power*, p. 289.
④ 〔美〕尼克松：《尼克松回忆录》中册，世界知识出版社 2001 年版，第 660 页。
⑤ 〔美〕基辛格：《白宫岁月》第二册，第 920—921 页。

# 基辛格

松、霍尔德曼说他是"唯一能真正处理这件事情的人选……我不是自吹自擂,我恰好是唯一了解所有谈判的人"①。尼克松、基辛格在叙述特使人选时使用"春秋笔法"显然有他们个人的目的:尼克松试图让世人相信,中美关系的突破性进展(包括派遣谁担当特使重任)都是出自他的决策和坚定领导;而基辛格小心地维护他的顶头上司在这一问题上的权威说法(尼克松的回忆录出版于1978年,而基辛格的回忆录出版于1979年),但试图说明他本人是特使的不二人选,而尼克松只是出于维护其私利或者顺应了时势而做出了正确的选择。的确,希望将外交决策权高度集中于白宫并且因此必须要严守秘密,尼克松在当时不太可能派遣白宫之外的人担任特使,显而易见,基辛格无疑是尼克松的最佳人选。这一段插曲随着美国国家安全档案的解密而完全证实了一些传记、回忆录的记载,这凸显了尼克松和基辛格的合作、竞争并存的紧张关系。②

最终,周恩来总理于1971年5月29日发出了正式邀请:"周恩来总理欢迎基辛格博士作为美国代表访问北京,与中国高级官员举行初步的秘密会谈,为尼克松总统对北京的访问做必要的准备和安排。"③基辛格收到巴基斯坦驻美大使阿格哈·希拉利送来的周恩来回信已经是6月2日的晚上了,基辛格以最快的速度将信件转交给正在宴请尼加拉瓜总统安纳斯塔西奥·索摩查的尼克松。虽然已经时过境迁,但数年后依然能从尼克松、基辛格在回忆录中

---

① 记录这一段白宫谈话的录音带质量较差,大部分都听不出来意思,但《霍尔德曼日记》在很大程度上弥补了这一缺憾。FRUS, Volume XVII, China 1969—1972, p. 333n2; Robert Dallek, *Nixon and Kissinger: Partners in Power*, p. 289.

② 每每在尼克松政府获得外交成功后,基辛格总是喜欢在媒体摆出非常高调的姿态,被认为抢了尼克松的风头,这甚至使尼克松的忠实追随者霍尔德曼等感到非常愤怒。

③ FRUS, Volume XVII, China 1969—1972, p. 332.

的描述中感受到三位当事人(希拉利、基辛格、尼克松)激动的心情,在尼克松读完信件后,基辛格不无深意地说道:"这是第二次世界大战结束以来美国总统所收到的最重要信件。"美国方面很快就作出了回复,两天以后,6月4日下午基辛格就将他亲自和温斯顿·洛德拟定的回信交给了希拉利。信中写道:

> 尼克松总统期待与中华人民共和国领导人进行当面交流的机会……尼克松总统建议基辛格博士于7月9日抵达中国,7月11日离开,他将乘坐一架巴基斯坦的波音飞机,从巴基斯坦直接往返一个由中国人指定的机场。①

本来中方主张基辛格公开访华,但在美方的坚持下,中方同意基辛格来华作一次秘密的预备性会谈。在叶海亚·汗总统的热情帮助下,经过精心安排,基辛格奇迹般地躲过了世界关注的目光,于7月9日中午秘密抵达北京。这一秘密访问计划以中国与西方交流史上最负盛名的马可·波罗命名,但是显然这位自1950年以后第一位出现在中国大陆的美国官方代表不可能像这位旅行家那样好整以暇,从容游历。基辛格肩负着艰巨的使命,在稍事休息后,一场马拉松式的谈判就开始了。从16:35直到23:20(包括晚宴时的非正式谈话),基辛格与周恩来总理举行了近七个小时的会谈。

会谈开始后,周恩来说,按照中国的习俗,首先由客人发表意见。基辛格虽然有长长的铺垫,但实际上将台湾问题放在了所讨论问题中的首要位置:"我认为我们今明两天的会谈有两个主要目的。第一,正如你(周恩来)和毛主席已经表示,我们应当就尼克松

---

① *FRUS, Volume XVII, China* 1969—1972, p.340.

**基辛格** 总统访华的有关问题达成满意的谅解,这一访问是尼克松总统期待实现的。……第二,为了我们所期待的尼克松总统的成功访问,我们应当通过讨论我们之间的问题、我们在亚洲共同关心的问题以及世界和平,为这一访问打下基础。我认为有下列的讨论题目:从我们的信件交流中,我们知道台湾是你们与美国关系中主要关注的问题。总理先生,你们认为这就是美国军事力量撤出台湾和台湾海峡。我准备听取你们的意见并具体讨论这一问题。"①

周恩来接见基辛格

周恩来同意台湾问题的首要位置,然后他指责道:"朝鲜战争爆发后,你们包围了台湾并宣布台湾地位未定。直到最近,你们国务院发言人还声称这是你们的立场。这是症结所在。"

基辛格答道:"他没有再重复这一点。"②

基辛格这一幽默的回答使在座的中国人发出了笑声,看来美国人的立场有了变化。周恩来接着阐明了中国在台湾问题上的立场:"它(美国)必须承认中华人民共和国毫无例外地是中国唯一合法政府。……台湾是中国的一个省,已经归还了中国,是中国领土不可分割的一部分。这就把我们带到第二个问题:美国必须在一

---

① FRUS, Volume XVII, China 1969—1972, p.362.

② Ibid., p.366. 周恩来指的是1971年4月28日,美国国务院发言人宣称,美国的立场是台湾和澎湖列岛的主权是"一个悬而未决的问题,将留待今后的国际解决"(见Henry Kissinger, *White House Years*, p.720),这表明尼克松、基辛格秘密外交的幕后渠道与公开渠道向中国发出了不同的信号。

个限定的期限内从台湾和台湾海峡撤出所有的军事力量,拆除所有的军事基地。……中华人民共和国和中国人民认为1954年由杜勒斯签署的美国和蒋介石的条约是非法的,我们不予承认。"①

基辛格的回答中首先表达了他对中国立场的同情态度,他说道:"毫无疑问,如果朝鲜战争不爆发,而这是一场我们彼此都不想要的战争,台湾可能已经是中华人民共和国的一部分了。"②他接着谈到美国在台湾的军事存在其主要目的是着眼于在东南亚的军事行动,然后谈到至关重要的美国现政府对台湾问题的基本立场:"至于台湾的政治未来,我们不主张'两个中国'或'一个中国,一个台湾'的解决方案。作为一个历史学者,我预计政治演变会沿着周恩来总理向我所指出的方向发展。但是如果我们希望将我们两个国家的关系建立在相互理解的基础之上,我们必须承认对方的需要。"

"什么样的需要呢?"③周恩来问道。

基辛格的回答是:"我们不应当在一个较短的时期内被迫做正式的声明,这本身没有实际的效果。然而,一旦你们和我们达成了基本的谅解,我们就不会阻碍基本的演变。这就是我现在想作的一般陈述,但我乐于回答问题。"④

周恩来接着重申了中国在台湾问题的基本立场,然后对于美国的立场作了评论:"至于你刚才所说的,那就是你关于历史演变的观点,以及你刚才清楚表明的,你们不主张'两个中国'或者'一

---

① FRUS, Volume XVII, China 1969—1972, p.367.
② Ibid., p.368.
③ Ibid., p.369.
④ Ibid., pp.369—370.

基辛格

个中国,一个台湾'解决方案,这都预示着一个解决方案和我们两个国家间建立外交关系的前景是有希望的。"① 显然,对于美国的立场,周恩来感到一定程度的满意。

基辛格回答:"总理先生,这取决于现实的状况以及什么样的时间框架。我提出的原则是我们政府的原则,你们是可以信赖的。我们之间将讨论政治步骤的时机的选择。更简单的任务是军事步骤,其他步骤要花更多的时间。"② 基辛格重新确认了美国不主张"两个中国"或"一个中国,一个台湾"的立场。

基辛格关于尼克松政府在台湾问题上的这一立场奠定了迄今为止美国历届政府对华政策的基础,依然是历届政府阐明其立场时经常引用的标准措辞,美国借此摆脱了在大陆和台湾必须做出非此即彼选择的困境,从而在台湾问题上保持足够的战略模糊,以获得更大的行动自由。在基辛格与周恩来首次会谈就台湾问题这一难题上达成暂时妥协后,双方才开始讨论共同关心的问题。这些问题包括越南战争、苏联威胁等等。基辛格的秘密访问标志着中美双方在发展两国关系上已经基本达成了战略共识,正如基辛格在向尼克松汇报这次访问时所说的"我们已经为你和毛翻开历史(新)的一页打下了基础"③。

的确,中美关系的新篇章就此开启。

## "改变世界的一周"

在北京的 49 个小时中,除了有半天时间参观紫禁城,基辛格

---

① *FRUS*, *Volume XVII*, *China 1969—1972*, p. 370.
② Ibid., p. 370.
③ Ibid., p. 454.

与周恩来进行了17个小时的会谈,双方最终就邀请尼克松次年初访华一事达成了协议,当然这一切是以双方在谈判开始不久就达成了战略默契为基础的。7月15日,尼克松在"世界媒体之都"——洛杉矶县伯班克的全国广播公司直播室里宣读了他即将访华的公报。这一公报的发布就如同一次超级核爆炸一样,除了让全世界目瞪口呆之外,其所引起的连环反应很难估计。但是,对于基辛格而言其重要性可以说是立竿见影。在此之前,基辛格虽然身居国家安全事务助理的高位,也并非默默无闻,但是在尼克松的诸多阁僚中无论是职位还是名声都不算突出。在尼克松发布这一"震动全世界的公告"之后,基辛格秘密访问北京、与周恩来会谈的消息就开始充斥《纽约时报》《华盛顿邮报》《美国新闻与世界报道》这样的主流传媒,他的肖像出现在《时代》《新闻周刊》的封面,电视新闻节目也追踪基辛格的行踪以满足好奇的观众,正如《美国新闻与世界报道》所做的评论:"基辛格前往红色中国的秘密使命在美国外交史上几乎没有先例……这项使命给基辛格先生的卓越事业带来了新的内容。"①《时代》周刊的评论则在基辛格的教授身份上做文章:"基辛格处于其璀璨事业的顶峰时期,他是全世界关注的焦点人物、拥有世界级的影响力,而大多数教授只是在图书馆里才能被阅读和关注。"②基辛格对北京的秘密访问使他成为家喻户晓的人物,一个新时代的马可·波罗横空出世,用一个中国成语来形容基辛格中国之行的后果,那就是一夜成名。但是,全球知名人士头衔的获得几乎不是被赋予的,而在很大程度上是基辛格一

---

① 〔美〕罗伯特·舒尔茨辛格:《外交博士基辛格》,世界知识出版社1992年版,第96页。

② Walter Isaacson, *Kissinger: A Biography*, p.349.

## 基辛格

手制造的,除了前面提到的他在尼克松面前竭力争取担当秘密访问北京的特使之外,在尼克松访华的公报宣告他的访问成功之后,还充分利用他与媒体良好的关系,"确保在一周内西方的媒体绘声绘色、连篇累牍地竞相报道他是如何出人意料地从巴基斯坦溜走,与周恩来会谈了多少个小时,中国人是如何的优雅而富有才华,以及他在中国吃了多少东西"①。

尼克松怀着复杂的心情看着基辛格迅速蹿红,在他看来,基辛格所获得的极大关注可以说是几乎窃取了尼克松政府最得意的一场外交行动的功劳,毕竟他才是这场戏剧的幕后导演,当人们惊喜地将目光聚焦于前台极富表演天赋的演员时,即使是最吸引观众的导演也注定是寂寞的,尼克松不得不忍受这些给他带来的痛苦。但是另一方面,毕竟基辛格这样有意的宣传有利于树立政府的声誉,从而对于来年总统大选的好处是不言而喻的。于是,他要求基辛格在宣传时,刻意将尼克松塑造成一位信念坚定、富有远见、精力旺盛、才华横溢、手段强硬的杰出领袖。但这仅仅是尼克松和基辛格之间的这样一种紧张合作关系的开始,因为一鸣惊人的基辛格才刚刚开始展现他超人的外交天赋。

10月20日,基辛格开始第二次对中国的访问,这也是第一次公开的访问,这样基辛格就创造了一个前无古人、后无来者的记录,无论是秘密的还是公开的,他都是美国官方访问中华人民共和国的第一人。此次访问是为尼克松访华做前期准备工作,包括确定访问日期、访华人员构成、日程安排等程序性问题,但正如回国后他写给尼克松总统的备忘录标题所示:"我的10月访华:起草公

---

① Walter Isaacson, *Kissinger: A Biography*, p.349.

报"①,此次访问的核心议题是为即将到来的总统访华起草尼克松访华时双方将要签署的联合公报。在访问的最后两天半的时间里,在基辛格和周恩来的率领下,中美双方进行了艰苦的谈判,当然处理的就是最为棘手的联合公报草案。中美双方经历了二十年的对立与敌视,其间造成的分歧与隔阂、敌意与怀疑在短期内不可能根本缓解,虽然在基辛格秘密访华后双方已经达成了高度的战略默契,但是要跨越二十年敌意的鸿沟,将战略共识落实到具体的文字中,以之作为双方关系的指导性原则,其难度可想而知。整个谈判过程异常艰苦,几乎"变成了一场体力的竞赛",在短短的两天半的时间内,中美双方经历了三个回合的讨论,中美各自提出了三份草案,最终形成的第七稿才成为双方认可的协议。最初基辛格提出的一个措辞模棱两可的说法,"强调那些模糊不清的共同点,同时用概括性的陈词滥调掩盖分歧"。这一草案遭到周恩来的严厉拒绝,转而提出了一种新颖的模式:那就是列出双方的共识和分歧,各自陈述。基辛格最初难以接受这一新颖的方式,但经过仔细权衡,反而觉得"这种独出心裁的方式也许能解决我们的难题"②,这种方式也许是当时中美关系状态下较为明智的选择,毕竟在双方巨大的分歧和差异下,实在很难达成一个有着太多共识的公报。基辛格在给尼克松的备忘录中认为,这样一份阐述了双方分歧的"公报草案比那种人为设计的、言辞含糊的常规文件更能服务于我们的利益……总之,只要我们成功地处理好台湾问题,我们将会有一份现实的、明确的、有尊严的公报,它将会使我们的盟友放心并

---

① FRUS, Volume XVII, China 1969—1972, p.559.
② 〔美〕亨利·基辛格:《白宫岁月》第三册,世界知识出版社1980年版,第1004页。

基辛格

将进一步促进中美关系的发展"①。基辛格此次访问可以说基本扫清了两国继续交往的障碍,在双方立场差距最为巨大的台湾问题上也接近达成妥协。台湾问题最为敏感,分歧也最为巨大,双方当时的交集仅限于对于"一个中国"的认同,在美国还与台湾国民党当局有正式外交关系的情况下,双方在如何表述而不违背彼此的立场上大费周折,最后,基辛格擅长的模糊化处理终于在这里发挥了作用,"最后我提出美国对台湾的立场如下:'美国认识到,在台湾海峡两边的所有中国人都认为只有一个中国,美国政府对这一立场不表示异议'"。② 这样一种表述,并没有否认中国对台湾的主权要求,也没有否认美国现在依然只在外交上承认台湾的现实,最为重要的是美国据此能够保证在台湾问题上足够的战略模糊,保持最大的自由行动的权利。但是,一旦将问题具体化,双方就遇到了难题,"关于美国与台湾有防御关系的那一段未作决定"③,而是留待尼克松访问时再作决定。

  基辛格这次访华还有一个重要的插曲,那就是在此期间的10月25日,中国重返联合国。北京时间26日晨,基辛格与周恩来的会谈临近结束,一位中方工作人员悄然走进会议厅,将一份新华社送来的特急报告交给了周恩来,在这一页折起来的白纸上只写着短短的一句话:"刚才,联大以赞成票76、反对票35、弃权票17通过了我们进入联合国并驱逐蒋帮代表的决议,详情后报。"周恩来不露声色地掩藏自己的喜悦,将纸条递给身边的乔冠华,继续会谈。

---

  ① FRUS, Volume XVII, China 1969—1972, pp.564—566.
  ② 《白宫岁月》第三册,1005页。实际上,达成的公报草案文本是:"美国认识到,在台湾海峡两边的所有中国人都认为只有一个中国,台湾是中国的一个省。美国政府对这一立场不表示异议。"FRUS, Volume XVII, China 1969—1972, p.569.
  ③ 《白宫岁月》第三册,1005页。

这一次的谈判可谓艰苦异常,持续了差不多24个小时,最终双方达成一致,在早上8时10分宣告会谈结束。周恩来在向基辛格送别时破天荒地用英语向他说:"欢迎你很快回来共享会谈的愉快。"基辛格旋即前往停靠在首都机场的"空军一号"总统专机(基辛格此行从航线到飞机都模拟尼克松的正式访问),而这条震撼世界的新闻正在被各大通讯社广为传播。

在路上,送行的外交部副部长乔冠华不动声色地问基辛格:"博士,你看今年的这一届联大我们能恢复席位吗?"

基辛格以他惯有的自信不假思索地回答:"我估计今年你们还是进不了联大。"

乔冠华接着又问:"那你估计我们什么时候能进?"

基辛格毫不犹豫地从容应答:"我估计明年还差不多。等到尼克松总统访华之后,你们就能够进去了。"

乔冠华哈哈大笑:"我看不见得吧!"

基辛格是在飞机起飞后才收到电传打字机的消息:美国在联合国维持台湾席位的那场战斗中打输了。基辛格此时的心情可以说是五味杂陈,尴尬、沮丧,甚至还有一点得意,他转头对身边的温斯顿·洛德说:"我说过,光是中美接近,就会使国际局势发生革命性变化——天啊,连我自己对此都估计不足。"实际上,这次联大表决的结果连中国领导人都感到有些意外。美国当时并没有打算在联合国抛弃台湾,而是试图以双重代表权敷衍。但是,中国明确表示,即使推迟进入联合国也决不会接受双重代表权。由于预计基辛格的访华会与联合国投票时间重合,国务院此时正忙于试图用双重代表权保住台湾在联合国的席位,因此极力反对基辛格的访华行程。尼克松也担心此举可能使他置身于国内保守势力的炮火之下,但是在基辛格的坚持和劝说之下,决定基辛格如期访华。同

**基辛格**

时,他让国务卿罗杰斯来处理联合国问题,指示美国驻联合国代表布什"'竭尽全力'使'中华民国'留在联合国大会",同时避免让他自己卷入其中,因为美国正在与北京接触,中国会认为尼克松有意利用此事来反对北京。① 布什在1987年的大选自传中很少对人言辞激烈,但是对基辛格是例外。他写道:"让人难以理解的是亨利告诉我他对台湾席位问题的投票结果感到'失望'。我也很失望。但是我们在纽约说的是一回事,在华盛顿做的是另一套,这个结果是不可避免的。"②

当然,中国成功重返联合国并不是中美接近的结果,但是其影响是毋庸置疑的,至少中美接近加速了这一时刻的到来。周恩来后来告诉基辛格,在基辛格离开前已经知道了联大表决结果,但他不愿意第一个告诉基辛格,怕基辛格尴尬。中美接近的进程一旦开启,其影响力就迅速释放,它对国际格局的革命性影响的速度就连其战略设计者都始料未及。

因此,当尼克松1972年2月17日早上离开安德鲁斯空军基地前往北京,开始他的"改变世界的一周"旅程时,这个世界实际上早已开始发生了改变。对于美国而言,这一变化始于尼克松将其战略构想付诸实施之时,而基辛格对北京的秘密访问向世界宣告了这一变化的开始。尼克松此行不过是去确认业已发生的变化,并将之推向深入。2月21日上午11点半,尼克松专机"76年精神号"降落在北京首都国际机场,当天是中国的大年初七,正是千里冰封的隆冬季节。尼克松独自走下舷梯,快步走向前来欢迎的周恩来总理,并主动伸出了手,尼克松和周恩来的握手持续了一分多钟,

---

① *FRUS*, *Volume XVII*, *China 1969—1972*, p. 573.
② Walter Isaacson, *Kissinger: A Biography*, p. 352.

**尼克松走下舷梯,与周恩来握手。**

他说:"总理先生,我感到很荣幸,终于来到了你们伟大的国家。"周恩来说:"总统先生,非常欢迎你到我们的国家访问。"而此时,除了总统夫人帕特在距尼克松几步之遥外,包括基辛格在内的一大堆助手全部被霍尔德曼的助手堵在机舱里,以确保没有任何人能够与总统分享这一份荣耀。这一历史性的画面随着电波传向了整个世界,宣告了一个时代的终结。周恩来和尼克松乘坐红旗轿车离开机场时,周恩来说:"你的手伸过世界最辽阔的海洋来和我握手——25年没有交往了啊!"①冰封二十多年的中美关系在寒风刺骨的北京终于迎来了破冰的暖流。中国对尼克松一行的接待可以说是热情周到、细致入微。当晚,周恩来在人民大会堂为尼克松总统举行欢迎宴会,席间军乐队演奏了《美丽的阿美利加》,这是尼克松最喜欢的一首乐曲,并在他1969年的就职典礼上演奏过。此举

---

① 〔美〕尼克松:《尼克松回忆录》中册,第673页。

令尼克松异常感动,并投桃报李,次日周恩来驱车赶到钓鱼台看望尼克松,当周总理下车正欲脱大衣之际,尼克松快步走到周总理身后,亲自为周总理脱大衣,这一幕是头一天两人历史性握手的继续和进一步诠释,彰显了中美两国领导人改善两国关系的良好愿望和殷切期待。

尼克松来访的重头戏是和毛泽东主席的会见。在来访前,国务卿罗杰斯还在担忧尼克松可能会被怠慢:毛泽东是否拖延甚至拒绝会见尼克松。实际上,中方无法确认毛泽东是否会见尼克松是因为毛泽东正处于病中,在1月中旬还突然休克,身体非常虚弱。但是这样的担心显然是多余的,在尼克松一行抵达北京不到三个小时,毛泽东就在中南海的住所会见了到访的美国客人。毛泽东与尼克松、基辛格一行的会谈是一场"哲学式"的对话,毛泽东拒绝与客人谈论具体的问题,而是以一种漫不经心的方式,用苏格拉底式的戏谑话语表达他对中美关系战略和解的意愿和期待。在对话中,他数次坚持只谈论"哲学问题",并含蓄地指出:"目前,来自美国或来自中国侵略的可能性都很小;也就是说这并不是主要问题,因为现在的形势是我们两国之间并不存在战争状态。"基辛格附和道:"主席先生,世界局势在这段时期发生了戏剧性的变化。我们学到了很多。我们认为所有的社会主义(共产主义)国家都是同一个现象。直到尼克松总统就任,我们才明白中国革命的不同性质以及其他社会主义国家已经经历的革命道路。"尼克松进一步发挥:"认识到新的世界形势、认识到重要的不是一个国家国内的政治哲学,这促使我们走到一起。(对美国来说)重要的是一国对我们以及对世界其他地区的政策……因此,尽管我们有分歧,但我们能找到共同立场,并建立一个双方都安全地以自己的方式和道路发展的世界结构。"①在这些轻松的谈话间,二十多年的隔绝与对立、仇视似乎消于无形,两国领导人实际上达成了重要的战略谅解和共识,成为中美会谈的指导方针。

  基辛格在这一场重头戏中无疑扮演的是次要角色,但在接下来的一场重头戏中就开始扮演主要角色了。在尼克松总统马不停蹄地参观游览长城、十三陵、故宫、颐和园等北京名胜古迹时,预演了尼克松访问的基辛格已经参观过了,他担负着最为紧迫的任务,就是如何将中美领导人的战略共识付诸文字,以双方协议的方式为中美关系的发展确立一个框架并将之作为尼克松访华的具体成果。这一任务在基辛格10月访问时已经完成大部分,但剩下的实际上是最难达成妥协与共识的。双方分歧最大的方面还是集中在如何表述各自在台湾问题上的立场。中方的立场非常清楚:世界上只有一个中国,中华人民共和国是唯一合法代表,台湾是中国的一部分,任何试图挑战或者削弱这一立场的表述都将遭到中方的反对。对美方而言,虽然尼克松、基辛格已经实际上承认了中华人民共和国的合法地位并且私下保证在下一任期内实现两国关系正常化,也就是说至少尼克松政府已经准备断绝与台湾当局的外交关系。但就当时而言,与美方保持外交关系的是台湾,而非中国大陆,并且由于历史、意识形态等各方面的原因,美国的右翼势力和传统的台湾游说集团依然具有较大的影响力。尼克松政府一方面希望与中国关系的突破性进展为其大选增添巨大的筹码,另一方面在这样的压力下,也必须谨慎从事,否则难免弄巧成拙。因此,在双方于2月27日中午已经就公报文本达成最终协议,并对公报

---

① FRUS, Volume XVII, China 1969—1972, pp. 681—683.

基辛格

全文进行逐句核查和确认后,基辛格还特意叮嘱乔冠华两点:第一是关于公报,"公报将在美国国内给我们带来很大的困难……我们将这一公报建立在双方都会获益的基础之上,而不是某一方的胜利,而另一方成了失败者。如果中国的对内或对外宣传,或者是中国的朋友将这一公报认为是美国的重大失败或者任何美国的失败,将会为实现我们的共同目标带来不可估量的困难"。其次,"这一公报在美国不能被视为完全是一份台湾公报,这对我们非常重要"。乔冠华对美国的立场表示了同情和理解。① 因此,美方实际上已经做到的,或者承诺去推行的政策,其深度和广度都大大超出美方在公报中所表述的内容,正如基辛格在谈判中所说:"通常人们就做什么不能达成共识。这里我们就做什么达成了共识,却对说什么无法达成共识。"②因此,基辛格和乔冠华要做的就是要描述一种既不否认中美关系的发展前景,又不否认当时中美关系状态的复杂局面。实际上从《上海公报》的最终文本来看,除了表述双方在反对苏联霸权扩张方面有着共同利益之外,其他无论是在中方视为核心利益、毫无妥协余地的台湾问题,还是在美方视为当务之急的越南战争问题等方面的立场都相去甚远,只不过表达了共同解决问题的善意而已。这与双方会谈时的坦诚相待形成了强烈的反差,其原因就在于双方领导人所达成的战略共识和谅解是基于这样一种认识,即经历了二十多年的隔绝和敌对之后,双方已经不用担心会失去什么了,哪怕双方在一系列问题上的立场差异巨

---

① FRUS, Volume XVII, China 1969—1972, E13, Doc. 106. http://history.state.gov/historicaldocuments/frus1969—76ve13/d106.

② FRUS, Volume XVII, China 1969—1972, E13, Doc. 99. http://history.state.gov/historicaldocuments/frus1969—76ve13/d99.

大,但这都不能阻止双方迈出和解、合作的关键一步。正如尼克松在1993年他的最后一次中国之行时所说:"我因两件事情会在历史上赫赫有名,那就是水门事件和打开与中国关系之门。"①四十年后,当人们在回顾这一段历史时,更能体会到70年代初中美关系的突破是一场迟来的外交革命,不仅对于两国本身的发展至关重要,而且中美的新型关系迄今一直是国际关系的稳定力量。

但是,由于基辛格在此次访问中不适当地担任了一次主角而导致中美公报的达成遭遇较大的麻烦。在安排与毛泽东会见的美方人员时,基辛格故意将国务卿罗杰斯排除在外,从而使这位尼克松访华时的美方第二号人物缺席这一场历史性会见。虽然这样的安排也获得尼克松的首肯,因为尼克松不愿意有国务院的人员参与最高会谈,以便谈论一些敏感性问题,这样一方面将外交决策权完全掌控在白宫,另一方面对华政策在国内有极大争议,在尚未有一个大致的政策框架之前置于保密状态显然是决策者所期望的,因此,罗杰斯和他的国务院全程被排除在实质性问题的谈判之外。但是,作为尼克松的国家安全顾问,基辛格完全可以建议尼克松修改其不当设想,因为国务卿参与最高会谈不仅仅是一个礼仪问题,而且国务卿的缺席意味着国务院被排斥于美国新的对华政策的决策进程之外,无疑会使新政策的推行遭遇国务院这一美国外交政策的执行者的极大阻力。况且,罗杰斯与会基本不会危及尼克松所担心的白宫掌控全局和保密的需要。基辛格在回忆录中也不得不承认:"我是可以坚持让罗杰斯也来的,如果我这样做的话,尼克松和中方都不会拒绝……本来不应该把国务卿排除在这次历史性

---

① Margaret MacMillian, *Nixon and Mao: The Week that Changed the World* (New York: Random House, 2007), p.334.

基辛格

的会见之外。"①虽然如此,但如果让基辛格再选择一次,也许他还会这么做,将美国的首席外交官置于一个无足轻重的位置,奠定了基辛格在尼克松政府中仅次于总统的外交决策权威和声誉,通过掌控美国的对苏政策、对华政策以及越战政策,基辛格成功地将国家安全政策顾问职位凌驾于国务卿之上。这次事件可以视为基辛格在尼克松政府的官僚权力争夺中最终胜出的一个重要标志。罗杰斯和国务院的不满最终在中美公报文本已经获得毛泽东和尼克松的批准后来了一个总爆发。罗杰斯是在26日从北京飞往杭州的飞机上才看到中美公报文本的,在与他的顾问和助手们研究、商谈之后,提出了一大堆修改意见,特别是在台湾问题上要求修改"海峡两岸的所有中国人"的措辞(因为在国务院看来这样会抹杀台湾的"台独"势力存在的现实),以及公报未重申美国对台湾的防卫义务等等。外交官僚机构的集体反叛将美国置于内部分裂的境地,尼克松只得命令基辛格继续与中国人谈判。身心俱疲的基辛格硬着头皮要求乔冠华商谈美方的修改要求。中方在考虑美方处境的基础上,坚决否定了对台湾问题的措辞做任何修改的可能,但也做了一些让步,以满足基辛格所谓的"罗杰斯和国务院对最后公报有所贡献的需要"②。周恩来还做出了一个异乎寻常的举动,于27日率外交部长姬鹏飞等赴国务卿罗杰斯下榻的上海锦江宾馆拜访,以"补偿"罗杰斯所遭受的"冷遇"(实际上这样的冷遇完全与中方无关)。在中方巨大诚意的推动下,危机得以化解,双方再次就中美公报文本达成一致。基辛格终于使他上任以来最重要的一次

---

① 〔美〕亨利·基辛格:《白宫岁月》第四册,第1345页。
② Margaret MacMillian, *Nixon and Mao: The Week That Changed the World*, p. 310.

外交谈判画上了一个圆满的句号。

四十年后,基辛格有这样的评论:

> 历史上鲜有一次国事访问就带来国际关系革命性变迁的案例,尼克松的对华访问就是其中之一。中国重新进入了全球外交博弈,美国获得更多战略选择,这些都给国际体系带来新的活力和灵活性。①

因此,就中华人民共和国的发展历程而言,中美关系的重建无疑具有里程碑意义,它标志着中国重新进入国际社会,并且为中国的改革开放奠定了基础。而从国际体系层面的角度来看,《上海公报》的发表的确可以使尼克松的中国之行称得上是"改变世界的一周",随着中美关系的恢复,地缘战略的三角关系已经有了较为清晰的政策框架结构。基辛格很快就以中美关系的突破为契机,将中美苏三角构想转化为具体的政策步骤,从而塑造一个美国主导的新的世界和平结构,这就是基辛格所谓美国获得更多战略选择的含义。60年代末,中美苏三角关系中,虽然三方互相之间都同时处于敌对状态,但却以中苏敌对最为尖锐,而中美之间不仅没有外交关系,还因为朝鲜战争、越南战争及台湾问题积累起很深的敌意,再加上中国国力最为弱小,因此处于最为不利的战略位置。尼克松访华正式结束了中美对立,从而使三角关系发生结构性变化,那就是美国与中国结成准联盟关系对抗苏联,同时,美国力图以中美关系的突破作为筹码,促进与苏联的"缓和",由于中苏敌对难以化解,美国逐渐在三角关系中居于轴心位置,而中苏分别位于两翼,正如基辛格所说的:"我们与可能的对手的关系应该是这样的……

---

① Henry Kissinger, *On China*, New York: The Penguin Press, 2011, p. 273.

**基辛格**

那就是我们对它们两者的政策选择总是大于它们彼此之间的政策选择。"因此,"如果我们与各方都保持比他们彼此之间的关系更为紧密的联系,那么,中国与苏联的敌对就能最好地服务于我们的目标"①。

### 三角外交

基辛格构建美国主导的战略三角关系的下一个步骤自然就是寻求美苏关系的缓和。最初,虽然苏联并不排斥尼克松政府的"缓和"政策,但是在美国陷入越南战争泥淖的困境之时,苏联显然并不急于推进"缓和",更不用说被纳入美国的战略调整节奏了,因此虽然苏联希望举行美苏首脑会谈,但"苏联人把会见他们的领导人看作是对我们的一种了不起的恩赐,大可一而再、再而三地索取高价"②。但是,1971年7月基辛格秘密访问北京以及宣布尼克松访华以后,以前一再拖延的苏联人对美苏首脑会议也变得热心起来,基辛格生动地描述了苏联驻华盛顿的大使安纳托利·多勃雷宁前倨后恭的态度变化:

> 7月19日,也就是全世界都知道尼克松即将访问北京之后四天,我去见多勃雷宁,这一回他是满脸堆笑,一味讨好。现在他完全赞成举行莫斯科首脑会谈了。他的问题是:莫斯科首脑会谈能否在北京的首脑会谈之前举行?③

但这一次,主动权却到了美国人手里,基辛格简单地拒绝了苏

---

① Henry Kissinger, *White House Years*, p.165, p,712.
② 〔美〕亨利·基辛格:《白宫岁月》第四册,第1067页。
③ 同上书,第1071页。

联的建议,他认为,两次首脑会议应当按照决定的先后次序举行。基辛格不无得意地评论道:"让这两个共产党国家竞相与我们搞好关系,只能对和平事业有利;这正是三角战略的真义所在。"①这一切都源于对华政策的突破,从而开启了地缘战略的三角关系,在这样的战略三角关系中,由于中苏敌对,从而将与中苏两国都有着外交协调关系的美国置于轴心位置。

然而美国在三角外交中的主导地位并不稳固,一场新的危机很快给美国带来严重挑战,但挑战并非来自中国和苏联,而是尼克松政府外交议程中的首要紧迫问题——越南战争。

1972年3月30日,越南北方发动了对南越的新一轮攻势,其规模超过了1968年的春节攻势,超过10万的北方正规军从北部的军事分界线、中部老挝和南部柬埔寨三个方向分别向南越北端的广治省、中部高原和沿海地区以及西贡北部的南越—柬埔寨边境地区发动了大规模进攻。与1968年的春节攻势一样,这一次进攻也是在美国的大选年,越南的动机、意图非常明显:在美国国内政治的敏感时期,大规模军事进攻的效力会更加放大,加剧美国国内的分裂。虽然在利于军事行动的旱季展开对南方的攻势是越战以来越南北方的惯例,但是此次攻势在预定的美苏峰会之前,而且规模空前。美国和苏联对军事进攻的应对必然成为影响美苏关系进程的一大变数。在此期间,基辛格数次与多勃雷宁沟通,要求苏联就北越的大规模攻势做出解释,并要求苏联施加压力,结束冲突。4月12日,基辛格与多勃雷宁举行了例行的午餐会谈,这次会谈长达100多分钟,基辛格再次严厉敦促苏联:"你们要为这场冲突负

---

① 〔美〕亨利·基辛格:《白宫岁月》第四册,第1071页。

**基辛格** 责,不管是你们策划了进攻还是因为你们想借此羞辱中国人,并且因此你们将自己置于这样(与北越同样)的位置,这个可悲的小国能够毁掉一切,这正是这个小国多年来处心积虑的目标。"多勃雷宁辩解道,北越经常提出要立即将他们(苏联人)遣送回国,以此表示实际上苏联对北越影响力不大。基辛格继续指出问题的严重性:"我们在影响力问题上的总体姿态都取决于此。当战争在激烈进行的时候,苏联领导人怎么能邀请我们参与中东(和平)进程,或者是要我们支持莫斯科条约的批准。"多勃雷宁随即建议基辛格访问莫斯科,并认为这是当务之急。① 尼克松很快同意了基辛格对莫斯科的访问。于是,4月20日凌晨,基辛格与他的助手们索伦菲尔特、温斯顿·洛德、彼得·罗德曼以及约翰·内格罗蓬特登上了安德鲁斯空军基地的专机飞往莫斯科,开始了对苏联的秘密访问,不过,与他上一次对中国的秘密访问不同,东道主的大使多勃雷宁与基辛格同机前往。

　　为了严守秘密,基辛格的访问不仅对国务院封锁得密不透风,连驻莫斯科的美国大使比姆也不知道有这么一位美国高级官员与他一样在莫斯科城里。身为美国首席外交官的国务卿罗杰斯,也仅仅是等基辛格已经在莫斯科了才获知此事。会谈从次日早上一直持续到24日下午,持续了四天之久,虽然双方各自都希望从对方获得实际的好处,但都不打算付出太大的代价,因此谈判冗长而乏味。此时,自越南北方3月底发动"复活节攻势"以来,这是越南战争以来,越南北方正规军第一次以师的规模发动的最大进攻,已经从南越大规模撤军的美军和南越军队难以抵挡暴风骤雨般的地

---

① FRUS, Volume XIV, Soviet Union October 1971—May 1972, pp. 298—299.

面进攻。尼克松政府认为,"如果我们在这样的情况下被赶出越南,我们的整个外交政策将处于危险境地"①。更何况在大选之年,军事上的失败无异于政治自杀。因此尼克松政府一方面做出强硬的军事反应,发动对北越的大规模战术空袭,减轻地面部队的压力;另一方面寻求外交突破,向北越施加政治压力。因此,尼克松打算让基辛格从苏联方面获得帮助,向越南施压,停止军事进攻。而尼克松访华、实现中美最高领导会晤以后,苏联深感压力巨大,急于举行美苏峰会,挽回外交上的不利局面。因此双方各自手握筹码,又相互有所需求,会谈的艰巨性可想而知。

但相比较而言,越南战争的危急形势是美国必须要处理的当务之急,除了军事上强硬之外,美国急于让苏联出面向其北越盟友施压,改变美国所谓的北越"好斗"的政策偏好。但是,正如多勃雷宁已经向基辛格表明的那样,苏联无法向北越施加更大的影响力,尽管苏联向北越提供了大部分武器装备。

会谈伊始,基辛格就老调重弹,如果苏联不采取具体行动约束北越的行为,美国将取消预定的美苏峰会。基辛格还进一步指出,北越的胜利并不符合苏联的利益,因为尼克松在越南失败了,显然不太可能到莫斯科举行峰会了。苏联方面不为所动,毕竟基辛格身在莫斯科,这本身就已经表明了美国人对峰会的渴望,而且采取与访华同样的秘密方式。勃列日涅夫还做出一副非常诚恳的模样,向基辛格宣读了一份河内拒绝向莫斯科派遣外长参加与基辛格会谈的电报,还出示了用俄语写成的电报文本。第一天的会谈无果而终。

---

① 〔美〕亨利·基辛格:《白宫岁月》第四册,1399页。

第二天,勃列日涅夫继而以进为退,提出了一项苏联版的停火协议:所有武装部队原地不动。虽然这项提议从文本上来说与美国以前的版本比较类似,但在复活节攻势之后,北方军队已经大举进入了军事分界线,从而意味着肯定这次军事行动的结果,这显然是美方根本不可能接受的。越战议题就此陷入僵局,尼克松最想从苏联获得的让步无法实现。基辛格就此搁置越战议题,因为他知道在双方僵持不下之时,转变议题是明智之举。于是,基辛格决定开始将会谈的主题转到限制战略武器上去,这显然是先斩后奏,因为尼克松一再叮嘱,如果在越南问题上没有进展,就不和俄国人谈别的其他事情。

基辛格认为,他的这一决定是相当明智的,"如果我现在就离开莫斯科,甚至不让他(勃列日涅夫)有机会提出他显然已经准备好的建议,他势必会看出是有意冒犯,是在他的同事面前拆他的台,是彻底扭转方向,是蓄意在总的美苏关系上,而不是在越南问题上逼苏联摊牌。我认为,搞对抗的合乎逻辑的对手是河内。对莫斯科,我们应该设法使它陷入只能选择开首脑会谈的地位"①。基辛格对此信心满满,因为在此前一天的会谈中,勃列日涅夫谈到了苏联方面对美苏首脑会谈的期待,并且指出,"只有中国人反对首脑会谈:'你应该记住,世界上有些强大的势力想要阻挠这次首脑会谈。如果会谈开不成,这对中国人一定是个大的礼物。这只会对中国有利"。这样的表白实际上将苏联的目标意图表露无遗,尼克松访华以及中美接近给苏联带来的战略利益伤害让苏联领导人非常担忧,因此促使基辛格坚信"勃列日涅夫会做出很大的让步

---

① 〔美〕亨利·基辛格:《白宫岁月》第四册,第1455页。

以防止取消首脑会谈"①。

正如基辛格所预料,勃列日涅夫在军备控制问题上表现出更大的灵活性。他首先提出了一个关于反弹道导弹问题的新建议,双方各建两个反导基地,一个用来保护首都,另一个用来保卫洲际战略导弹基地。对苏联来说,这是一个重大让步,也比较符合美国的立场。

会谈还涉及的另一个重大议题就是美苏峰会的最后公报文本的问题。基辛格认为,苏联急于召开美苏峰会,因此在战略武器谈判等具体问题领域做出了不小的让步,这显然是美国"打开中国"所带来的战略红利,并且这样将使美苏关系迈入一个更加稳定、合作的局面。基辛格三角外交的构想眼看就将确立美国主导的基本战略框架,但是,他不服从总统命令的举动令尼克松非常恼怒,这不仅仅关系到总统权威,还可能危及越南战略,尼克松非常担心越南战局恶化带来的政治风险。而基辛格在莫斯科的访问使他相信苏联至少并不希望越南问题成为美苏峰会以及双方关系的绊脚石,如果不是支持美国的和平方案的话。

最后双方就基辛格秘密访问莫斯科发表的共同声明是这样表述的:"会谈涉及重要的国际问题以及与筹备尼克松总统和苏联领导人5月会晤有关的双边问题。会谈是坦率和有益的。"②这显然与尼克松一再叮嘱的声明中一定要有双方讨论了越南问题的措辞,但是苏联方面不同意,苏联外长葛罗米柯还指出双方会谈的目的是为美苏峰会做准备。基辛格在接受访问邀请时并没有明确提到这一点,因为他担心莫斯科不会同意这样的要求,从而会使他的

---

① 〔美〕亨利·基辛格:《白宫岁月》第四册,第1451—1452页。
② 同上书,第1459页。

**基辛格**

秘密访问泡汤。尼克松对此异常愤怒,指责基辛格被俄国人给"耍了",因为俄国人讨论美苏峰会的目的达到了,而美国人想获得俄国人在越南问题上帮助的如意算盘却落空了。基辛格在回忆录中辩解说:"所谓'重要的国际问题',在那个历史时刻(河内发动攻势之后三周),显然是指越南问题。"①尽管如此,基辛格的莫斯科之行为尼克松与勃列日涅夫的首脑峰会铺平了道路,从而成为构建美国主导的三角外交框架的一个关键步骤。

1972年5月22日下午,尼克松总统的专机抵达莫斯科,此时在遥远的中南半岛,美国正在采取强硬的海空行动,回应越南北方的军事进攻。第一位美国总统对苏联的历史性访问正式拉开序幕。与几个月前对北京的访问相比,尼克松应该更加放松。因为尼克松访华前,虽然双方对中美关系的基本原则已经有了大体共识,但由于台湾问题对双方的高度敏感性,最后能够达成协议、发表《上海公报》,双方都付出了艰苦努力。而美苏峰会很大程度是对前期双方谈判结果的确认,在峰会的核心议题即战略武器控制问题上,双方对总体的原则没有异议,只是在一些具体的细节上,双方的技术官僚分歧较大。其他的贸易方面的双边协定技术难度就更低了。当然,越南问题也不可避免地成为双方会谈的焦点之一,但由于双方立场

**勃列日涅夫与尼克松**

---

① 〔美〕亨利·基辛格:《白宫岁月》第四册,第1459页。

相去甚远,达成协议的希望渺茫,但显然也不会对峰会的成功构成实质性的伤害。

在密集的高层磋商、高调的媒体宣传、频繁的奢华宴请中,美苏峰会最终签署了九个文件,其中有《美苏联合公报》《美苏相互关系原则》《关于限制反弹道导弹系统条约》《关于限制进攻性战略武器某些措施的临时协定》等。基辛格在峰会期间关注的一个重要问题是《美苏相互关系原则》的最后文本,而苏联方面对此也高度重视。宣言中,双方一致宣称放弃以一方利益为代价谋取单方面优势的努力,不利用地区紧张局势或在世界范围内划分势力范围,因此被尼克松称之为"维护和平应走道路的'交通图'"①,或者被实际上基辛格认为是美苏缓和的线路图。因为尽管宣言并没有具体内容,甚至这些例行的外交文件被批评者攻击为是陈词滥调,但是,自美苏冷战以来,这一文件首次以双方缓和紧张关系为基本原则,大大缓解了冷战以来双方意识形态敌对,预示着美苏关系新模式的到来。而限制战略武器协定的达成为美苏关系的新模式增添了具体的内容,虽然对于基辛格主导的谈判本身所造成的美国具体的得失成败有颇多争议,对于基辛格急于达成协议等方面的批评确实切中要害,但是协议的达成对于两个核大国建立起正常的工作关系意义重大,对于制止双方核武库无限制的危险增长、开启两个核大国在战略武器领域的谈判与合作也同样意义重大。

因此,除了限制战略武器协议之外,峰会达成的协议大多是对美苏关系基本模式的原则性规定,带有较为明显的软约束特征。而尼克松总统最希望在越南问题获得的进展几乎都落空了,俄国

---

① 〔美〕亨利·基辛格:《白宫岁月》第四册,第1588页。

**基辛格**

人并没有在越南问题上对美国人有特别的让步。但是,美苏峰会召开本身对于越南问题以美国人所期望的方式解决就是一个促进:北越最为强大、坚定的盟友如今正在与其势不两立的对手开启一个关系缓和以及合作型的关系模式,正如基辛格所说:"一次成功的首脑会谈肯定会增加河内的孤独感。说到底,我们所要求于苏联人的无非是默许我们单方面的行动,我们正在达到这个目的。"①

美苏首脑峰会期间,电视信号将星条旗飘扬在莫斯科上空的画面带到了美国人的客厅中,而三个月前,美国人同样看到了星条旗飘扬在北京的上空。美国与两个最重要的冷战对手都建立起正常的工作关系,改变了双边关系模式,而这两个对手之间却处于严重的对峙状态。莫斯科美苏峰会的成功举行也宣告尼克松、基辛格致力构建的全球战略三角关系的基本形成,在初步显现的全球战略三角关系中,美国居于枢纽地位,是战略大三角的操控者。

除了美国的主导地位之外,这种战略三角关系并不均衡,华盛顿与莫斯科、华盛顿与北京的关系无论是具体内容还是关系性质都有显著的差异。这样的不均衡三角关系在基辛格对北京的第四次访问中表现得非常充分,这次访问是在美苏峰会之后的次月。与前几次特别是第一次秘密访问相比,第四次访问的重要性显然不可同日而语,但对于理解美中苏三角关系的特征却非常重要。基辛格后来在回忆录中谈到他对北京的多次访问(在任期间他总共访华九次)总是不厌其烦、事无巨细地记录双方会谈的诸多细节以及轶闻趣事,但是对于这一次重要的访问只是匆匆提及,并且语

---

① 〔美〕亨利·基辛格:《白宫岁月》第四册,第1583页。

焉不详。当然,其他的资料来源也很少涉及这一次访问的具体细节。解密后的美国国家安全档案为我们揭开了其中的秘密:基辛格的回忆录出版于1977年,而当时正值中美密切合作,共同应对苏联战略威胁的关键时期,但两国在当时并未建立正式的外交关系。在这个时候披露如此敏感的中美合作谅解既不现实,也不可能。

1972年6月19日,在首次访华差出不多一年之后,基辛格开始了第四次北京之行。虽然中美关系已经今非昔比,尼克松总统实现了历史性的对华访问,两国关系完全脱离了尖锐敌对的战略路径。但是,两国之间依然存在诸多难解的矛盾和分歧,长期敌对导致的互信不足时时困扰着双方的决策者。特别是台湾问题的存在以及两国关系并没有实现正常化,双方关系很难有更大的进展。此外,在中国边境的南边,美国刚刚发起了一场大规模的空中军事行动,报复越南北方的春季攻势。美国还在海防港布雷,封锁越南的对外交通,切断其军需来源。美国的战争升级行为遭到中国的强烈抗议,中国也采取了一些具体措施帮助越南,例如向越南派遣扫雷部队等。在这样的氛围下访问北京,基辛格虽然不像他的第一次中国之行那样觉得前途莫测,但也不免忐忑:中国人会不会像前面几次那样热情接待呢?

事实证明,基辛格的担心是多余的:中国对越南的援助是基于两国、两党间的传统友谊,但中国不会因此牺牲自己根本的战略利益,更不会置自身的战略安全不顾,而通过中美关系的改善优化战略环境,应对来自苏联的威胁是当时中国的基本战略选择。中国的决策者认为这两者可以是并行不悖的。在向尼克松总统提交的备忘录中,基辛格写道:

基辛格

在我们的访问中,我们的中国主人自始至终都表现出特别热情与友好的姿态,特别是考虑到当时的(国际)环境就更是如此了。显然,中国人已经决心不让越南的局势成为改善中美关系的拦路石;显然,过去的一年中所建立起来的这种良好关系可以说毫发无损,并且他们还有意维护这种关系。①

从6月20日至23日凌晨,基辛格与周恩来率领各自的团队连续几天举行了总计超过10个小时的广泛商谈,议题从日本问题、德国问题到南亚局势、美苏缓和,当然双方关注的焦点还是集中到与双方根本利益更为相关的苏联威胁、越南战争以及台湾问题。基辛格此次北京之行的基本目的是向周恩来通报莫斯科峰会的情况,基辛格希望"全面通报莫斯科峰会的基本情况来消除中国人对两个超级大国合谋对付中国的所有担忧"②。因此,20日的会谈一开始,基辛格就率先表示:"我相信总理知道我们在莫斯科没有干相互利用的事情。我们之所以和你们做这种事情是基于我们对两个共产主义盟国不同政策动机的评估。"③实际上,不仅仅是为消除中国人的疑虑,基辛格在后面的会谈中还进一步表明了美国在战略三角关系中的立场,那就是偏向中国的基本政策路径。

在与周恩来谈论到美苏莫斯科峰会中有关不首先使用核武器的问题时,基辛格回答道:"我们可以宣布放弃使用武力,但是当一个国家毫无约束地向一个我们认为对于我们和世界的安全至关重要的地区肆意发动进攻的时候,我们非常难于鉴定一项协议。如

---

① FRUS, Volume XVII, China 1969—1972, p. 998.
② Jussi Hannhimäki, The Flawed Architect: Henry Kissinger and American Foreign Policy, p. 232.
③ FRUS, Volume XVII, China 1969—1972, p. 913.

果在常规手段已经不够使用的情况下,我们不能考虑放弃使用核武器。我们不能接受在世界的任何地方出现另一个捷克斯洛伐克。"面对基辛格这种对苏联政策的强硬姿态,周恩来不为所动,说道:"当然,从某种意义上说发生这样的事件可能性不是太大。"基辛格表示同意总理的观点,但进一步指出:"这些是最让我们担忧的问题。最为可能的情形是我们不用担忧核武器的问题,但是我认为有两个地方必须要有所考虑……其一是对欧洲的进攻,另外就是将整个亚洲置于一个欧洲权力中心控制之下的一次进攻。"基辛格这里所指的后者显然是指苏联可能对中国发动的进攻。而在这种情况下,美国不会坐视不管,按照前面基辛格表示美国不能考虑放弃使用核武器,因此,基辛格似乎是在暗示会向中国提供核保护伞。周恩来虽然没有反对基辛格的提议,但也没有表现出特别的热心,"的确可能会有那种野心,但问题是这种野心能否实现"①。不过,基辛格从中国对他的热情周到的接待、双方开诚布公的讨论方式以及双方在一系列问题上的默契与共识上,充分认识到中国对维护、促进中美关系发展的强烈愿望,在他写给尼克松有关此次访华情况的备忘录最后,基辛格写道:"我们两个国家之间已经建立起了一种超乎寻常的关系。"他还特别援引叶剑英副主席对中美会谈的总结来解释中方对这一密切关系的认识:"我想进一步指出,我们之间不仅没有利益冲突,而是在我们两国人民之间存在长久友谊的历史。太平洋两岸的和平将保障世界和平。"②基辛格在这里提到的"一种超乎寻常的关系"可以与他所提到的"一个心照

---

① *FRUS*, Volume XVII, China 1969—1972, p.926.
② Ibid., pp.1000—1001.

基辛格

不宣的中美联盟"①画等号。他在尼克松访华前与尼克松讨论即将产生的中美联合公报（即后来的《上海公报》）的文本时，提到了"一个心照不宣的中美联盟"概念。基辛格的结论是："在你（指尼克松）访问中华人民共和国四个月之后，这次最近对北京的访问加强了我形成的信念：我们已经和中国人建立了一种独特的联系，双方对此都特别珍视并力图进一步加强这一关系。"②这样的政策转变可以说充满了戏剧性，从1972年开始，中美关系不仅脱离了以前的敌对轨迹，而是朝向一个更为密切的合作关系发展，其密切程度已经达到准盟友的关系水平。这样的政策后果与尼克松、基辛格主动的政策倾向相关，同时也与战略三角关系的结构动因密不可分：一方面美苏关系依然是国际体系基本的结构性力量，因此对苏联的缓和政策是美国改变政策困境的基本政策选择；但作为三角关系中最为弱势的一方，中国与苏联的尖锐敌对关系状态使其成为最缺乏政策灵活性的一方，因此中国对于美国的缓和政策越来越不安，为保持对中国的影响力，基辛格于是采取向中国提供坚定的承诺来保护中国的利益，以抵消中国的日益增长的疑虑，从而继续保持美国在战略三角关系中的枢纽位置。

**中国崛起与中美关系**

冷战结束后二十多年，国际体系发生了重大变化，这一变化的基本路径是美国经历了迅速获得国际体系的支配地位并逐渐被削弱的过程，虽然其主导地位并没有实质变化。与之相伴随且意义同样重大的是，中国在国际体系中的地位逐渐提升，就国际体系物

---

① *FRUS, Volume XVII, China 1969—1972*, p.670.
② Ibid., p.1002.

质力量的分布来说,中国已经成为无可争议的第二大强国。虽然中国的战略影响力仍然局限于东亚区域,但其经济影响力已经遍布全球。国家战略地位的变化必然带来中美两国关系互动模式的变化,双边的战略对称性大大增强,美国在双边关系中的战略主导地位不复存在。这样的巨大变迁可以使许多当时的预言家目瞪口呆,也超出了绝大多数战略家的预期,而这一变化的起点可以追溯到70年代初期中美关系从敌对向合作的巨大转变。

弹指一挥间,这一巨大的转变已经过去了四十多年,当年的战略谋划者中,毛泽东、周恩来、尼克松等早已作古,只有其中最年轻的基辛格仍在世,年过九旬的基辛格虽然大大减少了公开活动的频率,但依然活跃,以中美关系四十多年战略演变的唯一见证人的身份继续维护、推进这一关系的发展。四十多年中,无论是全球战略格局还是中美关系以及中美两国本身,都发生了巨大的变迁,尤其是国际格局和中国国内的政治经济状况以及全球地位而言更是在当年难以想象的。中美关系四十年间最为深刻的变化表现在双方最初的接近仅仅基于共同的地缘战略利益,并且是由最高领导人主导的高层政治联系,因此高度依赖于政治领导人的战略远见,而今天的中美关系深入发展到政治、经济、军事、文化等诸多领域并渗透到两国民众的日常生活中,它既包括政治上的协调、经济上的相互依存,也包括在反击恐怖主义等全球性问题上的合作以及在维护地区稳定、应对热点地区局势、促进地区和全球经济繁荣与发展等多重因素,是一种全方位的整体互动,因此很难为某一个人或集团所改变。在这四十多年间中,基辛格在不同时期倡导的美国对华战略随局势的变化有不同的侧重,但有一个根本的战略立足点没有改变,那就是基于对中国文化与外交传统的理解之上的,将中国视为美国进行外交协调的战略伙伴的基本理念。

## 基辛格

冷战结束重构了全球地缘政治格局,美国成为唯一的政治经济军事大国,继承苏联大国地位的俄罗斯则沦为二流国家,而中国地位则迅速上升,特别是新世纪以来中国经济发展的一个重大后果就是中国成为全球第二大经济体,其区域和全球影响力迅速上升。伴随着中国经济利益扩展到区域外的地理空间,为保证这一利益的实现,特别是维护至关重要的能源与原材料供应,中国开始了更为快速的国防现代化。虽然区域和全球特别是美国都受益于中国的经济发展,但这一变化在战略层面则被有些人将"中国崛起"演绎成"中国威胁",中国日益被认为构成对美国主导地位的挑战。从冷战结束迄今也经历了国际格局混沌不清到基本确立的过程。基辛格在他熟悉的战略观察家的位置,在不同时期就当时的战略热点继续发挥其影响力,他所著的《大外交》《美国需要外交政策吗?》等大部头著作勾勒了一幅完整的后冷战时期美国全球战略蓝图,而美国的对华战略无疑是其中最为引人注目的部分,这些见解无论是对政策研究界还是对战略决策层都产生了一定影响力。

在基辛格所勾勒的俾斯麦式的大国均势体系中,亚洲大国间的关系与19世纪欧洲均势体系非常类似,作为亚太国家的美国应当像英国维持欧洲均势一样,扮演亚洲均势维持者的角色。由于在亚洲建立共同安全体的前景非常渺茫,因此基辛格的建议是:"美国最终影响事态的努力主要取决于与亚洲主要国家间的双边关系。"①这些双边关系中,以美日关系、美中关系最为重要,特别是美中关系是亚洲稳定的关键,他强调,"作为一个有着漫长的独立

---

① Henry Kissinger, *Diplomacy*, p. 828.

外交政策历史和将外交政策以国家利益为基础的传统,中国欢迎美国参与亚洲事务,以制衡它所担心的日本、俄罗斯以及从更低的程度上还有印度",美国应当尊重中国的文化和历史的独特性,建立中美间的战略合作,"中美关系的关键是——矛盾的是,在人权问题上也是如此——默默地在全球战略,尤其是亚洲战略上进行合作"①。

基辛格也认识到冷战后全球地缘战略格局最为引人注目的变化即中国的崛起,"中国正在走上超级大国之路。……中国的国民生产总值将在21世纪第二个十年结束之际赶上美国。在此之前,不管中国的政策实际上会被证明是多么的有节制,他的政治和军事阴影将笼罩亚洲并影响其他国家的算计"②,并且中国是"具有最大的潜力在新世纪的某一天成为美国的竞争对手的国家"③。基辛格的预言虽然谈不上先知先觉,但他在世纪之交时已经敏锐意识到这一现象的战略含义。

2003年11月,在美国得克萨斯州农工大学举行的中美关系研讨会上,基辛格再次强调自70年代早期中美建立外交关系以来发生了两件具有历史意义的全球性事件,"第一是苏联的解体,第二是中国成为世界大国"④。但是,基辛格并不认同所谓的"中国威胁论"。2002年4月,基辛格在上海纪念《上海公报》发表30周年的会议上指出:"那些相信与中国对抗可以作为国家战略的人不理解

---

① Henry Kissinger, *Diplomacy*, pp. 830—831.

② Ibid., p. 826.

③ Henry Kissinger, *Does America Need a Foreign Policy?: Toward a Diplomacy for the 21st Century*, p. 146.

④ "Kissinger: China-U. S. Relations Emerged From Nothing", http://www.tamu.edu/univrel/aggiedaily/news/stories/03/110503—11.html.

**基辛格**

现在和将来国际体系的动力学。"① 他认为:"中国的对外政策是长久的,耐心的。在北京看来,地缘政治的挑战不是来自邻国的征服,而是防止它们联合起来反对中国……与美国的冲突将使中国巨大的周边地区的所有国家自由地追逐他们的各种野心和要求。一个更为审慎的中国政策路线应当贯彻其传统治国之术的基本准则——使远方的蛮夷反对邻近的蛮夷(远交近攻)。在这样的背景之下,美国处于塑造中国地缘政治选择的地位——正好是一个可能的安全网络,而不是固有的敌对。总之,尽管会有波动,特别是在台湾问题上,这事实上已经成为中国政策的核心。"② 他认为美国的亚洲政策在于"反对任何大国支配亚洲是美国的国家利益所系……但是明智的美国政策是努力防止出现这一后果。它要求与亚洲的所有主要大国培育合作关系,以在局势需要时保留联合行动的可能性。但是它也需要向中国传递这样的信息,即反对霸权的同时,美国优先考虑一种建设性关系,并且美国将促进而不是阻碍中国参与稳定的国际秩序。与中国对抗应当是最终的选择,而不是战略选择"③。就中国正在进行的军事现代化步伐,作为早期的核战略专家的基辛格也有非常专业的见解,由30余枚液体燃料推动的单弹头的战略导弹本质上是防御性的,与苏联时期的数千枚固体燃料推动的多弹头导弹不可同日而语,即使中国以后有了多弹头固体燃料推动的战略导弹,美国的导弹防御体系也能维持一个战略平衡。至于中国的常规力量则要应对强大的军事邻国,

---

① "Kissinger warning on U. S.-China ties", http://www.cnn.com/2002/WORLD/asiapcf/east/04/15/kissinger.china/.

② Henry Kissinger, *Does America Need a Foreign Policy?: Toward a Diplomacy for the 21st Century*, p.147.

③ Ibid., pp. 135—136.

"这将使中国的外交不可能同时威胁其所有的邻国",总之,"在可以预见的几十年内,美国拥有外交、经济和军事优势,允许美国塑造未来而不必先发制人地对抗中国"①。显然,在中国没有意愿和能力挑战美国的时候,对抗也不会给美国带来更多的战略利益,反而可能导致美国战略机动性的丧失。他呼吁美国的中国政策应该更具现实感,因为合作是双方的需要,"问题不在于怎么样为这一关系贴标签而在于其内容是什么。合作关系不是哪个国家给予对方的恩惠,而是两国有着共同的利益"②。

基辛格同时认为,中国的崛起将改变世界政治地图,"在接下来的几十年,中国和亚洲的崛起将使国际体系发生巨大的重构。世界事务的中心将会从过去三个世纪所在的大西洋向太平洋转移"。但是,将冷战后的中国类比为20世纪之初的德国"是危险而错误的",毕竟除了同样都是由于迅速崛起导致战略格局的重组之外,中国和当时的德国所面临的战略环境、战略文化有着根本差异。中国在亚洲面临俄罗斯、日本、印度等军事强国的竞争,还有台湾问题的掣肘,因此"当中国确定其合作的意愿、否定军事挑战时,其所表达的与其说是一个战略偏好,不如说是一个战略现实"。因此,遏制中国的政策显然脱离了亚洲的战略现实,"美国与中国合作关系的政策的利益在于造就一个稳定的国际体系"③。

基辛格对中国历史文化、外交传统的认识使他认为中国外交政策具有自制的特征,并且在可预见的将来,中国也没有军事能力

---

① Henry Kissinger, *Does America Need a Foreign Policy?: Toward a Diplomacy for the 21st Century*, p. 148.

② Ibid., p. 149.

③ Henry Kissinger, "China: Containment Won't Work," *The Washington Post*, Monday, June 13, 2005, A19.

**基辛格**

在亚洲推行霸权政策。他主张与中国建立真正的战略对话关系,至少"在转向抵抗之前,要给合作关系一个机会"①。因此,对基辛格而言,21 世纪的中国不是一个危险的外交对手,而仍然是能够在对话的基础上进行外交谈判的合作伙伴。② 他写道:"尽管存在文化差异,中美对话自尼克松政府开启以来一直是以后历届政府非同寻常地坚持的政策,并使之成为长期关注的政策。从许多方面来说,它是 20 世纪美国外交政策中最为始终如一的两党共同的外交政策。"③基辛格还从更为广阔的全球背景强调新世纪中美关系的重要性:当新世纪开始,中国与美国之间的关系完全能够决定我们的后代是生活在一个比 20 世纪还要糟糕的混乱状态还是见证一个与普世的和平、进步渴望相一致的新的世界秩序。④

对中国历史文化及其与对外政策行为关联的深入思考,以及中国已经成为国际体系中的第二大国的事实,促使基辛格在他年近九旬之时出版了一部系统考察中国问题的宏大著作——《论中国》,当然还是以独特的基辛格风格构建其叙述体系。一如十多年前的那本《大外交》,《论

基辛格的《论中国》

---

① Henry Kissinger,"A World We Have Not Known,"*Newsweek*,January 27,1997.

② 笔者注意到理查德·伯恩斯坦和罗斯·芒罗在《即将到来的美中冲突》一书中将基辛格主张中美合作的政策归因为基辛格在中国有巨大的经济利益,虽然不无道理,但其逻辑却失之肤浅。见该书中译本,新华出版社 1997 年版,第 94—99 页。

③ Henry Kissinger,*Years of Renewal*,p.142.

④ Henry Kissinger,"China:Containment Won't Work," *The Washington Post*,Monday,June 13,2005,A19.

中国》的分析和结论也是建立在历史文化的叙述的基础之上,基辛格从中国古典文明及战略观念的起源开始,回顾了中国近代以来的重大外交事件及其主要决策者,特别是他亲身经历的中美关系四十余年的演变过程。这种宏大叙事与权威的私人叙事的结合使该书产生了一种独特的魅力,不仅激发阅读兴趣,其结论也让人难以辩驳。基辛格旨在为纷扰不断的中美关系勾勒出一张线路图。

中美两国战略互疑的加剧引发了一些学者对两国重蹈大国权势转移激烈冲突覆辙的担忧。基辛格并不想重复那些权势转移的理论说教,而是直接把读者拉回到历史冲突的情景中。第一次世界大战之前英德关系从对立冲突到直接兵戎相见的演变被认为是对权势转移理论的经典诠释。基辛格并不避讳,他从分析一战前的一份重要文件《克劳备忘录》入手。爱·克劳是一位有一半德国血统的英国外交部官员,他于1907年元旦上交了一份名为"英国与法德关系现状"的备忘录,精辟地分析了欧洲的政治结构和德国的崛起。他提出的关键问题是……当前欧洲的大国间的危机是因德国的崛起而唤起了对新兴大国的自然抵抗,还是由某些具体的、可以避免的德国政策所造成。或者说危机是由德国的能力抑或是德国的行为造成的呢?克劳的结论是冲突是这一关系的性质所固有的,结构元素排除了合作甚至信任,德国的意图已无关紧要,早在1907年已经不再有任何外交活动的运作空间;问题已成为谁会在危机中退却,只要该条件没有实现,战争几乎是不可避免的。①

不幸的是仅仅七年以后,克劳的预言变成了现实,整个欧

---

① Henry Kissinger, *On China*, pp. 518—519.

基辛格

洲——人类文明最发达的地区陷入了人类历史上最野蛮的厮杀之中。既有逻辑的可靠性,又有历史预见性的"克劳备忘录"现在越来越多地被用来分析现在的中美关系,其分析与结论正为太平洋两岸广为接受:不管中国的动机与意图何在,克劳流派的分析都会认为一个成功"崛起"的中国,与美国在太平洋乃至世界上的位置不相容。美国方面的辩论还在克劳的均势分析路径之外增加了意识形态的论争。新保守派和其他活动家认为民主制度是信任关系与信心的先决条件,而非民主社会本质上是不稳定并倾向于使用武力的,其政策路径将政权变更作为美国对非民主社会政策的最终目标。在中国方面的必胜主义流派则与美国上述的辩论秉持相同的逻辑,中美关系的冲突性质是与生俱来的,本质上是零和博弈,是一场"马拉松大赛"和"世纪对决",要么大获全胜,要么一败涂地,"如果中国在 21 世纪不能成为世界第一,成为头号强国,那么就会沦落为被唾弃的落后者"。幸运的是,美国版的克劳备忘录和中国的必胜论分析都没能得到两国政府的赞同。尽管如此,这样的观点却成为中美两国的战略思考的一个重要的潜台词。如果任何一方采用这些观点所提出的那些假定,并且只要一方就会使冲突变得不可避免——中国和美国将很容易陷入这种不断升级的紧张关系漩涡之中。①

对于这种脱离特定历史条件的简单类比,基辛格虽然比较慎重,但他直截了当地指出,"过去(历史)不必成为今天的序曲",因为今天的世界与一个世纪以前已经大相径庭了,"当他们获知战争结束时世界的面貌时,那些在 1914 年如此了无牵挂卷入世界大战

---

① Henry Kissinger, *On China*, pp. 520—521.

的领导人还会这样做,这令人高度怀疑。一场发达的核国家的大战必然带来巨大的伤亡和动荡,与那些预计的目标相比完全不成比例"[1]。有两方面的理由使这种自我实现的预言很难在中美关系中重现。一方面中美双方实际上都无意采纳一种对抗性的政策,"因为在一场现实的冲突中,双方都有能力和智慧使各自遭受灾难性的损害。当任何一种类似的假设的大灾难结束的时候,所有的参与方都将耗尽元气、筋疲力尽"。相反,目前双方的当务之急不是着眼于冲突,而是"构建一个两个国家都是重要成员的国际秩序"[2]。基辛格认为两国冷战时期的战略都已经过时,美国面对的不是一个经济体系封闭的苏联帝国,因此美国的遏制战略不仅不能对付中国,反而会伤及自身,"一场长期的中美对立将改变世界经济,给各方带来混乱的严重后果"[3]。同样,中国以冷战时的对苏战略针对美国也不会奏效,中国不可能像冷战时期那样将苏联势力排斥出亚洲那样排斥美国,因为美国在亚洲的存在符合大多数亚太国家的战略利益。对于中国的军事现代化,基辛格给予了比较正面的评价,"中国最近的军备建设本身并非一个反常的现象:如果世界的第二大经济体和最大资源进口国不将其经济力量转变为一种更大的军事能力,这反而是一种更为反常的结果"。同时,中国面对的复杂地缘政治状况很大程度上排除了其采纳一种与美国军事对抗的战略。北方的俄国,东边与美国的结盟的韩国与日本,南边的越南与印度都是具有军事传统的国家,中国的武力扩张

---

[1] Henry Kissinger,"The Future of U. S. -Chinese Relations: Conflict is a Choice, Not a Necessity", *Foreign Affairs*, March-April, 2012. 该文选自基辛格为《论中国》一书写的后记,代表了他对中美关系前景的最新观点。

[2] Ibid.

[3] Ibid.

**基辛格**

政策必然会导致这些国家密切地合作,因此中国的战略担忧不是征服能否实现,而是对可能被充满敌意的国家包围的担忧,"激进的中国外交政策会增强这些国家中部分甚至全部之间的合作,它会唤起中国的历史梦魇"①。

另一方面在于中国面临国内问题的巨大挑战。中国的经济处于转型时期,从简单的高投入、低附加值的产业模式向产业创新、高附加值、低能耗的模式转变是一个较长时期、复杂、艰苦甚至充满危险的过程,与此相关的中国社会的转型、人口老龄化,以及社会福利等艰巨挑战。此外,中国的政治转型任务同样艰巨,2012年新上任的领导集体需要适应变动的国内、国际环境转变方式,"将要出现的政府模式很可能是现代观念与中国传统政治、文化观念的一种综合,而寻求这种综合将不断成为未来中国演变的看点"。因此,"一个国家面临如此巨大的国内任务是不太可能将其自身投入到一场战略对抗或者寻求世界征服中,更不用说自动投入了"②。

那么未来中美关系的模式将会呈现怎样的形态呢,基辛格提倡一种源自生物学领域的概念"共同演进","中美国关系的合适标签不是伙伴关系,而是'共同演进'。这意味着两国致力于处理国内的当务之急,在可能的情况下合作,并相应调整关系以尽量减少冲突。任何一方都不赞同另一方的所有目标,或假定完全的利益一致,但双方设法确定和发展互补的利益"③。这种共同演进的前景就是基辛格为中美关系设计的一个更为美好的合作框架——

---

① Henry Kissinger, "The Future of U. S. -Chinese Relations: Conflict is a Choice, Not a Necessity", *Foreign Affairs*, March-April, 2012.
② Henry Kissinger, *On China*, p. 525.
③ Ibid., p. 526.

太平洋共同体。"建立二战战后国际秩序的一代人最伟大的成就之一就是创立了大西洋共同体的概念。一个相似的概念能够代替或者至少缓解中美之间潜在的紧张关系吗？它应当反映美国是一个亚洲大国的现实，这是许多亚洲国家的强烈要求。同时它必须适应中国扮演世界大国角色的愿望。"①

经历了第二次世界大战和持续四十多年的冷战这样的巨大人类冲突，基辛格希望中美关系摆脱冲突的宿命，他对中美关系这种新型大国关系寄予厚望。值得欣慰的是目前中美关系并没有脱离2011年初胡锦涛主席和奥巴马总统的共同声明中所指出的"积极、合作、全面发展的中美关系"的演进路径，令他忧心的是潜在的冲突因素时时刻刻困扰着双边关系的发展。对于"太平洋共同体"的图景，基辛格自信满满，但是这代表了一种美好的愿景，至少会成为中美关系发展的正面呼声。他指出避免悲剧性冲突是摆在两个国家间的历史责任，"中国和美国不必超越大国竞争的一般程序。但是，他们对他们自己及整个世界负有责任努力实现这一目标"②。

---

① Henry Kissinger, *On China*, p. 528.
② Henry Kissinger, "The Future of U. S. -Chinese Relations: Conflict is a Choice, Not a Necessity", *Foreign Affairs*, March-April, 2012.

# 第四章 越战透视镜：大国与地区冲突

1969年1月20日，尼克松就任总统时，美国面临的最为紧迫的议题是久拖不决的越南战争。当时，美国有50万以上的军队驻扎在越南，美国在越南的作战费用达到300亿美元。1968年至1969年1月18日，总共有14958名美国人在越南阵亡，这使美国在越南战争中阵亡人员的总数上升到3.1万人。在尼克松就职的那一天，华盛顿的示威群众高举着"胡志明！民族解放阵线将获胜！"的标语牌走上街头，结果尼克松只好躲在防弹汽车里前往白宫就职。尼克松能在大选中获胜是因为他承诺要结束战争，将美国青年带回家。因此，对尼克松政府来说，越南问题成为当时最为紧迫的议题。

久拖不决的战争严重地损害了美国的战略地位，大大限制了美国外交的灵活性，同时造成了严重的国内分裂。基辛格写道："尼克松政府担当了将美国从其第一次不成功的战争中撤离的责任，也是第一次从这样一场海外义务中撤离，在其中美国的道德信念与实际可能性发生了冲突。很少有对外政策会这样令人痛苦；

也没有一个国家能经历这一转折而没有苦痛煎熬。"①在国家安全委员会会议上,尼克松点出了越南问题的核心:"什么比南越更为关键,这就是亚洲以及整个世界的平衡将发生变化。假如我们不能够成功地以我们的想法结束战争,以我们的想法阻止侵略者达到它的目的,那么整个共产主义世界的鹰派势力就将更进一步地推动领土扩张……如果一个伟大的力量在实现它的目标时失败了,它便不再是伟大的力量了。当一个伟大的力量只着眼于内部、无法兑现它的承诺,那么它的伟大就已经衰落了。通向和平的道路是艰难的,但是我们会朝着这个方向走下去。"②

**美国国内的反越战游行**

**退出战略:体面的和平**

大选结束后,尼克松就开始与基辛格讨论结束越南战争的问题。对这个搞垮了约翰逊政府的棘手问题的解决前景,尼克松和他的顾问都相当乐观。基辛格曾对哈佛大学的前同事说:"请放心,不消几个月我们就可以摆脱出来了。"他说迅速解决的前景"十分乐观","给我们六个月时间,到时如果我们还没有结束战争,你

---

① Henry Kissinger, *Diplomacy*, p. 674.
② 〔美〕理查德·里夫斯:《孤独的白宫岁月——近距离看到的尼克松》,第62页。

们回来把白宫的铁栏杆砸烂好了"①。

尼克松政府之所以对解决越南问题如此信心十足,是因为他们认为已经为解决这个问题做好了理论准备。上台前,尼克松有8年时间来考虑美国面临的这个头号难题,而他的智囊也拟出了结束这场战争的方略。两人都认为,越南问题之所以变得如此不堪收拾,完全是因为约翰逊政府没有一个计划,没有一个战略指导方针,既不能取胜,也不能脱身,只得身不由己地从一个灾难滑向另一个灾难。然而,新政府就不一样了。他们相信,只要公式用得对,武力和外交结合得好,就可以产生约翰逊多年来未能到手的那种奇迹。因此,他们结束越战的时间表是以月计而不是以年计的。

尼克松与基辛格

尼克松也明白结束越南战争的重要性。大选期间,尼克松原准备就越南问题发表一个演说,可约翰逊总统抢先宣布了对北越部分停炸,并且宣布放弃竞选连任总统。这样,尼克松的演说就失去了意义,他决定不再就越南问题发表演说。那篇演讲稿后来收入担任尼克松演说起草人的理查德·惠伦的内幕著作《别让旗子倒下》一书,从中可以看出尼克松的越南战略的一些梗概。

尼克松在惠伦起草这篇讲稿时曾说:"我得出了结论,没法打赢这场战争。当然我们不能那样说。实际上,看来我们只好说些

---

① John G. Stoessinger, *Henry Kissinger: The Anguish of Power*, p.51.

相反的话,这完全是为了保持一定程度的讨价还价的本钱。"①1968年2月,越共发动了春季攻势,美国的民众通过电视直播看到了越共攻打美国大使馆的情景。尽管越共遭到了重创,但美国人却被战争的残酷所震撼,许多人认为美国已经战败了。盖洛普民意测验显示,在春季攻势之前,只有8%的美国民众认为美国在越南打了败仗,但到了春季攻势之后,这一比例却上升到了23%,而且,61%的民众认为即便美国没有战败,也已经被打得一蹶不振。② 盖洛普民意测验显示,超过51%的美国人认为越南是美国所面临的最重要的问题。在尼克松任职的1969年1月,57%的受访者认为,该是逐月减少在越南的美国兵员的时候了。③ 随后美国出现的反战狂潮使尼克松意识到,不管美国事业的价值如何,也不管美国赢得这场战争有多少机会,对下一届总统来说,问题已经不在于是否需要撤军回国,而在于如何撤军以及撤军以后留下什么。④ 因此,从一开始,尼克松就拒绝把大规模军事升级以打赢战争作为一种可行的选择。

越南问题本不是基辛格的专长,但作为一位现实主义理论大师,他不可能看不到越南战争对美国国力和战略的影响,而且他蛰居的哈佛大学是反对越南战争舆论的温床,这对他也有一定程度的影响。自始至终,他对前政府的越南政策持批评态度。60年代初,肯尼迪宣布向南越派遣1.6万名军事顾问,基辛格就认为此举

---

① Richard Whalen, *Catch the Falling Flag* (Boston: Houghton Mifflin Company, 1972), p. 137.
② 〔美〕理查德·尼克松:《不再有越战》,世界知识出版社1999年版,第108—109页。
③ 〔美〕丹·考德威尔:《论美苏关系》,第68页。
④ 〔美〕理查德·尼克松:《不再有越战》,第112页。

基
辛
格

必定失败,1.6万名军事顾问要完成20万法国军队所没有完成的任务,这是不可能的。当驻南越的美军顾问人数达到5万的时候,他又预言:对美国而言,印度支那战争是一场灾难。①

1965年7月,约翰逊总统委派亨利·卡伯特·洛奇出使西贡,洛奇要求负责东亚和太平洋事务的助理国务卿威廉·邦迪在他当大使期间委任基辛格为国务院顾问。洛奇后来回忆道:"约翰逊建议我从外面找一些人出出主意,提一些新点子,因为他感到他那班常年顾问提上来的都是老一套,而他需要的是一些新鲜思想,因此我想了一想,便请了基辛格。我当年在哈佛国际问题研究所就同他很熟,对他的才干很钦佩。"②不到一个月,基辛格的任命就批准了。越南战争成了亨利·基辛格进入约翰逊政府的敲门砖。

1965年,美军用汽油弹轰炸西贡南部。

1965年10月,基辛格与克拉克·克利福德一起出访西贡,就美国的越南政策作出评估。当时,丹尼尔·埃尔斯伯格要基辛格不要在官方组织的汇报中浪费时间,也不要在某机构的头头在场时听取汇报。他应该向那些在越南待了很长时间的人、经常在城乡之间往返的人、会说越南语的人之间了解情况。埃尔斯伯格向基辛格提供了一份详尽的了解越南情况的人员名单,名单上既有

---

① John G. Stoessinger, *Henry Kissinger: The Anguish of Power*, p.50.
② 〔美〕马文·卡尔布、伯纳德·卡尔布:《亨利·基辛格》,第100页。

美国人,也有当地的越南人,并告诫他要与这些人进行不拘礼节的谈话,以便让他们坦率直言。埃尔斯伯格对那些来到越南的高官讲过同样的话,但几乎没有人相信。埃尔斯伯格说,当年罗伯特·麦克纳马拉也访问过西贡,可他就是因为偏听偏信,最后上了大当。①

基辛格接受了埃尔斯伯格的劝告。他同各方面的掌权人物进行了商谈,也向佛教领袖、知识分子、村长、记者们征询意见。埃尔斯伯格回忆了当时的情景,这样评价基辛格说:"他是一位天才的询问者,他提出的问题是切中要害的。他为谈话做笔记,他认真地倾听对方的意见,而且确实从中得益良多。"②

两周以后,基辛格一行离开了西贡。这次西贡之行,使他对越南问题有了全新的认识。他认为,美国卷入了一场既不知道如何取胜,也不知道如何结束的战争。轰炸是半心半意的,而且是逐步进行的,既不能摧毁敌人的军事力量,又足以激起全世界的反对舆论。北越进行的是一场游击战,而美军打的是一场正规战,游击战不败就是胜利,而正规战只有胜利,否则就是失败。拿这个标准来衡量,毫无疑问,美国已经输掉了这场战争。③ 他的结论是:美国在军事上大规模地介入越南事务,不仅轻率,也很可笑。④

《洛杉矶时报》头版登出了其远东记者杰克·福伊西写的一条消息,说他们"回国时深感震惊","在越南政府(指西贡政权)当前和未来的领导人中,几乎完全缺乏政治上的成熟性和无私的政治

---

① Daniel Ellsberg, *Secrets: A Memoir of Vietnam and the Pentagon Papers* (New York: Viking, 2002), pp. 228—229.
② Ibid, p. 229.
③ 〔美〕亨利·基辛格:《白宫岁月》第一册,第 294 页。
④ John G. Stoessinger, *Henry Kissinger: The Anguish of Power*, p. 50.

**基辛格**

动机"①。在回华盛顿的途中,基辛格在兰德公司作了短暂停留,报告他南越之行的调查结果。当时在场的一位有名的东南亚问题专家后来回忆道:"这是我所听到过的对这场战争最精辟的分析。他了解军事形势、政治形势,对于交谈过的越南人,谁个的话值得听,谁个的话要打折扣,他都心中有数。据他估计,我们正在执行的军事战略非常错误,我们不是在进行一场反叛乱战斗,而是在对非常规的敌人进行一场常规战争。我们已经把我们的旗子钉死在西贡一小撮声名狼藉的政客和将军们的旗杆上了。"②回到首都后,基辛格又向国务院和国防部的官员们汇报。麦乔治·邦迪的助手乔纳森·穆尔后来回忆说:"天晓得他对别人讲了些什么!估计谈的内容大同小异,也许是一模一样的,但谁也不知道,根本无案可查。"③

1966年10月,基辛格以国务院某项计划的顾问身份第三次访问南越。这项计划的目标是寻找新的办法来争取越南民族解放阵线(越共),使其在一些省和村镇获得参政的机会。基辛格批评南越政府的首脑阮高其和阮文绍,说其既谈不上民主,也毫无代表性,占南越人口80%的农民在他们的政府中几乎没有或者根本没有发言权。他认为,南越必须把某些边远省份事实上的控制权交给越共,才能诱使他们结束这场战争。埃尔斯伯格说:"这个想法是对头的,可是越共却不吃这一套。他们并不是在寻求一条光荣战败的道路,我们则正是想叫他们走这条路。"④当地的美国顾问声称这个村子"85%平定了",然而几小时以后基辛格就从越南人那里了解到,这个村子每5个人中就有4个向越共纳税。那位美国顾

---

① 〔美〕马文·卡尔布、伯纳德·卡尔布:《亨利·基辛格》,第102页。
② 同上。
③ 同上。
④ 〔美〕西摩·赫什:《权力的代价——尼克松执政时期的基辛格》,第50页。

问说:"越共不敢进村来,村里的人是用邮寄方式向他们交税的。"①这个典型例子完全说明了美国人的想法是多么一厢情愿,更加深了基辛格对越南问题的怀疑。他明确表示,他对国务院这项绥靖计划没有兴趣,他相信它将会完全失败。②

他在《展望》杂志发表文章,说:"越南战争主要有两个问题:撤退会造成不可收拾的局面,谈判是不可避免的。""一个三等的共产党农民国家打败了美国",将使"全世界共产党内部斗争中的最好战派系的地位得到加强"。美国撤出将使美国的东南亚友邦,包括老挝、马来西亚、菲律宾和泰国"灰心丧气"。日本和印度见到美国无力"履行义务",可能将其"长远倾向"从华盛顿移向北京或莫斯科。"如果美国在亚洲表现如此无能,势必也会在其他地方降低对美国诺言的信任。"他的结论是:"我们在越南作战,已不仅仅是为越南人。我们也是在为我们自己,为国际秩序的稳定而战。"③

表面上看,这是另一种版本的"多米诺骨牌"理论,美国政府正是基于这一信念,反对从越南撤退。然而,基辛格并不同意政府要在越南取得军事胜利的内心欲望。他认为这样的胜利是不可能的,因为:"第一,无论莫斯科还是北京,都不愿让北越这个社会主义兄弟国家吃败仗";第二,因为已经有"一个共产党'影子政府'渗透到了南越生活的各方面"。他写道:"越南问题首先是政治问题和心理问题,而不是军事问题。"美国要建立和扩大包括"人口越多越好"的"安全区"才是上策,这样可以"使我们在会议桌上有可靠的谈判筹码"④。

---

① 〔美〕马文·卡尔布、伯纳德·卡尔布:《亨利·基辛格》,第105页。
② 〔美〕西摩·赫什:《权力的代价——尼克松执政时期的基辛格》,第50页。
③ 〔美〕马文·卡尔布、伯纳德·卡尔布:《亨利·基辛格》,第103—104页。
④ 同上书,第104页

## 基辛格

1968年夏,共和党全国代表大会刚刚结束,基辛格就开始撰写关于越南谈判困境的文章。这篇文章后来登在1969年1月号的《外交》季刊上。文章发表前,他曾交给一些人私下传阅,不仅是为了表明自己的观点,也是为了向下一届总统——尼克松或汉弗莱——推销自己的货色。这篇文章为新政府提供了一个通过谈判使美国撤出印度支那的理论依据,因而也就成了以后4年白宫所提出的一切方案的起点。

基辛格指出:"我们打的是军事仗,而我们的敌人打的却是政治仗。我们追求实力消耗,而我们敌人的目的是使我们心理力量枯竭……这就完全使得我们的军事行动和我们明白宣布的政治目标相脱节。除非我们的敌人完全垮台,否则我们的军事部署并不足以作为一项谈判的后盾。"

他分析了1968年越共的春季攻势。从严格的军事观点看,春季攻势是美国的胜利,越共的伤亡相当大,许多地下组织遭到了破坏,但是,在一场游击战争中,纯军事的考虑并不是决定性的因素,心理因素和政治因素至少同样具有重大影响。春季攻势是"美国在越南所作努力的分水岭,从此以后,无论我们采取多么有效的行动,任何战略也不可能在一定时期以内或以美国人民政治上可以接受的武力水平达到其目的。由于认识到了这一点,美国首次对投入越南的军队数量规定了一个最高限额。由于无法得到它所需要的增援,军事援越司令部(MACV)不得不实行一种收缩政策,从而不可避免地走上政治解决的道路。因此,美国的军事战略不能带来胜利,军事行动必须与明确规定的谈判目标一致起来,南越政治必须进行政治改革,以容纳非共产党人,才能生存下去。

基辛格建议,和谈可以采取双轨制来打破僵局。河内和华盛顿将集中解决他们冲突的军事问题,西贡和民族解放阵线("越共")将集中解决南越的政治问题。等到两条轨道都达成了协议,就召开一个国际会议来"拟订对所达成的协议的保证和保障……包括建立维持和平的国际机构的问题"。如果在谈判中"河内表明是毫不妥协的,而战争继续进行下去的话,我们应该争取单方面地尽可能多地实现我们的目标",即美国应该大力加强南越军队,把越来越多的战争责任转到南越人身上,最后使美国可以体面地从南越抽身,留下一个反共的南越政府与北越对抗。至于这个反共政权在美军撤退后能支持多长时间,基辛格并没有明示。① 他以为北越领导人会欢迎这个新方法,因为他们所要的无非是美军全部撤出南越。只是到了1971年,基辛格才明白北越的目标远非如此。

但是,基辛格并不认为美国立即无条件撤军是可取的。他认为大国的行动切忌轻率,即使犯了错误也要信守自己的义务。60年代中期美国的大规模战争升级是一个"悲剧性的错误",但美国并不能承认错误后一走了事。他写道:既然美国在这项义务中投入了50万大军,这就解决了关于越南是否重要的争论②,"……不管我们是怎样陷入越南的,不管对我们的行动如何评论,为世界和平计,必须体面地结束战争,任何其他解决办法只能横生枝节,使国际秩序的前景复杂化"③。在第一次跟随尼克松出访时,法国总统戴高乐曾询问基辛格为什么不愿立即从越南撤出,基辛格表示,突然撤军会给美国在中东地区带来信誉问题。当时法国总统的表示是"奇怪之极",并说只有苏联在中东才有信誉问题。④

---

① Henry A. Kissinger,"The Vietnam Negotiations", *Foreign Affairs* (Vol. 47, No. 2), p. 232.
② Ibid., p. 218.
③ Ibid., p. 234.
④ 〔美〕理查德·里夫斯:《孤独的白宫岁月——近距离看到的尼克松》,第38页。

**基辛格**

在基辛格看来,"美国的荣誉"和"美国的责任"这些原则并不是空话。美国的信义和美国的"荣誉"都押在越南的丛林里,美国撤出越南的前提是不损伤美国的面子:"重要的是,美国不能受到屈辱,不能被搞垮,而是在这样的方式下离开越南,即使是抗议者事后也会认识到,这表明了美国是出于尊严和自尊心而做出的选择。"① 因此,所谓"体面的和平"就是要维护美国作为一个大国的信誉与威望。基辛格认为,不能轻易抛弃一个盟国,因为它是美国维持、巩固其全球联盟体系的根基,"作为民主联盟的领导者,我们必须记住一大批国家和千百万人民把他们的安全寄托在我们心甘情愿地同盟国站在一起这一点上,实际上是寄托在我们对自己的信心上"②。虽然基辛格极力否认"信誉""威望"是虚假的东西,并且还强调其道德内涵,"一个大国仅仅为了使自己从艰苦的境遇中得到喘息的机会而不惜听任一个小国遭受暴政的统治,那是极不道德的,而且对我们要使国际关系最终形成一种更为和平的新格局的努力也是具有破坏作用的"③。但是从基辛格的现实政治观念出发,"信誉"与"威望"既不是空洞的概念,也不是应当被奉为圭臬的价值准则,而成为一项具体的战略资产。

这样的战略资产将大大降低美国的战略成本。美国的盟友和敌人都在注视着美国对越南问题的解决方式,其重要性足以影响到美国与苏联的谈判和整个世界均势的建立:"如果我们在一场大战中屈膝投降,那么在这样的背景下,我们就无法推动苏联朝着必须互相克制的方向前进。如果我们一蹶不振,表明我们对亚洲安

---

① 〔美〕亨利·基辛格:《白宫岁月》第一册,第290—291页。
② 同上书,第189页。
③ 同上书,第289页。

全不起作用,从而失去了我们作为一种抗衡力量的价值,我们也许就不能打开同中国的关系。我们中东外交的成功要看我们是否能使我们的盟友相信我们是可以信赖的,并让他们的对手们相信我们决不接受军事压力或讹诈的威胁。"①

基辛格为美国选择的退出越南的方式是谈判。《越南谈判》一文开宗明义地提出了这一问题。约翰逊政府时期介入越南谈判的经验使基辛格意识到,谈判的方式十分重要,其重要性并不亚于谈判的内容。

尽管尼克松和基辛格都认为美国不可能打赢这场战争,但是,两人却相信,武力在解决越南问题时是绝对必需的。他们认为,约翰逊政府时期,美国外交和战略是在彼此孤立的情况下进行活动的,这是错误的。约翰逊政府的轰炸之所以无效,是因为轰炸时顾忌太多,缩手缩脚。约翰逊和国防部长麦克纳马拉亲自为轰炸计划选择目标,由于担心刺激中国和苏联引起干预,他们限制了攻击的强度和频度。这就限制了美军取得胜利的可能性。因此,问题不在于轰炸无效而取消轰炸,而是要把轰炸增加到最大限度,从而使它变得有效。因此不应该停止轰炸,而应该让轰炸的力度加强,以使北越做出让步。必须有一种策略,让河内重新评估其政策,自己有无能力获得战争的全面胜利,有无可能迫使美国单方面撤军。要做到这一点,就必须使战争升级。关键是,军事行动必须与明确规定的谈判目标结合起来。而且,要使谈判取得进展,就必须在战场上战胜北越,"通过谈判结束战争的惟一办法是向河内和西贡证明西贡能赢"。因此,武力在谈判中显得十分重要。基于这一原则,基辛格和尼克松决定了逐步撤军的方针,同时又决定如果河内

---

① 〔美〕亨利·基辛格:《白宫岁月》第一册,第289页。

**基辛格**

不做出相应的行动,美国就要用最大的暴力来打击北越,从而使战争升级。基辛格写道:"如果河内不妥协,战争继续打下去的话,我们就应当设法单方面尽量实现我们的目标。我们应当采取一种减少伤亡而集中保护居民的战略,从而破坏共产党的政治资本。我们应当继续加强西贡的军队,以便使美国能逐步撤走一些军队。西贡应当扩大它的根据地,以使它有更大的力量来同共产党进行它迟早终得进行的政治竞争。"①

在结束越南战争的问题上,尼克松的观点与基辛格完全一致。作为一个反共斗士,尼克松并不认为美国介入越南事务是一个错误,同样,他也是多米诺骨牌理论的信奉者,相信南越的"沦陷"会导致共产主义在东南亚的蔓延。1969年5月12日,尼克松在会见新加坡总理李光耀时表示,将美军立即撤出越南对亚洲包括像日本和印度这样的国家都是灾难性的,欧洲也会受到影响,而影响最严重的将是美国,当一个大国失败了,它将严重影响民众的意志。民众一开始会欢迎撤军这一举动,但随后就会问我们为什么撤出,攻击我们的领导和美国在战争中的作用,很容易导致孤立主义。因此,美国会提出合理的和平建议,但不会承认丢脸地战败。② 两天后,尼克松在对民众的讲话中,再次重申了"信誉"的重要性。他说:"如果我们干脆放弃在越南的努力,即使有利于和平事业,其他国家对美国可靠性的信任将会受到损害……从长远看,这将危及我们对世界和平的期望。一个大国不能违背它的诺言。一个大国

---

① Henry A. Kissinger, "The Vietnam Negotiations", pp. 233—234.
② *Foreign Relations*, 1969—1976, Volume I, Doc23, http://www.state.gov/r/pa/ho/frus/nixon/i/20701.htm.

必须是可以信任的。"①在他们心目中,像美国这样一个超级大国竟然被北越这样一个小国打败,真是丢脸。因此,无论如何,美国要在撤出之前尽最大可能削弱北越,迫使北越同意与美军"相互撤退",同时尽可能加强南越军队,这样,在美国空军的支持下,南越军队可以得心应手地对付越共分子。当时的尼克松和基辛格还没有意识到西贡政权必然覆灭的命运,还指望在美军撤退后,它能维持一段时间,最起码在尼克松政府任内不要垮台。②

尼克松和基辛格之所以对体面撤出越南持乐观态度,一个重要的因素是他们相信连环套策略会奏效。在尼克松的外交构想中,中国和苏联占有重要的位置。由于越南的全部战争物资都来自苏联和中国,争取这两个国家的支持,从外交上孤立越南就成为解决越南问题的关键。尼克松指出,要同北越达成一项和平协议,一个必不可少的因素是在可能的情况下谋求苏联人和中国人的帮助。③ 莫斯科更被认为是东南亚"和平的关键"。他在那篇未发表的演说稿中曾这样写道:"如果苏联人有意要使战争结束并谈判出一个妥协解决办法,那么,他们是有办法把胡志明弄到谈判桌上来的。"④在1969年3月4日举行的记者招待会上,《芝加哥每日新闻报》记者问及苏联与越南的关系,尼克松回答说:"巴黎和谈能开得成,苏联是帮了忙的。我认为我还可以说,根据国务卿和我同苏联大使谈话的情况,我现在相信,苏联同许多别的国家一样……也担

---

① "Address to the Nation on Vietnam", *Public Papers of President Nixon*, 1969, http://www.nixonlibrary.org/clientuploads/directory/archive/1969_pdf_files/1969_0195.pdf.

② Daniel Ellsberg, *Secrets: A Memoir of Vietnam and the Pentagon Papers* (New York: Viking, 2002), p.258.

③ 〔美〕理查德·尼克松:《不再有越战》,第123页。

④ 〔美〕马文·卡尔布、伯纳德·卡尔布:《亨利·基辛格》,第191页。

基辛格

心越南战争扩大化……他们认识到,如果战争长期延续下去,升级的可能性就会增加……我相信,苏联是愿意利用它的影响来恰当地帮助结束战争的。至于它可以做些什么,那只有它自己才能回答,而且也许只能私下回答而不能公开回答。"尼克松指出,只要苏联对北越的支持减少一些,美国就将"深为感激"①。他决心让苏联人相信,帮助美国体面地撤出印度支那符合苏联的自身利益。如果苏联在这个问题上帮助美国,他准备在贸易问题、欧安会召开、限制战略武器会谈、缓和柏林周围的紧张局势等一系列问题上作出回报。此后,他一再批评莫斯科没有向越南施加压力,给和平事业造成了损害。他警告说,如果苏联在这个问题上不让步,就不能不使我们与苏联关系的其他方面都蒙上阴影。②

5月14日晚9时,尼克松准备就越南问题发表讲话,宣布撤军与新和平计划。讲话前一个小时,基辛格把多勃雷宁请到白宫办公室,把演说的一份预发稿交给了这位苏联大使,强调指出它所包含的新的契机,提请他注意下面几句关键性的话:"要是把态度灵活误以为是软弱无能,把通情达理看成是没有决心,那就要犯绝大的错误。我还必须十分坦率地说明白,要是这种无谓的痛苦继续下去,势将影响其他方面的决定。这样拖下去对谁都没有好处。"③基辛格告诉多勃雷宁,如果苏联在这一问题上不合作,美国将采取

---

① "The President's News Conference of March 4, 1969." *Public Papers of President Nixon*, 1969. See http://www.nixonlibrary.org/clientuploads/directory/archive/1969_pdf_files/1969_0098.pdf.

② Richard Nixon, *U. S. Foreign Policy for the 1970's —A New Strategy for Peace* (Washington, D. C.: U. S. Govrnment. Printing Office, 1970), p. 137.

③ "Address to the Nation on Vietnam." 参见 *Public Papers of President Nixon*, 1969, http://www.nixonlibrary.org/clientuploads/directory/archive/1969_pdf_files/1969_0195.pdf。

措施,使战争升级。① 多勃雷宁答应把基辛格的口信转达克里姆林宫。

9月27日,苏联大使多勃雷宁求见基辛格,要求安排苏联外交部长葛罗米柯和罗杰斯国务卿就中东问题举行一次会晤。基辛格决定利用这一机会向苏联施加压力。会见中,他告诉多勃雷宁,白宫没有必要在中东问题上进行干预,多勃雷宁应该知道美国的基本立场。我们已经就越南问题几次向苏联传话,但是莫斯科音讯全无。尽管这并没有影响美苏之间正常的外交关系,但也使白宫的态度难以超出正常的外交层面。

根据事先的约定,尼克松在此时打来了电话。两人在电话里交谈了一会。基辛格对苏联大使说,越南是美苏关系中的重大问题,"我们已经就讨论其他问题作好准备,但是,除非越南问题得到解决,否则苏联不应该企望受到任何特殊对待……总统在电话中告诉我,火车已经离开车站,正沿轨道行驶"。多勃雷宁回答说,他希望这是一架飞机而不是一列火车,这样才有操作空间。基辛格回答说,总统用词十分慎重,他说的就是火车。②

10月20日,尼克松也会见了多勃雷宁,说过去莫斯科认为在一个社会主义国家遭到轰炸的时候,它不能做些什么。现在停止轰炸已经有一年时间了,而莫斯科什么也没有做。美国在过去一年里不断释放善意,但没有得到回报。他认为,也许苏联根本就不希望越南战争早日结束。也许它认为越南战争能拖垮美国总统,也许它认为美国国内的形势十分棘手,也许它认为对苏联来说,越南战争仅仅是付出些许金钱,而美国则必须付出高昂的生命代价。

---

① John G. Stoessinger, *Henry Kissinger: The Anguish of Power*, p.54.
② *FRUS, 1969—1976*, Vol.Ⅵ, p.410.

## 基辛格

美国并不想就此做出评论。作为一个大国,苏联有权采取它的立场。但是,苏联应该知道,苏联将在今后的三年零三个月中同总统打交道,而现在所发生的事总统是不会忘记的。如果苏联不愿帮助美国获得和平,美国将不得不采用它自己的方法使战争结束。它不会容忍这样打打谈谈的战略而无所事事。如果苏联给予合作,使战争体面地结束,美国将采取一些"引人注目"的行动来改善美苏关系。① 但是,苏联对美国的提议没有任何积极的反应。

然而,对于美国来说,要从越南这个泥潭抽身而出,又谈何容易。既要撤出,又要体面,事实上不可能做到。"体面撤出"的原则表明基辛格并不清楚越南的斗争目的和斗争策略。只是在后来与越南谈判对手越来越多的接触中,他才认识到,在经历了15年战争后,越南人并不会轻易地寻求妥协,对他们而言,谈判仅仅是另一种斗争形式,他们的目标不仅是要在越南取得彻底胜利,而且要让美国人颜面扫地。此外,基辛格和尼克松又过高地估计了武力对越南的影响。尽管越南不可能在战场上打败50万美军,甚至不能打败在美国海空力量支援下的南越军队,但是,对它而言,旷日持久的战争和不断的美军伤亡本身就是一种胜利,可以有效地激发起美国国内的反战情绪,最终迫使美国羞辱地离开。因此,"体面撤出"这一不切实际的原则不仅无助于越南问题的解决,反而增加了其难度,一度使战争出现了扩大化,并且在美国引起了严重的政治危机。

### "越南化":讨价还价的策略

1968年12月中旬,基辛格受聘担任国家安全事务顾问才几

---

① *FRUS*, 1969—1976, Vol. Ⅵ, pp. 468—469.

天,就拜访了兰德公司董事长哈里·罗恩(Harry Rowen),请求兰德公司编写一份关于越南问题选择方案的分析材料,并要求就此事保密。罗恩认为丹尼尔·埃尔斯伯格是一个合适的人选,基辛格表示赞成,但又有一些保留,说他对埃尔斯伯格的判断力表示怀疑。这个说法传到埃尔斯伯格的耳朵里,让他大吃一惊。他的整个职业生涯都是建立在对自己良好的判断力的自信上的,在过去十年间,从来没有人提出这样的质疑。就在几周前,基辛格还在兰德公司的一个讨论会上盛赞埃尔斯伯格关于越南问题的丰富知识,说:"我从埃尔斯伯格那里学到的东西比从在越南的任何人那里学到的都多。"①埃尔斯伯格知道,基辛格总是喜欢当面奉承别人。这正是基辛格的圆滑之处。可仅仅过了几个星期,基辛格就怀疑起他的判断力来了,这让埃尔斯伯格很不舒服。奉命与埃尔斯伯格联系的中间人弗莱德·艾克尔(Fred Ikle)解释说,基辛格确实说过他从与埃尔斯伯格坦率的谈话中获益良多,但现在他所处的位置不同了,看问题的角度也不一样了。埃尔斯伯格反问道:"我同他谈话的时候,他不是我老板——驻西贡大使洛奇——的顾问吗?"②

作为一家著名的咨询公司,兰德公司过去给空军和五角大楼当过顾问,但从没有为美国的最高决策层——国家安全委员会当过顾问。它一直渴望有这个机会,基辛格的提议使兰德公司这个多年的愿望有可能变成现实,因此它说什么也不能放过。而且,埃尔斯伯格也想回报自己的老板罗恩。他刚刚为五角大楼完成一项

---

① Daniel Ellsberg, *Secrets: A Memoir of Vietnam and the Pentagon Paper*, p. 228.
② Ibid., p. 231.

## 基辛格

关于美国卷入越南战争的秘密研究,对基辛格的要求可谓驾轻就熟。于是,他要弗莱德告诉基辛格,不用担心他的判断力。

1968年圣诞节那天,埃尔斯伯格和罗恩及弗莱德·艾克尔带着全套选择方案飞到纽约。基辛格在皮埃尔饭店进行了通宵研究,第二天提出一条批评意见:提供的选择方案不全面,没有把威胁这一方案考虑进去。在场的还有同是哈佛大学经济学教授的托马斯·谢林。谢林也是埃尔斯伯格的朋友,曾指点过他的博士论文。埃尔斯伯格将他引为同道,可埃尔斯伯格并不知道,谢林和基辛格的关系要比他和埃尔斯伯格的关系亲密得多。谢林提出的批评意见比基辛格本人还要多。他也批评文件没有把"打赢"这一方案考虑在内,说:"在我看来,当你把全套选择方案交给新总统时,你应该为他列出一套你认为可能打赢的战略,即便你认为这一战略耗资巨大或者十分危险,或者出于其他什么原因。你应该说,这里有一套方案,你可以据此打赢这场战争,即便你自己认为他不应该这样做。"①

埃尔斯伯格告诉他们,他不认为存在打赢越南战争的出路,"这根本就不可能。有些人认为他们知道如何去做,可我也列出了这些对策选择,但是,我认为他们是在欺骗自己"。埃尔斯伯格知道,基辛格自己在几年前就得出了同样的结论,因此又说道:"您可以在南越投入一百万军队,或者两百万。只要他们在那里,你就可以保持那里的平静。你也可以入侵北越,像法国人那样,然后打上一场战争,其糟糕程度五倍于我们目前的境地。你可以越过国境,在老挝和中国追剿敌人。可是你能深入敌境多远,追剿多久呢?

---

① Daniel Ellsberg, *Secrets: A Memoir of Vietnam and the Pentagon Paper*, p. 234.

你可以动用原子武器杀死所有的人,可我不认为那是一种胜利。"①

他认为,惟一有效的威胁就是"威胁敌人,使他们意识到我们要长久地待下去;不是为了打赢,但是只要国内政局允许,我们就待下去",只要减少伤亡和压缩经费开支就行,这样,他们就会受到触动,就会作出微小的让步。基辛格当时就问:"如果没有战争升级的威胁,你怎么能与对手进行谈判呢?没有威胁,就没有谈判的基础。"埃尔斯伯格反问道:"没有轰炸威胁,人们不也一直在谈判吗?"他爽快地告诉基辛格,他可以把威胁这一方案写进文件,但是,"我看不出威胁性轰炸会对敌人产生什么影响。他们遭到轰炸已经4年了"②。

埃尔斯伯格拟的选择方案中还有一条是要美军从南越"立即全部撤出"。他当时并不主张这个方案,而倾向于在巴黎试试看,有没有可能通过谈判实现美国和北越双方一齐撤军,但他还是把这个方案包括在他那套计划中。后来他声称,不知是基辛格还是尼克松的一名高级军事助手在那个选择方案上划了一条粗粗的黑线。尼克松的助手古德帕斯特将军曾将那份研究报告摔在基辛格的桌上,说:"我对最后一个选择方案(撤军)未加评论,那根本不是一种选择。"③基辛格说:"胡说八道!总统当时说:'这个不考虑',而在头一轮研究越南问题时的确也没有考虑过那一条。"基辛格认为,如果北越人要寻求一个合理的妥协,美国可以迎上前去,如果他们坚持要美国丢脸,那么"我们决不答应"。尼克松也曾对少数

---

① Daniel Ellsberg, Secrets: A Memoir of Vietnam and the Pentagon Paper, p. 234.

② Ibid., p. 235.

③ 〔美〕西摩·赫什:《权力的代价——尼克松执政时期的基辛格》,第53—54页。

# 基辛格

亲信说过:"我不想当第一个战败的总统。"① 对此,基辛格表示认同。

根据国家安全委员会的议事规则,新政府对美国对外政策进行了全面的审查。第一批受到审查的就是越南问题、对华关系、对苏关系、中东问题,越南问题首当其冲。

埃尔斯伯格拟出一份调查表,就越南战争提出了28个主要问题和50个次要问题,其中有10个其实是基辛格提出来的,涉及柬埔寨作为南越共产党后勤补给线给越南战争带来的影响,另外的问题包括"为什么越南民主共和国要派人到巴黎去","为什么北越军队去年夏天和秋天离开了南越",涉及北越的军事能力、南越的能力、西贡的政治情况、美国的军事战略和行动。每一个问题又都尽可能给出周全的选项。如针对"为什么越南民主共和国要派人到巴黎去"这个问题,问卷给出了四个选项:其一是由于北越力量虚弱,想通过谈判体面地承认战败;其二是与美国谈判,美军从南越撤退,从而使越共在南方赢得胜利;其三是给美国一个体面撤军的机会;其四是离间美国与南越的关系,从而减轻美军对越共和北越的军事压力;最后一个选项是期望在尽可能好的条件下,以减少人员的伤亡和结束战争。在每一种情况下,问卷都会提出这样一些问题:"证据是什么?""我们掌握的情报是否充分?"借此了解关于越南战争的全面图景。基辛格认为,在收到各部门的反馈后,白宫可以把它们糅合成自己的政策,这样的权力只能属于白宫。1月21日,这些调查表发到了政府各有关部门,2月21日,这些调查表全部返回。对这些问题的回答,由基辛格的助手温斯顿·洛德归

---

① FRUS, 1969—1976, Volume I, Doc 38. 参见 http://www.state.gov/r/pa/ho/frus/nixon/i/20701.htm。

纳整理，后来构成了《第1号国家安全研究备忘录》，而埃尔斯伯格则协助洛德撰写了备忘录的结论部分。①

备忘录反映了美国政府各部门在越南战争问题上的根本分歧。它指出，在越南战争问题上，美国政府各部门在某些问题上意见一致，但是，在关于越南情况的许多方面，则存在实质性的意见分歧。而且，不同的意见往往分布在两部分人中间，而这两个部分的成员一般是固定不变的。军事援越司令部、太平洋舰队总部、参谋长联席会议以及驻西贡大使馆对南越的现在和将来是抱乐观态度的，而来自中央情报局、国防部和国务院的人则持怀疑态度，对将来是悲观的。

关于绥靖的成效，军事援越司令部和美国驻西贡大使馆、太平洋舰队总部和参谋长联席会议认为目前南越的治安形势是1961—1968年以来最好的，西贡政府控制了四分之三的人口，参谋长联席会议甚至认为到1969年底，西贡政府将控制南越总人口的90%。然而，中央情报局和国防部长办公室、国务院情报研究司却要审慎、悲观得多。国防部长办公室认为，支持西贡政权的人数与1962年时的情况差不多。大约有500万南越人支持西贡政权，300万人与越共结盟。至少有50%的南越农村人口直接或间接地受到越共的影响。中央情报局支持这一看法，而国务院情报研究司则认为，起码有三分之二的农村人口站在越共一边。②

关于轰炸升级的问题，备忘录写道："第一部分的人远比第二

---

① Daniel Ellsberg, *Secrets: A Memoir of Vietnam and the Pentagon Paper*, p. 239. 备忘录的结论见 FRUS, 1969—1976, Vol. Ⅵ, pp. 129—152.

② FRUS, 1969—1976, Vol. Ⅵ, pp. 56—57. 参见 http://www.state.gov/documents/organization/64646.pdf。

基辛格

部分的人认为对越南和老挝的轰炸将收到巨大的效果。"驻西贡大使埃尔斯沃思·邦克、参谋长联席会议主席艾布拉姆斯、太平洋舰队司令约翰·麦凯恩认为,"我们过去和现在轰炸老挝和北越产生了巨大的效果。"猛烈的轰炸可以切断河内的补给,迫使它停止战斗。然而,中央情报局、国防部和国务院则对此表示怀疑。中央情报局在它的秘密报告中写道:"有足够的证据证明,一般平民认为,当天天面临着轰炸的危险时,战争的苦难倒比较可以忍受;而一旦这一威胁解除了,许多相似的苦难依然存在,这就变得难以忍受了……共产党国家给北越的军事和经济援助,在很大程度上,抵消了美国所带来的物质破坏和其他破坏性影响……北越的空防明显地削弱了美国轰炸的效果,并直接或间接地使美国损失了1100架飞机,这大大鼓舞了他们的士气……"

中央情报局的报告还指出,空袭虽然可以破坏交通运输和装备补给,但是无法完全截断补给,大部分空袭造成的破坏,可以在几小时内修复。因此,空袭并不能真正影响人员和物资装备源源不断地进入老挝和南越,也没有削弱北越的军事力量以及河内坚持战争的决心。国防部长办公室也持相同态度,国务院则认为:"没有任何理由可以相信,新的轰炸可以完成以前的轰炸所没有完成的任务,除非轰炸更加猛烈,并无视批评意见和冒战争升级的风险。"①

但是,对越南战争的前景,无论是被称为"鹰派"的军方和被称为"鸽派"的文职部门,则都不表示乐观。国务院和国防部认为,要在南方彻底平定"叛乱",控制被越共控制的区域,美国至少需要花

---

① 〔美〕塔德·肖尔茨:《和平的幻想——尼克松外交内幕》,第35—36页。

费13.4年,而乐观的主战派将领也认为需要8.3年。① 这清楚地表明,无论怎样加强南越军队,美国都不可能打赢这场战争。

因此,《第1号国家安全研究备忘录》认为,既然河内已经在1968年下半年做出让步以实现停止轰炸,那么,一旦它确认新政府不打算让步,它也会做出让步,坐下来同美国认真谈判:"河内参加谈判的主要目的是使美国撤退,同时得到尽可能好的政治解决……但我们认为,对他们来说,可以预见到的前景是暗淡的,因此,他们最后会作出重大的让步(在撤军方面)来换取我们的撤离。如果他们认为达成协议后的数年之内,在南越的力量对比的发展上将有利于他们在军事上或政治上接管南越时,他们甚至可能放弃以谈判手段取得有利于他们的政治解决的努力。"②

尽管基辛格和尼克松对他们建立的国家安全决策机制十分欣赏,也决心把决策建立在充分的咨询基础之上,但是,在越南问题上,由于两人早已经智珠在握,方针早定,因此,国家安全决策机制就无足轻重了。尽管《第1号国家安全研究备忘录》对越南问题进行了充分的研究,但它并没有成为尼克松和基辛格决策的基础。1972年4月25日,这部厚厚的研究报告被泄露给一些有势力的记者,记者向大众披露后,白宫马上进行了反击。基辛格指出,尼克松政府从未把《第1号国家安全研究备忘录》作为"有系统的研究",仅仅是在内部通报战争情况的一种方式。他的助手黑格证明,这个备忘录对政策没有实际影响,因为等它送到白宫的时候,它已经"过时,落后于形势了"③。应该说,这是符合事实的。基辛

---

① Daniel Ellsberg, *Secrets: A Memoir of Vietnam and the Pentagon Papers*, pp. 239—240.
② 〔美〕塔德·肖尔茨:《和平的幻想——尼克松外交内幕》,第37页。
③ 〔美〕马文·卡尔布、伯纳德·卡尔布:《亨利·基辛格》,第199页。

## 基辛格

格之所以花那么大力气让手下做出那么厚重的一个备忘录,可能只是为了看看手下人的研究能力,同时也向人显示,自己的决策是建立在研究、咨询的基础之上的。

1月22日,国家安全委员会召开会议,讨论越南问题。基辛格在会上介绍了以埃尔斯伯格方案为基础的五个方案,并一一进行讨论。全力争取"军事胜利"的方案和立即撤军的方案遭到国家安全委员会的否决,总统的幕僚中没有一个要求军事上的胜利的,但也不要政治上的失败。国防部长莱尔德主张美国较快撤军,同时大力装备和训练南越人自己去打仗,这个主意后来被称为"越南化",成为尼克松政府关于越南问题的支柱政策,但它并非莱尔德首创,早在约翰逊政权时期就有使战争降级的设想,但约翰逊没有把它放在越南政策的中心地位,也没有把它与美军撤退联系在一起。1968年10月7日,在合众国际社组织的一次演说中,尼克松曾表示要把重点更多地放到训练南越人上面,让他们自己承担作战任务,以减轻美军的作战任务,减少美军士兵的伤亡,从而逐步实现从越南撤退。他说:"无情的讽刺是,美国保护南越独立的努力,却在我们盟友中产生了越来越大的依赖性……假如南越要有一个可靠的将来,这样的进程必须现在就颠倒过来。"① 这一政策后来成为尼克松"越南化"政策的核心。

"越南化"意味着逐步把美军从越南撤回来,这对国内政治是绝对必要的。征兵、不断运回国内的覆盖着国旗的棺材以及成千上万伤兵的归来,刺激着美国人的神经,也是对尼克松政府的最大压力。尼克松上台后,拟定了结束越南战争的五点战略,而逐步撤

---

① FRUS, 1969—1976, Vol. I. 参见 http://www.state.gov/r/pa/ho/frus/nixon/i/20700.htm。

军是其中最重要的一种。3月4日,尼克松向记者表示,美国现阶段没有任何撤军的计划,只有"当南越军队有能力担负起更多的保卫自己的责任的时候,当战争不再升级,而在减少的时候,就可能撤军"①。在3月14日的记者招待会上,尼克松重申了决定美军撤军速度的三原则,即南越军队的自卫程度、战争的激烈程度以及巴黎谈判的进展。3月28日,国家安全委员会再次开会,讨论部分撤军和南越武装的战斗力问题。艾布拉姆斯将军的副手古德帕斯特将军表示,南越人已经作了切实的改进,美军实际上已经接近于使战争"非美国化"(de-Americanizing),但是还没有达到决定性的关头。莱尔德不同意"非美国化"这一提法,说"我们需要的是'越南化'(Vietnamizing)"。尼克松当即表示认可。② 从此,"越南化"、"部分撤军"和谈判构成了美国解决越南问题的全部方略。

1969年7月,尼克松进行了一次环球旅行。25日,他在关岛举行的记者招待会上发表了一篇重要讲话。讲话中,尼克松强调美国将继续在亚太地区起重大作用,这首先是由地理位置决定的,"不管我们是否喜欢,地理使我们成为一个太平洋国家"。他"正在拟订一项使美国能在太平洋地区继续成为一个强国而又不搞家长关系的政策"。制定这项新亚洲政策的指导方针是:(1)"美国将遵守我们承担的全部条约义务,在亚洲继续发挥重要的作用。"(2)"如果一个核国家威胁一个同我们结盟国家的自由,或是威胁一个我们认为其生存对我们的安全至关重要的国家的自由,我们将提供保护。"(3)"如果涉及的是其他类型的侵略,我们将在接到要求时,根据条约义务,提供军事和经济援助,但是我们将指望直

---

① 〔美〕理查德·里夫斯:《孤独的白宫岁月——近距离看到的尼克松》,第40页。
② FRUS, 1969—1976, Vol. Ⅵ, p.84.

接受到威胁的国家为自己的防务,担负提供人力的主要责任。"

在谈到越南战争时,尼克松说:"本政府必须作出的最重大的一项决定,是负担分摊。我们一直挑着主要的担子。在朝鲜,我们挑了重担……越南呢?我们肩负着大部分责任。我认为,我们必须制订出方案,按照这种方案,我们将帮助别的一些国家作战,但是我们不替他们打仗。就越南而言,我们需要制订出一种大规模训练方案,使越南人接受训练,可以接过手作战。我们一步步撤出阵地,他们一步步进入阵地。"美国必须避免采取一种使亚洲国家非常依靠它,以致把它拖进冲突中去的政策。替代美国军事介入的办法就是建立所谓的"亚洲集体安全"体系。"除非存在某个核大国的威胁,美国将鼓励并有权期望逐渐由亚洲国家本身来处理,逐渐由亚洲国家本身来负责。"①

基辛格也赞成美国撤军,但他对西贡的军事能力没有什么信心,而且十分怀疑西贡政治上的稳定性,认为"越南化"是不现实的。他说:"我只把它看作是讨价还价的策略,谈判的工具。我从来不认为它是行得通的。"②越南的形势糟透了,美国非找一条投降以外的出路不可。4月1日,基辛格向国家安全委员会的研究班子下达了研究指示,要求他们会同政府有关部门考虑新的方案,从单方面的撤出到一连串的逐步撤退,主要视战场情况和"越南化"的效果而定。基辛格建议尼克松逐步从越南撤出,并认为这将使美国在巴黎谈判中处于更有利的地位。4月10日,基辛格向尼克松提交了两份绝密的研究报告——第36号和第37号《国家安全研究备忘录》,以供总统制定政策之用。备忘录建议美国从越南部分撤

---

① *FRUS, 1972*, p.333.
② 〔美〕马文·卡尔布、伯纳德·卡尔布:《亨利·基辛格》,第198页。

军,并要求北越也对等撤军,以此作为和平条件,如果北越拒绝,那就继续进行战争。备忘录指出,在达成一般协议之前,就地停火是不可取的。①

9月10日,他又向尼克松提交了一份备忘录,陈述了"越南化"的风险。他认为,未来的两年内,美国不可能赢得这场战争。而在未来的几个月,民众要求解决越南战争的压力会越来越大,而"越南化"并不能减少这种压力,相反它会增加这种压力。而且,"越南化"的前景并不乐观,美国还需要30个月时间,才能把目前由军事援越司令部承担的战争负担转移给南越军队,而南越军队是否真正具有接手的能力,这一点很值得怀疑。如果"越南化"拖得太久,民众的反战情绪可能更为高昂,届时政府可能陷入鹰派和鸽派的夹击之中。因为鹰派会认为这一政策太宽容,而鸽派又认为它太好斗:"越南化"实施下去,将遇上日益严重的问题,如民众对撤军期望太热烈,美军撤回国越多,民众就会要求加速撤军,最后导致美军单方面撤军,而留在越南的美军士气也会受到影响。美军撤得越多,河内会越发受到鼓舞,等等。备忘录指出,如果以上推论成立,那么,河内将专心在心理上击败美国,而不是在军事上求胜,它会拖延战争,阻滞谈判,等候美国国内局势进一步转变。而且,部分撤军并不会减少美军的伤亡,要完成每周杀死150个美国人的计划,越共只需要向小股美军发动袭击就可以实现。要维持留下来士兵的士气将变得更为困难。② 两天后,国家安全委员会开会讨论越南问题,基辛格在会议表示:"我们需要一个结束战争的计

---

① *FRUS*, *1969—1976*, Ⅵ, pp. 195—199.
② Ibid., pp. 370—374.

9月11日,基辛格又向尼克松提交了一份备忘录,以说明他所设想的可供选择的政策,并再次就"越南化"的前景提出警告。他建议继续推进"越南化",与北越积极会谈,从而逐步使美军从越南撤出,但是不提出固定的撤军时刻表。在军事上,要对北越保持压力,力促它认真进行谈判,同时减少美军伤亡,降低美国民众对政府的压力。如果越共拒绝这些建议,美国将停止撤军,对北越港口布雷,轰炸中越边境的铁路,借此孤立北越,使战争升级,中断"越南化"的进程。②

10月21日,莱克和莫里斯交给基辛格一份备忘录,力陈"越南化"政策肯定会破产,最后只能导致美国单方面撤军。备忘录建议政府改变做法,在谈判的主要争执点上做出让步,建议在西贡成立一个双方都能接受的新的看守政府,由它监督在南越举行一场选举,而共产党将在这个过渡政府中担任重要角色。

到1970年初,随着在越南迅速取胜的希望彻底破灭,基辛格才改变了立场,成为"越南化"战略的热忱拥护者。他相信在美国的军事和经济援助下,再加上随时准备战争升级的强硬手段,南越政府有可能顶住北越和越共的压力。

**以打促谈:战争的扩大**

尼克松政府决心通过谈判结束越南战争,但是,如何让北越坐到谈判桌前与美国达成一项协议,尼克松和基辛格却颇费思量。他们最后选择战争升级作为迫使北越求和的撒手锏。实际上从一

---

① *FRUS*, *1969—1976*, Ⅵ, p. 404.

② Ibid., pp. 206, 376—390.

开始,尼克松政府就做好了两手准备,即一手抓谈判,一手忙升级,升级的准备远比谈判的准备充分。尼克松称之为狂人理论:"我要让北越人相信我已经到了忍无可忍的地步。为了结束战争,我可能铤而走险。我们要把这个消息故意泄露给他们:'天哪,你们知道尼克松被共产党搞得要发疯了。他发起火来我们可管不住他,他的手就放在发射核武器的电钮上。'要不了两天,胡志明就会亲自跑到巴黎来求和了。"①他后来还写道:"我们是有力量摧毁他们的战争能力的,惟一的问题是我们没有使用这种力量的决心。我和约翰逊的区别就在于我肯定有这种决心。"②

1969年2月,越南北方发动了进攻,第一个星期就消灭了453名美国人,第二个星期又杀死了336名美国人,而南越军队每周的伤亡人数高达500余人。尼克松和基辛格认为,这是共产党人对新政府意志的考验,"如果我们在初期就让共产党人随意摆布,我们就可能永远无法以平等地位,更不必说从实力地位出发和他们谈判了。"③因此,两人都认为必须对越南的进攻行为有所反应。

但是,在对惩罚目标的选择上,基辛格和尼克松却颇费思量。按理说,只有直接与北越开战才能达到惩罚它的目的,但是,约翰逊政府在临下台前曾作出停止轰炸北越的决定,重新轰炸北越势必会引起国内的反战浪潮。尼克松认为,保持国内团结的重要性超过了对北越进行直接报复的需要。最后,两人把目光投向了越南的邻国柬埔寨。

之所以把目标定为柬埔寨这样一个中立国,是因为尼克松认

---

① 〔美〕西摩·赫什:《权力的代价——尼克松执政时期的基辛格》,第58页。
② 〔美〕理查德·尼克松:《尼克松回忆录》中册,第729页。
③ 同上书,第454页。

**基辛格**

为,越南战争的战场应该包括印度支那三国,老挝和柬埔寨卷入这场战争的程度不在南越之下,北越军队经常越过边境在这两个国家活动,这些地区成为北越向美军发起进攻的基地,北越部队从这里向美军和南越军队发起攻击后,迅速退回到边境对面,而美军对他们却无可奈何。此外,北越通过边境地区的"胡志明小道"源源不断地向南越运送人员和装备。

基辛格的高级顾问哈尔佩林后来指出:

> 尼克松和基辛格认为,问题在于约翰逊政府的轰炸是逐步地升级的,并且同时保证得到有限的政治收获。在他们看来,升级如要成功,首先要以总统经常所谓的决定性升级相威胁——这就是突然的大规模的升级。其次,升级应该威胁到北越政权的生存,升级的目的在于促使河内、莫斯科和北京关心美国的真正意图,关心它在摧毁北越方面达到什么程度。他们深信,这样的升级肯定会有效的,而且是必需的。他们经常说,在谈判的时候,"最好是威胁,而不仅仅是许诺"。问题是要使美国脱离接触得到实现——这是国内政治的需要——而同时又能保住西贡现政权。这意味着要争取时间以加强南越军队并对北越造成更多的破坏。这样,一旦美国真正撤出时,南越政府生存下去的可能性会大一点。①

1969年1月8日,尼克松向基辛格写了一张便条,要求他在研究越南问题时,准备一份报告,确切说明北越在柬埔寨的兵力部署,美国准备采取行动来摧毁北越集结在那里的力量。尼克松明确指出,新政府议事日程上的第一批事项之一就是"非常明确地改

---

① 〔美〕塔德·肖尔茨:《和平的幻想——尼克松外交内幕》,第39页。

变(美国)对柬埔寨的政策"。他的军事助手古德帕斯特将军起草了一份报告,提供了北越在柬埔寨边境地区的集结情况,说"野战司令部多次请求授权进入柬埔寨采取先发制人的行动和追击袭击我们以后又撤退回去的军队,所有这些请求都遭到拒绝或者仍在审议中而尚未采取行动"①。基辛格同意采取扩大战争的方法来向北越施加压力。2月1日,他接到尼克松的一张便条,上面写道:"几乎所有的新闻报道都说'我们预料共产党将在南越采取一次主动行动',我不喜欢看到这种说法。我认为要是有什么主动行动,那应该来自我们,而不是来自他们。"②

在《第1号国家安全研究备忘录》中,有关西哈努克港的重要性也是一个有争议的问题之一。军事援越司令部认为,从1967年10月到1968年9月,大约有一万吨武器通过西哈努克港运到了柬埔寨,但中央情报局和国务院则不同意这种看法。他们认为,通过"胡志明小道"运给越共的补给品不仅可以满足其外部需要,而且绰绰有余。言下之意是,柬埔寨的庇护所不是一个极为重要的目标。1月24日,基辛格提交给尼克松的有关越南问题的备忘录明确指出,战争升级是一个选择,而升级的一个具体措施就是在柬埔寨采取地面行动,以防止北越利用老挝和柬埔寨。③

1969年1月30日,基辛格到五角大楼会见国防部长莱尔德和参谋长联席会议主席厄尔·惠勒,以研究对策。对于恢复对北越的轰炸,惠勒十分感兴趣。新政府刚刚就职,参谋长联席会议就提出了恢复轰炸的计划,但囿于当时的政治气候,提议被否决。惠勒

---

① 〔美〕亨利·基辛格:《白宫岁月》第一册,第306页。
② 同上书,第304页。
③ *FRUS*, *1969—1976*, Vol. Ⅵ, p.19.

**基辛格**

反复说明,美国在南越的军队已经全部投入战斗,现在惟一有效的手段就是在非军事区采取行动,或者重新轰炸北越。这是他在参谋长联席会议反复声明的观点:在越南,一切可能做的事情都在做,"除了轰炸越南北方以外"。① 2月初,参谋长联席会议再次提出这一计划,说它从一位叛逃者那里知道了越共南方局藏身的地点:"我们获得的一切情报——其中大部被影像识别技术所主宰——都为我们确定南方局的驻地提供了坚实的证据。"② 莱尔德对此表示反对,认为停止轰炸已经使公众对和平产生了希望。

尼克松一面通过正常渠道给驻西贡大使邦克发去电报,命令他停止有关轰炸的讨论,同时又避开官方路线,给驻越美军司令艾布拉姆斯将军发去一份密电,命令他不必理会给邦克的电报,继续准备在必要时出动B-52实行轰炸。在记者招待会上,他警告北越,不能把美国的"忍耐和克制"理解为软弱,如果他们继续进攻,美国将作出适当的反应。③ 基辛格拿不定主意,征求国家安全委员会负责东南亚事务的助手理查德·斯奈德(Richard L. Sneider)的意见。斯奈德对此表示怀疑,认为这一行动在军事上没有什么意义,美军不可能炸到南方局,轰炸将使北越军队从边境地带进一步向柬埔寨西部运动,这样柬埔寨就会有更多地区被共产党控制。但是基辛格的军事助理黑格则力主轰炸。在黑格的劝说下,基辛格改变了态度。④

2月16日,国家安全委员会召开会议,研究美国的越南对策。

---

① 〔美〕亨利·基辛格:《白宫岁月》第一册,第304页。
② 〔美〕西摩·赫什:《权力的代价——尼克松执政时期的基辛格》,第61页。
③ 〔美〕理查德·尼克松:《尼克松回忆录》中册,第455页。
④ 〔美〕西摩·赫什:《权力的代价——尼克松执政时期的基辛格》,第62页。

情报显示,有超过 4 万的共产党部队集结在柬埔寨境内一个 10 至 15 英里宽的地域。尼克松指出,为了取得令人满意的进展,在越南和老挝进行空中行动的升级即轰炸柬埔寨是必要的,这是惟一可行的军事行动。基辛格也相信这个轰炸行动不仅将阻止 5 万北越军队进出柬埔寨边界,使美军免遭重大伤亡,而且还将促使北越人在巴黎采取比较灵活的谈判方针。但是,莱尔德持保留意见。基辛格指示国防部的雷·西顿制订一份高度保密的有关越南战争可供选择的轰炸方案。西顿是战略空军司令部一位经验丰富的军官,被称为"B-52 先生"。

3 月 14 日,尼克松举行记者招待会,指出北越的攻势依然在继续,他已经警告过北越,但不会再发出警告了,"将来需要怎么做就怎么做"①。第二天,越共向西贡发射了 5 枚火箭炮,当天下午,基辛格就接到总统命令:立即出动 B-52 对柬埔寨进行轰炸。总统说:"只有在事情已不能回头的时候才通知国务院……这个命令是不可上诉的。"②基辛格指出,应该让国家安全委员会成员发表意见,万一在哗然的时候,可以保护总统自己。他准备了一个备忘录,列举了赞成与反对的观点,美国所承担的风险,从柬埔寨的正式抗议和苏联的强烈反应,北越可能的报复措施,国内民众反战情绪的反弹。③ 3 月 16 日下午,尼克松召集了国家安全委员会会议,"讨论"轰炸柬埔寨的决定。表面上,尼克松还装模作样地征询国家安全委员会的意见,好像这一决定还有商量的余地,但他告诉莱尔德和

---

① "The President's News Conference of March 14, 1969", *Public Papers of President Nixon, 1969.* http://www.nixonlibrary.org/clientuploads/directory/archive/1969_pdf_files/1969_0108. pdf.
② 〔美〕亨利·基辛格:《白宫岁月》第一册,第 312 页。
③ *FRUS, 1969—1976*, Vol. VI, p. 206.

**基辛格** 罗杰斯,不管他们选择何种方案,第一期行动已经启动,他在24小时前就已经给国防部发出了命令。① 会上只有罗杰斯表示反对,参谋长联席会议还想在这一决定中再增加轰炸北越军队集结中心这一目标,但没有被采纳。

由于轰炸柬埔寨是尼克松当政后的第一项重要决策,基辛格主持的国家安全委员会工作班子为尼克松准备了三份《国家安全研究备忘录》,以分析入侵柬埔寨所带来的政治后果,这就是第20、21、29号《备忘录》。3月29日提交的第29号《国家安全研究备忘录》用肯定的语言表明轰炸利大于弊。

3月17日,B-52轰炸机对边界沿线北越阵地出击共约3600架次,在柬埔寨领土上投下了十多万吨炸弹,试图摧毁北越的武器、人员和指挥所,截断"胡志明小道"跨越老挝和柬埔寨的供给线。在某些作战日,这种空袭占了B-52轰炸机在东南亚全部作战行动的60%。五角大楼将这次秘密轰炸的代号定为"菜单",各目标区分别以不同的餐次"餐后点心""快餐""午餐""晚餐"等来命名。每次轰炸都得到白宫的批准,后来又被授权进行定期轰炸。

尼克松认为,只要轰炸保持秘密,北越就不可能提出抗议,因为它在公开场合是否认有军队进驻柬埔寨的。而且,保密也可以有效地防止美国国内的反战运动。因此,尼克松政府对轰炸采取了异乎寻常的保密措施。中央情报局、国务院、国防部的情报分析人员,五角大楼的文职部门、国务院负责制定越南政策的相关人员,都被排除在政策制定过程之外,连基辛格自己的国家安全委员会班子对轰炸也一无所知,国会的各有关委员会也是如此。尼克

---

① 〔美〕理查德·里夫斯:《孤独的白宫岁月——近距离看到的尼克松》,第42页。

松政府只通知了参议院军事委员会主席理查德·拉塞尔和高级委员约翰·斯坦尼斯。这两人虽然对战争表示怀疑,但都认为轰炸是正确的,并承诺一旦泄露出去,他们将支持政府的行动。

在空袭的升级中,新政府还在北越上空增加了对北越的侦察飞行。1968年10月,约翰逊政府决定停止对北越进行轰炸,但是非武装的侦察飞行将继续。尼克松上台后,五角大楼认为必须增加飞机轰炸的次数,尼克松表示同意,但美军的侦察机遭到了越南高射炮和防空导弹的射击。征得尼克松同意后,五角大楼下令进行"保护性的反应打击",以消除对侦察机的威胁。这种"保护性的反应打击"很快升级为"预防性打击",最后导致了对北越轰炸的恢复。基辛格的助手哈尔佩林后来写道:"关于在削减轰炸的同时继续侦察的决定,关于使用有人驾驶的飞机进行侦察活动的问题,和关于是否可用别的手段获得同样的情报的问题,不论事先或事后,都没有做过什么认真的研究。"①

在加强空中侦察的同时,驻越美军还加强了对柬埔寨和老挝的地面渗透。隶属于西贡司令部的军事援越司令部研究行动组渗透小队在武装直升机和战术空军的支援下,潜入柬埔寨和老挝,在北越的渗透路线上安装传感器,并准备捕捉俘虏。这种行动最终导致了对柬埔寨的全面入侵。

8月中下旬,五角大楼把一份长达150页的文件送到了尼克松和基辛格手中。军方把它称作"11月选择方案"。基辛格把这一计划称为"鸭钩计划"(Duck Hook),即把代表所有美国力量的"鸭子"统统围过来参加杀敌,一切有关"鸭钩"文件的封面上都绘有鸭子

---

① 〔美〕塔德·肖尔茨:《和平的幻想——尼克松外交内幕》,第69页。

**基辛格**　的图案。计划建议对越南北方29个重要目标每隔一段时间就进行一次毁灭性的轰炸,在港口和河流中布雷,轰炸其灌溉系统,从地面侵入越南北方,摧毁"胡志明小道",轰炸越南北方通往中国的铁路枢纽。

基辛格指示国家安全委员会成立一个特别研究小组,研究这一计划。在与研究小组的成员讨论时,基辛格说:"我们已经在巴黎和北越人进行了几次秘密谈判,我们一直采取愿意向前看的态度;我们曾试图作出单方面的让步,我不相信像北越这样一个四流小国就没有一个突破口。约翰逊政府从未下力气解决这个问题,我们准备下大力气。这个小组的任务是审查军事上给北越以猛烈的、决定性的打击这个选择方案。"①

基辛格在讲话中一再提到"猛烈"一词,"猛烈地、不间断地打击北越,以便使它屈膝投降,这就是'鸭钩'计划的核心。"②国家安全委员会一位工作人员指出:"整个行动计划是非常残酷和不道德的,它使我深为震惊,完全不顾及伤亡人数和战争升级,而只从效果方面考虑。"③

猛烈打击不仅是"鸭钩"计划的核心,它还是尼克松政府的基本战略。这与尼克松政府上台之初对越南战争形势的判断是背道而驰的。它也遭到了国家安全委员会工作班子的反对。研究小组强烈反对"猛烈的打击",理由是不管采取怎样的行动,都不可能完全封锁北越和摧毁北越,"我们从技术和军事方面提出了非常充分的理由说明不能那样搞的原因……从越南的基本事实来说,你们

---

① 〔美〕西摩·赫什:《权力的代价——尼克松执政时期的基辛格》,第160页。
② 同上。
③ 〔美〕塔德·肖尔茨:《和平的幻想——尼克松外交内幕》,第205页。

试图把北越看成是一个工业社会来同它打这场战争,其实,他们不是,他们只是一个半工业社会。可以用轰炸使他们遭到极大的破坏,而他们在军事上和政治上是经得起这些轰炸的。此外,用常规轰炸,你确实起不到什么作用。"① 研究小组根据中央情报局提供的情报,说猛烈的打击不足以降低北越在南方发动一次大举进攻的能力。这与中央情报局在第 1 号《国家安全研究备忘录》中的结论完全一致。

从政治上看,轰炸也是得不偿失的。就国内政治舆论而言,尼克松政府已经经不起再三发动"猛烈打击"了。猛烈打击还会给世界造成一种印象,即美国好像还想打赢这场战争。国家安全委员会的秘书威廉·瓦茨说:"就国内形势来看,政府在政治上没有力量多次发动打击。我们的整个战略都建立在通过猛烈的、决定性的打击迫使北越屈服的基础上。这种设想是不理智的。除非我们事先已经进行了比以往更为深入细致的谈判。但事实上我们并没有这样做过,只是关于总原则进行了一些含糊其辞的会谈。"他在给基辛格的备忘录中指出,鸭钩计划将会在国内引起暴乱,美国黑人和少数民族将会把它看成一个信号,说明政府不愿意采取有力措施解决国内问题,而一心在国外蛮干。"全国可能陷入严重的动乱,一旦出现这种情况,政府就必须准备承担后果。大批动员国民警卫队可能是不可避免的……继而也许还要出动军队。政府很可能面临极其严重的形势,以致不得不像实行 11 月计划那样无情地对付国内反对派。"②

国家安全委员会的高级系统分析专家劳伦斯·林恩也撰写了

---

① 〔美〕塔德·肖尔茨:《和平的幻想——尼克松外交内幕》,第 205—206 页。
② 〔美〕西摩·赫什:《权力的代价——尼克松执政时期的基辛格》,第 161 页。

**基辛格**

一份研究报告。报告表明,战略轰炸只具有有限的优势,动用 B-52 轰炸机对北越进行地毯式空袭,不可避免地会对平民造成大量伤亡,从而激起人民的斗争意志,却不会对北越的作战能力造成太大的影响。苏联提供的地空导弹会给 B-52 飞机造成大量的伤亡,因此,动用 B-52 轰炸机将使美国付出比越南更大的代价。布雷代价高昂而收效有限,越南人完全可以通过其他途径寻找到补给的方法。① 林恩的备忘录对基辛格有较大影响。林恩相信基辛格实际上是反对 11 月的轰炸方案的,他是想让尼克松看到"鸭钩计划"并不可行。他说:"亨利鼓励我写出一份尽可能苛刻的备忘录。据我看到的情况,他在那个时期是反对采取这一行动的。"② 但莱克却得出了相反的意见,认为基辛格赞成对北越进行军事打击,并且对尼克松不像洛克菲勒那样强硬表示沮丧。尼克松后来也说:"亨利那时是十分强硬的,他认为我们应该让那些共产分子看看我们不能被威胁。"③

"鸭钩计划"最终没有执行。10 月 15 日,美国反战团体举行了全国规模的反战抗议示威活动,大学校长、宗教界领袖和一大批民主党参议员都支持这次示威。这一天,全国各地举行了沉默的守夜、祈祷以及和平的抗议游行。华盛顿成千上万的示威者臂缠黑纱,聚集在华盛顿纪念碑前聆听反战演说,然后平静地向白宫进军。许多城市降了半旗。数以百计的高等院校停了课。10 月 17 日,基辛格向尼克松提交了一份备忘录,建议搁置"鸭钩计划"。基辛格说:"我的结论是:不可能采取迅捷而有决定意义的军事行动。

---

① Walter Isaacson, *Kissinger: A Biography*, p. 247.
② 〔美〕西摩·赫什:《权力的代价——尼克松执政时期的基辛格》,第 163 页。
③ Walter Isaacson, *Kissinger: A Biography*, p. 248.

政府在执行一项如此大胆而危险的路线方面没有足够的共识。"①

10月18日,基辛格去了一趟哈佛大学,想征求一下某些老同事的意见。他那些教授朋友们对基辛格大失所望,说已经给了政府"6个月"以上的时间来结束战争,可是杀人的事仍在继续,看不到尽头。有几位教授说,他们看不出基辛格的政策同罗斯托的有什么区别。一位从前的同事谴责这场战争是"不道德的",基辛格听了十分窝火,便劝这些朋友"不要站在道学派的立场来反对当权派"。② 朋友们几乎毫无例外地一致强烈要求基辛格说服总统提出一个具体的争取和平的新方案,最低限度也应该把美军全部撤出越南的时间表公布于世,但基辛格听不进去这些意见。相反,他认为尼克松的强硬政策可能会导致和平更快地实现。他说,如果北越要一个合理的妥协,那么,我们会在半道迎接他们。如果他们要羞辱美国,那么,我们将抵抗到底。③

全国规模的反战运动让尼克松触动很大。当基辛格把"鸭钩计划"交给他时,他否决了这一计划。基辛格虽然多次说过"我就不相信地球上会有一个不能被突破的社会组织",但国家安全委员会工作人员的批评使尼克松意识到这项计划并不可行。如果他一意孤行推行这一计划,一定会遭到失败。他明智地选择了让步。

11月3日,尼克松发表演说,承认赢得"美国要求的和平"的道路并不平坦,"但它是一条正确的道路",发誓要继续战斗,直到河内接受他心目中的"公正的和平"。单方面撤军对世界和平事业是一大灾难,"默许"侵略只会鼓励进一步的侵略,"我们在越南失败

---

① Walter Isaacson, *Kissinger: A Biography*, p.248.
② 〔美〕马文·卡尔布、伯纳德·卡尔布:《亨利·基辛格》,第219页。
③ John G. Stoessinger, *Henry Kissinger: The Anguish of Power*, pp.55—56.

受辱,无疑会使那些大国的首脑机关更加躁动不安。这些大国从未放弃它们征服世界的目标。它们还会在我们承诺维持和平的每一地区——中东、柏林,甚至逐渐发展到西半球——助长暴力行为"。因此,近乎投降的和平不可能带来和平,"它只能带来更大规模的战争"。在演说的最后,尼克松向"沉默着的大多数"发出呼吁,请求美国人民支持他的政策,"让我们为了和平团结起来,让我们团结起来战胜失败……北越无法打败或者羞辱美国,只有美国人才会如此"①。

这篇演说得到了美国民众的热烈响应。盖洛普民意测验表明,77%的听众支持尼克松的主张,只有6%的人表示明确的反对。② 基辛格告诉卡尔布兄弟,说:"这下子把舆论完全扭转过来了,北越人的态度也软化了。"③他又争取到了一些时间以解决问题。

12月15日,基辛格向记者介绍总统第三次撤军公告,到1970年4月15日再撤5万美军,又一次提到"有些迹象","有些故意放出来的空气",说明河内大概在打出信号,表示又愿意谈判了。他说:"我认为,北越领导人今后能不能采取比较灵活的态度来谈判,再过两个月左右就可以见分晓了。"④

但并不是所有的迹象都表明在好转的。中央情报局报告说,北越部队源源而入,各条渗透路线上都空前拥挤,其规模竟"五倍

---

① "Address to the Nation on the War in Vietnam", *Public Papers of President Nixon*, 1969. 参见 http://www.nixonlibrary.org/clientuploads/directory/archive/1969_pdf_files/1969_0425.pdf.
② 〔美〕西摩·赫什:《权力的代价——尼克松执政时期的基辛格》,第167页。
③ 〔美〕马文·卡尔布、伯纳德·卡尔布:《亨利·基辛格》,第224页。
④ 同上书,第227页。

到十倍于几个月前";同时,河内官方电台和报纸也在攻击总统的"越南化"计划是"为美国战争贩子的私利而延长战争、用越南人打越南人的政策"。但基辛格认为这正是河内的谈判策略:谈判之前,放手猛打,以争取谈判桌上的发言权。①

基辛格通过各种巧妙的方式发出美国政府愿意和解的信号。美国飞机出击的架次减少了20%,军事援越司令部基本上停止了美军的"搜索—消灭"行动,美军人数也不断减少。1970年1月底,河内对这一连串的信号作出了答复。1月31日,黎德寿到达巴黎布尔歇机场,宣布他准备进行认真谈判。几星期后,基辛格前往巴黎举行第一次会晤。从1970年2月底至4月初,基辛格先后四次去巴黎同黎德寿在首都附近的一所别墅里会晤。这类会晤有时长达8个小时,但基辛格每次在华盛顿不露面的时间却从不超过40小时。但是,会谈没有进展。负责越南事务的助理国务卿帮办威廉·沙利文认为,北越已经决定"管它什么谈判,先打个痛快再说",参谋长联席会议也是这个看法。基辛格觉得情形也正是这样。到4月初,他认为继续谈下去已经没有什么意义了。总统同意这个看法。②

1970年3月18日,柬埔寨首相朗诺发动政变,废黜了国王西哈努克。为了维持局面,朗诺抛却了中立立场,转而采取反共立场,结果使柬埔寨陷入战火之中。到4月中旬,柬埔寨的局势已经濒于绝望。共产党军队活跃在乡间,切断公路,对金边形成

朗诺

---

① 〔美〕马文·卡尔布、伯纳德·卡尔布:《亨利·基辛格》,第228页。
② FRUS, 1970, p.793.

**基辛格**

包围。朗诺向美国求救,要求美国至少给他提供5亿美元的武器、飞机和其他援助。

尼克松和基辛格均声称对朗诺的政变毫不知情,基辛格说甚至过了许多星期美国都不理解这件事的意义。据西摩·赫什说,这是基辛格回忆录中惟一以无知为荣的事例。① 但事实上,美国中央情报局一直在柬埔寨从事隐蔽行动,由军事援越司令部指挥的别动队一直在柬埔寨境内活动,搜寻越共的庇护所。美国还直接提出一项隐蔽行动计划,以暗杀西哈努克为目标。② 而朗诺本人,自50年代开始就是美国军事情报机构的"资产"——拿薪水的特工。政变发生前,中央情报局与朗诺在巴黎有过接触。政变发生当日,中央情报局西贡站就很有把握地向中央情报局总部报告:"迹象表明金边可能要发生政变。"③ 政变发生后,华盛顿更是暗自惊喜。

3月23日,应基辛格的要求,中央情报主任理查德·赫尔姆斯就如何维持朗诺政权的生存提供了中央情报局的研究报告。报告建议向柬埔寨提供秘密空投,向柬埔寨政府军提供必需的武器援助,在柬埔寨设立一个秘密的作战控制中心,协调在柬埔寨的军事行动,通过外交渠道,为朗诺政权争取国际援助。④ 3月24日和25日,国家安全委员会华盛顿特别行动小组一连开了两天会,研究如何帮助朗诺政权。⑤ 基辛格的助手黑格访问金边,与朗诺会谈。朗

---

① 〔美〕西摩·赫什:《权力的代价——尼克松执政时期的基辛格》,第237页。
② 同上书,第230—237页。
③ 〔美〕理查德·里夫斯:《孤独的白宫岁月——近距离看到的尼克松》,第149、150页。
④ *FRUS*, *1970*, pp.716—718.
⑤ Ibid., pp.719—721.

诺表示,他坚决反共,决心抵抗越南的侵略,希望有朝一日能加入美国的阵营,但迫切需要美国的支援,以帮助政府军迅速占领柬埔寨全境。为此,他希望美国能提供一批轻武器,以装备5万士兵,同时提供空中援助。①

4月1日,驻越美军司令克赖顿·艾布拉姆斯将军向基辛格的国家安全委员会提出了处理日益严重的柬埔寨危机的三种方案:第一,让南越军越界加紧袭击敌军庇护所;第二,由美国提供炮火和空中支援,鼓励南越人采取更大规模和更有力的军事行动;第三,帮助南越人全力进攻敌军庇护所中的根据地和补给基地,并派美国陆军顾问随行。基辛格把这些方案转呈了总统。此后,华盛顿特别行动组连续开会,讨论对柬埔寨提供援助的问题。4月16日,尼克松、基辛格和黑格、赫尔姆斯等人在白宫开会,再次讨论对朗诺政权的援助问题。尼克松认为不仅应该向朗诺政府军提供枪支,而且应该由中央情报局提供秘密空中援助,中央情报局应该积极寻求向柬埔寨提供秘密援助的渠道,同时在国外放出风来,如果北越军队准备进攻金边,美国准备进行军事干预。尼克松同时命令对北越的萨姆导弹基地发动空袭,说每周200名美军士兵的伤亡已经足以构成对北越发动进攻的基础。②

4月19日,尼克松飞往夏威夷给阿波罗13号的三位宇航员颁发自由勋章,同时召集太平洋舰队司令麦凯恩商讨印度支那局势。麦凯恩提出四点意见,包括继续向南越政府提供军事援助和财政援助,派遣南越政府军越过柬埔寨边境进攻越共,空袭柬埔寨境内越共基地。尼克松对此很有兴趣,仔细询问了切断"胡志明小道"

---

① *FRUS*, *1970*, pp. 1008—1009.
② Ibid., pp. 822—823.

**基辛格**

的情况。麦凯恩回答说,使用常规军队切断"胡志明小道"效果不太理想,空袭和特种部队更有效果。① 尼克松要麦凯恩前往圣克利门蒂,向基辛格作一次同样的汇报。第二天,尼克松、基辛格和麦凯恩在圣克利门蒂开会,讨论柬埔寨局势。尼克松询问,是否可以使用南越军队到柬埔寨境内作战,美军只在南越境内提供空中和炮火援助。麦凯恩说,这个计划已经在制订之中,将上报参谋长联席会议批准。尼克松指出,美国将向朗诺政权提供财政援助,南越军队缴获的苏制武器将转交给柬埔寨政府军使用。会见结束后,尼克松又打电话给基辛格,表示柬埔寨十分重要,问柬埔寨政府军何时能采取行动。尼克松还说,向朗诺军队提供军火是没有用处的,因为他们不知道如何使用,还是直接把钱给朗诺算了。基辛格说,中央情报局提供的经费已经较以前扩大了一倍。尼克松表示,尽管他不会让美军参加这次行动,但他不希望南越军队进去后被逐出来。基辛格说,麦凯恩加深了尼克松的一个信念,即如果朗诺政府垮台,美国在南越的全部事业也会同时瓦解。②

4月20日,尼克松在圣克利门蒂宣布了第四批撤军计划,声称"越南化"已经取得重大进展,远远超过了1969年7月的预期,因此,美国将在1971年5月1日以前从越南再撤出15万美军,同时,他又明确警告河内说:"如果敌人今后加强行动,威胁到我们在越南留下的军队,我将毫不犹豫大力采取有效措施来对付那种局势。"③

---

① *FRUS*, *1970*, p. 832.

② Ibid., pp. 833—834. 另见〔美〕亨利·基辛格:《白宫岁月》第二册,第622—623页。

③ "Address to the Nation on Progress Toward Peace in Vietnam", *Public Papers of President Nixon*, *1969*. 参见 http://www.nixonlibrary.org/clientuploads/directory/archive/1970_pdf_files/1970_0126.pdf。

21日,中央情报主任理查德·赫尔姆斯同基辛格一道去总统那里,出席每天上午的例会。赫尔姆斯说,北越军正在包围金边。尼克松下令国家安全委员会第二天开会。下午,基辛格和莱尔德同总统碰头。三人讨论了河内"新的气焰",主要关心的是这种情况对"越南化"计划可能产生什么影响。

22日一早,基辛格请国务院情报研究司司长雷·克莱因到他的白宫办公室来,了解新情况。然后,基辛格、赫尔姆斯又同总统谈了一下。上午10点,基辛格同参谋长联席会议所属联合参谋部三部(作战部)部长约翰·沃格特中将会面。沃格特与莱尔德、赫尔姆斯、克莱因等人观点一致。中央情报主任赫尔姆斯手里有一份最新的《国家情报评估》,题为"印度支那总结:远景展望",报告认为,朗诺没有能力阻止正在发起进攻的越南军队,惟一可以阻止越南军队的就是"维持重量级的轰炸和大规模的地面部队,而这些军队的士兵只能来自美国和南越"。报告的结论是:"无论如何成功,仍然无法阻止越南人以各种形式坚持不懈地奋战。"①

下午两点半,尼克松在内阁会议室主持了国家安全委员会会议。根据尼克松的命令,这次会议不作记录,各位副部长也不参会,因此会议没有留下任何正式记录,只有基辛格在回忆录中记述得还比较详细。②

基辛格作了一个关于柬埔寨的军事形势和政局的详细报告,中心内容是:朗诺政府的处境极为困难,共产党的目标尚不清楚。基辛格认为,不论出现哪种情况,北越军的庇护所越扩大,它就越

---

① 〔美〕理查德·里夫斯:《孤独的白宫岁月——近距离看到的尼克松》,第161页。
② FRUS, 1970, p. 849.

**基辛格**

有可能使在南越的美军遭到更大的伤亡,结果几乎肯定会妨碍"越南化"计划,从而有使美军撤退放慢下来的危险。

基辛格的报告非常详尽,在座的人对报告的内容和设想都没有提出质疑。大家一致认为:为了保护在南越的美国人的生命,美国应该采取某种军事行动来阻止共产党在柬埔寨取得胜利。国家安全委员会提出了三种可供选择的方案,莱尔德部长和罗杰斯国务卿主张只采取虚弱的行动(shallow operation),基辛格主张由南越军队负责地面作战,美军只限于提供空中支援,邦克大使和艾布拉姆斯司令以及参谋长联席会议主张美军和南越政府军全力攻击庇护所。① 会上对这三种方案进行了讨论。但据基辛格说,尼克松政府的重大决策很少是经过讨论才产生的,一个问题提到国家安全委员会会议上已经经过无数小组委员会的分析研究,以至于内阁成员在决策中所起的作用已经类似于排练成熟的戏剧中的演员,他们基本上重复其部下已经在其他场合说过的话。此外,每个与会者都满腹狐疑,猜测着有什么他不知道的勾当在暗中进行。他们既想迎合总统,又害怕国内影响。就在这种沉闷的气氛中作出了进攻庇护所的决定。② 随后,尼克松签署了第56号《国家安全决策备忘录》,命令立即加快通过第三国渠道对柬埔寨政府军提供军援,同时通过一切外交努力,由感兴趣的国家向朗诺政府提供支持;出动师级规模的南越政府军,越境向柬埔寨庇护所出击,美军提供炮火和空中援助。③

---

① *FRUS*, 1970, p.849.
② Ibid., pp.849—850. 另见〔美〕亨利·基辛格:《白宫岁月》第二册,第624—625页。
③ *FRUS*, 1970, p.851.

那天晚上，尼克松吩咐基辛格负责拟订一个由南越军攻打鹦鹉嘴共产党军庇护所的计划，鹦鹉嘴是柬埔寨领土的突出部，东距西贡只有35哩。当时尚未下令采取行动，但基辛格已经摸着了总统的思想脉络，对此没有表示异议。会后，尼克松又致信基辛格，认为美国应在柬埔寨采取大胆的步骤，以表示美国对朗诺的支持。①

4月23日，星期四，华盛顿特别行动小组开会。基辛格主持会议，参加会议的有：负责政治事务的副国务卿亚历克西斯·约翰逊、国防部副部长戴维·帕卡德、穆勒海军上将、赫尔姆斯和助理国务卿马歇尔·格林。他们讨论了在柬埔寨进行一次由美国支持的袭击在军事和政治上会引起什么问题，并具体讨论了由谁去做哪些事、和谁一同做、何时做，等等。会后，基辛格又分别同格林、帕卡德和穆勒谈了一下，然后向总统汇报。傍晚，基辛格去参议员富布赖特家，向他和其他7位参议员简要地介绍了日益严重的柬埔寨局势。他从下午5点半一直待到7点。其间总统给他打了四五次电话。基辛格一直没有透露总统心里在盘算着的事：向柬埔寨境内发动一次地面袭击。

当晚，基辛格同华盛顿特别行动小组的其他成员再次碰头，讨论进攻鹦鹉嘴的计划。会后，总统回林肯厅，基辛格回到白宫西翼自己的办公室。两人通了几次电话。尼克松提出了几个问题：既然可以进攻鹦鹉嘴，那为什么不进攻所有的庇护所呢？当时美国驻金边使馆人员很少，他们能挑得起协调大规模进攻的额外担子吗？基辛格从这些问题中意识到，总统正在考虑使用美国军队对

---

① *FRUS*，*1970*，pp. 845—846.

**基辛格**

柬埔寨进行更大范围的进攻。

尼克松深更半夜又给基辛格打了最后一次电话,说他想搞一份进攻柬埔寨境内所有共产党军庇护所的计划,还说在24日早上7点1刻,他要见基辛格、穆勒、赫尔姆斯和中央情报局副局长罗伯特·库欣曼(Robert Cushman)中将。尼克松要穆勒以最高总司令军事顾问的身份参会,因此不必把会议内容告诉国防部长知道。国务卿罗杰斯也被排除在外。尼克松的理由是,这只是一个军事会议,但真正的原因是尼克松极端厌恶官僚主义的拖延作风。

这五个人按约定时间在24日清早会面。他们研究了派遣美军进入柬埔寨领土上另一个突出部鹦鹉嘴以北的鱼钩(Fishhook)地区可能产生的各种问题。基辛格说,赫尔姆斯和穆勒两人都极力主张进行这次行动,以减轻北越对金边的压力,摧毁敌人的后勤补给点,为"越南化"赢得时间。会议结束后,尼克松让基辛格打电话告诉莱尔德,可能要动用美军进攻柬埔寨境内的共产党军庇护所。尼克松知道莱尔德对这一行动很不同意,罗杰斯也是这样。这两位部长都怕美国进攻柬埔寨会进一步煽动各大院校和国会山上的反战运动,都主张限制美军所起的作用。但莱尔德当时建议,4月27日罗杰斯就要到参议院外交委员会作证,此前最好什么决定都不要做,免得让罗杰斯在国会撒谎,说没有美军士兵在柬埔寨。莱尔德还说,穆勒和艾布拉姆斯可能会反对这次行动。基辛格当时就打电话给穆勒,要他在莱尔德征询意见时不要发表反对意见。①

基辛格对南越军从来就没有多大信心,所以他同意总统的意见。既然必须制止共产党在柬埔寨取胜,以便美国得以安全地从

---

① *FRUS*, 1970, pp. 867—868.

南越撤军,同时向共产主义世界(特别是莫斯科和北京)显示美国的力量和决心,那么也就必须保证打赢这一仗。基辛格设想了一个突然大举攻入柬埔寨的方案,攻入的时间不长,主要目的只是在于使柬埔寨在美国从南越撤军之际,不要落入共产党手里。那天下午,基辛格又召集华盛顿特别行动小组开了一次会,但他始终没有透露总统打算在柬埔寨使用美军的意图。会议主要讨论了以南越军为主力的鹦鹉嘴作战计划,认为如果柬埔寨成为共产党的基地,"越南化"计划将不可能实现,其心理打击是巨大的,因此要求立即执行第56号《国家安全决策备忘录》。①

傍晚,基辛格邀请了他的国家安全委员会班子里的五名成员到他办公室里,对有关柬埔寨问题的各种方案尽量提出反面意见,加以讨论。这五个人是安东尼·莱克、温斯顿·洛德、劳伦斯·林恩、罗杰·莫里斯和威廉·瓦茨。此前的22日,莫里斯、洛德和莱克联名向基辛格提交了一份备忘录,反对无限制地扩大战争。备忘录指出,柬埔寨的行动要求美国采取行动,但这种行动的性质受限于柬埔寨的局势:朗诺政权在农村得不到支持,政府军士气低落,战斗力低下,如果没有美军和长距离渗透的南越政府军的支持,朗诺政权根本不可能控制农村,清除北越的庇护所。然而,从长远目标看,如果美国不愿在另外一个国家陷入战争泥沼,派遣美军和南越军队深入柬埔寨在军事上也是无效的。而且,这样的行动必将引发政治风暴,引发人们对美军扩大在印度支那卷入的担心。备忘录建议美军不直接卷入在柬埔寨的军事行动,美国在柬埔寨的目标应该是恢复朗诺政变前的状态,但不让西哈努克上台,

---

① *FRUS*, 1970, p. 870.

**基辛格**

继续保持柬埔寨的中立,支持朗诺与共产党达成政治上的妥协。①

基辛格和五个人讨论了即将展开的行动。莱克反对入侵,说:"那等于扩大战争,不管怎么说,总统只要卷了进去,就别想摆脱出来。"柬埔寨内部将来还要出大问题,美国在国内外都会受到反对,代价太大,不值得。莫里斯也附和这种论调,认为这又是一次不智之举,徒然造成伤亡,造成破坏,而不会有真正的好处。瓦茨提出了最强烈的保留意见。他认为,如果今年进攻柬埔寨,明年就会进攻老挝,后年就要轰炸海防了。林恩表示担心。② 莫里斯说,进攻的目的是要打击敌人,但柬埔寨那种地形决定了美军是不可能进行猛烈打击的。这是一个无效的行动,战争必将延续下去。它只是可能对东南亚产生某些效果,但在国内造成政治影响却是肯定无疑的。③ 但基辛格置若罔闻。五个人走出门时,莱克和莫里斯决定再不能跟着这次战争升级干下去了,瓦茨情绪沮丧,茫然若失,只有洛德没有表示意见。

4月25日,基辛格向埃利希曼详细地介绍了柬埔寨行动计划,接着又找林恩私下谈了话。林恩说,入侵柬埔寨不仅将迫使北越部队更加深入柬埔寨腹地,更重要的是还将大大削弱南越的防御,使它更容易遭到越共和北越的攻击。④ 基辛格后来回忆说:"林恩是反对的,但并不是感情用事,他能说出一番道理来。"⑤他让林恩对入侵方案进行评议,林恩说:"那是一个糟糕透顶、含混不清的计划。我奉命把我能想到的问题都写出来,如难民、南越军队和安全

---

① *FRUS*,1970,pp. 852—855.
② 〔美〕马文·卡尔布、伯纳德·卡尔布:《亨利·基辛格》,第243—244页。
③ 〔美〕西摩·赫什:《权力的代价——尼克松执政时期的基辛格》,第245页。
④ 同上书,第244页。
⑤ 〔美〕马文·卡尔布、伯纳德·卡尔布:《亨利·基辛格》,第245页。

等,我甚至对这次行动本身的目标也提出了问题。"基辛格说他的问题清单妙极了,并且把它交给了参谋长联席会议,但从此再无下文。①

基辛格和林恩谈话时,从戴维营来了电话。总统要看莱尔德的鱼钩行动计划。基辛格立即乘直升机去戴维营,与总统就美军从地面攻入柬埔寨的地图、图表和计划整整研究了两个小时,议了莫斯科和北京可能作出的反应。两人都觉得反应一定会很强烈,但局面还控制得住。

4月26日,总统召开了国家安全委员会紧急会议,讨论赞成和反对美军攻入柬埔寨的各种意见。总统没有宣布决定,会后又与基辛格把正反两方面的意见从头到尾研究了一番。随后,尼克松签署了第57号《国家安全决策备忘录》,命令由华盛顿特别行动组负责实施鱼钩计划。②

4月27日早晨,内圈人物再次开会。之所以召集这次会议,是因为罗杰斯抱怨昨天进攻柬埔寨的决议已经做出,而他竟然毫不知情,莱尔德也有同感。他说根据宪法国防部长应该承担执行军事行动的职责,可第57号《国家安全决策备忘录》竟然规定由华盛顿特别行动组负责此次军事行动。他勉强同意了艾布拉姆斯关于必须使用美军的建议,罗杰斯怀疑艾布拉姆斯和其他军事将领只是讲一些他们认为是总统爱听的话。散会后,尼克松要基辛格让五角大楼为美国和南越军进攻鹦鹉嘴和鱼钩地区提出最后计划以及"任何其他建议",当晚必须交卷。③

---

① 〔美〕西摩·赫什:《权力的代价——尼克松执政时期的基辛格》,第245页。
② *FRUS*, *1970*, p. 889.
③ Ibid., pp. 890—892.

**基辛格**

那天晚上,基辛格到布鲁金斯研究所参加宴会,会上一些著名的美国学者和日本学者向他提出了柬埔寨问题。他们问道,听说美国正在考虑向金边提供大规模援助,不知是否属实。基辛格没有透露,美国正在考虑的却是派美军发动一场大规模进攻。

那天晚上,尼克松独自坐在办公室里,膝上放着一本黄纸本,信笔列下一张入侵柬埔寨的利弊对照表。有利之处在于,美国可以在"越南化"中减少共产党活动区的影响,美国可以更快地从南越撤军回国,牵制共产党对金边的进攻,有可能动摇北越领导层的基础,或者可能将河内或苏联引向谈判桌。不利之处在于,可能使国内"严重分裂的局面"变得更加深刻。可能会激怒共产党,北越可能退出谈判,跨过非军事区发动进攻。①

4月28日一大早,他把基辛格叫来,说要使用美军进攻鱼钩地区。基辛格立即拿出他自己的黄纸本,上面也列了一张利弊对照表,两张表上的内容几乎一样。总统当即把决定通知霍尔德曼和米切尔,随后又通知了莱尔德和罗杰斯。米切尔写了一个会议摘要:"总统进一步重申,为实现他的决策,他已站在国务卿和国防部长的立场上,认真地考虑了他们对于美国出兵的反对意见……"②

按计划,南越军将在华盛顿时间星期二夜间开始进攻鹦鹉嘴,美军将在华盛顿时间星期四夜间开始进攻鱼钩地区,总统将在星期四晚上9点向全国发表演说。

4月30日晚9时,尼克松出现在电视摄像机前。他的每句话都表现出战斗气概,通篇用语杀气腾腾。他列举了北越军队利用

---

① 〔美〕理查德·里夫斯:《孤独的白宫岁月——近距离看到的尼克松》,第167—168页。
② 同上书,第169页。

庇护所对驻越美军的威胁,宣布美军已经"协同"南越军队向柬埔寨发动了进攻。同时,他又为自己扩大战争的行动进行了辩护:

> 我们采取这个行动,目的不是要把战争扩大到柬埔寨,而是为了结束越南战争,赢得我们大家都渴望的公正的和平。我们已经——我们将继续尽一切力量通过在会议桌上的谈判,而不是通过在战场上打更多的仗来结束这场战争。敌人的回答却是会议桌上不妥协,在河内表现出好战的态度,在老挝和柬埔寨进行大规模军事侵略,在南越加紧进攻,以期增加美国的伤亡。这种态度已到了令人不能容忍的地步。我们不能只用控诉性的外交抗议来对付这种威胁美国人生命的行为。如果我们这么做,美国在世界各地的信誉将受到损害。①

入侵柬埔寨的消息一宣布,就像对全国扔了一颗炸弹似的,几十个大学的学生举行抗议游行,并计划下周在华盛顿举行示威游行。全国学生联合会要求弹劾尼克松,尼克松则反唇相讥,大骂学生是"二流子","只知捣毁校园"。他的话引起了更多的示威游行。到5月4日星期一,几百所大学都在闹事,情况触目惊心。在根本说不上是激进分子会聚之所的俄亥俄州立肯特大学,国民警卫队为了把扔石头的学生驱出一个地方而开了枪,打死了4名学生,打伤了11名。基辛格的三名助手莱克、莫里斯和瓦茨愤然辞职,紧接着林恩也辞职不干了。

这些行动虽然令基辛格十分沮丧,但他还是决定要坚定不移地走下去。他告诉白宫班子:"我们正试图给苏联人一个震动,使

---

① "Address to the Nation on the Situation in Southeast Asia", *Public Papers of President Nixon*, 1970. 参见 http://www. nixonfoundation. org/clientuploads/directory/archive/1970_pdf_files/1970_0139. pdf。

**基辛格**

他们同意举行一次（最高级）会谈。如果我们表现得软弱无力，就不能达到这个目标……无论谁打算谈判，都必须摆出强硬的姿态。如果我们闯过了这一关，我们就能在8月间开始谈判。"[①] 这正是尼克松"狂人理论"的精髓。因此，他一面加紧策划谈判，一面又为尼克松的政策辩护。他说柬埔寨之役为有秩序地从印度支那撤出美军，也为增强南越部队，赢得了至少6个月的时间。美军将在6月底以前撤出柬埔寨。美军在柬埔寨的地面行动一旦结束，就会产生新的谈判机会来寻求体面解决越南战争的办法。他提到北越已经将"他们的几位大使"召回国，北越国会已经召开，估计河内正经历"一个深刻的重新考虑问题的时期"，过后，政治局可能作出要进行"认真谈判"的决定。尼克松对柬埔寨之役的估计更为乐观。参谋长联席会议曾向他保证，这次进军打乱了敌人在南越的部署，共产党在富饶的三角洲和西贡周围地区的军事活动已经显著减少。

对基辛格来说，在柬埔寨使用美国的军力不是个道德问题，而只是他下述理论的合乎逻辑的引申，即有时为了推进外交事业（目前具体说来就是要通过谈判使美国从印度支那体面地撤军），实行武力政策是必要的，而且还要以迅雷不及掩耳之势实行这种政策。然而，事实证明，这种理论是错误的。它不仅没有缩短战争的期限，反而延长了战争，并且使柬埔寨陷入了内战状态。到1970年7月美军撤出柬埔寨之前，柬埔寨已经有一半国土落入柬埔寨共产党的控制之下。

1970年11月，尼克松和基辛格制定了一项新计划。新计划预计在1971年5月的撤军完成之后，再宣布一次大规模的撤军，在半

---

[①] 〔美〕西摩·赫什：《权力的代价——尼克松执政时期的基辛格》，第249—250页。

年内再撤出10万人,将驻越美军的规模控制在18万人左右,之后再继续频繁地宣布少量撤军,到1972年夏天留下5万左右的美军。在1971年的某个时段,美国将宣布不再参与南越的地面战斗,战争的结局将取决于南越和北越之间的较量。这样,和平将在1971年底或1972年初实现。

然而,这项战略成功的关键还是看"越南化"的进展。如果南越军队不能顶住北越的进攻,那么,美国依然不能使北越在谈判桌上让步。因此,尼克松和基辛格在确定这一战略的同时,又决定尽量削弱北越军队,为该战略的成功创造条件。他们认为,入侵柬埔寨取得了重要进展,美国的行动至少把河内的后勤供应计划推迟了15个月。因此,要使这项战略奏效,必须对北越采取军事行动。这一回,尼克松和基辛格选择了老挝。多年来,北越通过"胡志明小道"向南方运送了大量的物资和人员。美军一直派飞机轰炸这些小道,却从来没有在地面上采取措施切断他们的行动。这一次,尼克松政府决定从地面上切断"胡志明小道"。鉴于入侵柬埔寨的教训,再加上刚通过的《库珀—丘奇修正案》禁止美军卷入对老挝的军事行动,尼克松和基辛格决定全部依赖南越军队来执行此项行动。艾布拉姆斯一直认为南越军已经在柬埔寨受到考验,可以用来单独行动。

基辛格知道"越南化"并没有真正取得进展,作为其最确定无疑的成就之一,就是南越人从美国人那里学到了介绍情况的方法,即用大量的事实,以无比自信的口吻,把听众弄糊涂,使他能够跟得上、听得懂就算万幸。在一系列的图表、示意箭头和统计数字潜移默化的影响下,听众失去了就内容提出疑问的机会。而1971年初的尼克松政府,无疑成为艾布拉姆斯将军的听众之一。

1971年1月中旬,尼克松批准了进攻老挝的战略。南越人称

基辛格

之为"兰山719"(Lam Son 719)的这个战役,要达到几个目的:切断"胡志明小道",破坏北越军队的储藏所,阻止北越军队插入南越北部的几个省,以及为实施"越南化"争取更多时间。但实际上,这一计划是建立在空想基础之上的,尼克松和基辛格听到的头头是道的宏伟计划,实际上不过是参谋人员的纸上谈兵,而不是军事现实。①

老挝之役根本没有实现预期的结果。河内对入侵计划一清二楚。中央情报局的情报分析家塞缪尔·亚当斯说:"他们知道任何一项命令,了解任何一个变动。"②缴获的文件表明,北越在进攻前几周就获悉全部南越直升机的降落地点,从而使南越直升机的损失率高达60%。南越军仓皇撤退,损失高达万余人。而参谋长联席会议却说这次战役是南越军的又一次胜利。由韦恩·史密斯领导的一个国家安全委员会工作班子认为,老挝行动为美国赢得了一年时间。③ 尼克松引证艾布拉姆斯将军的话说,当大多数南越士兵离开老挝时,"尽管遭到很大损失,但他们信心更足、士气更高了……我们得出的结论是,南越军队在前进的道路已经跨过了一个里程碑"④。

基辛格先前还信不过南越军,现在也开始接受五角大楼的评估了。他在给总统的一份秘密报告里再度发出乐观论调,说:"我们估计,印度支那半岛的力量对比已经转变为对南越人有利了。"三年前,南越军是在南越境内人口稠密地区及其附近同敌人交战。

---

① Henry Kissinger, *Ending the Vietnam War: A History of America's Involvement in and Extrication from the Vietnam War* (New York: Simon & Schuster, 2003), p. 198.
② 〔美〕西摩·赫什:《权力的代价——尼克松执政时期的基辛格》,第398页。
③ 〔美〕亨利·基辛格:《白宫岁月》第三册,第1290页。
④ 〔美〕西摩·赫什:《权力的代价——尼克松执政时期的基辛格》,第403页。

现在,他们已显示出,他们能够在没有美国地面作战部队或顾问帮助的情况下,在敌人庇护所地区对敌作战,同时还能使他们自己境内保持平定。但事实上,"兰山719"计划不仅没有改变南越的力量对比,也没有把北越赶到谈判桌上来,反而让北越人认识到"越南化"计划的虚弱。后来担任越南外长的阮基石说:"这是一场惨败。你知道,兰山是一次考验,看看西贡部队到底能不能与(北越)革命军队作战。这是第一次考验,结果成了他们最大的一次失败,因此它也标志着'越南化'的失败。"直至入侵前,河内一直对于西贡军队的抵抗能力似乎有所加强感到担心,"我们深信'越南化'不会成功,但是情况到底怎样发展我们还得走着瞧。我们之所以有这种信念是因为他们在美军参战的情况下尚且无法取胜,那么没有了美国的帮助他们怎么会成功呢?"阮基石说,"越南化"要成功必须具备四个条件:第一,双方同时撤出南越,实现停火;第二,有效地加强南越军队的战斗力;第三,摧毁"胡志明小道"和庇护所;第四,阻止北越补充军需。四个条件缺一不可,否则就意味着全盘失败。① 因此,与美国决策者预期相反,兰山行动使北越领导人增强了不在南越作出政治妥协的决心。

**巴黎谈判:基辛格与越南战争的终结**

战争升级是为谈判做准备的。说到底,尼克松和基辛格并不认为美国能打赢这场战争。在策划战争升级的同时,他们也在策划通过秘密谈判寻求脱身之道。因此,打和谈是交织在一起的,打是为了更好地谈,为谈判提供更多筹码。

---

① 〔美〕西摩·赫什:《权力的代价——尼克松执政时期的基辛格》,第402页。

基辛格

1969年1月25日,美国、南越和越南、越共四方会谈在巴黎举行。美国谈判代表亨利·卡伯特·洛奇建议把政治和军事两方面的问题分开解决,而作为解决军事问题的第一步,美国和北越部队"共同撤出"南越。与过去的立场相比,这是一个重大的让步。1966年10月,约翰逊政府曾保证说,在北越军队撤出6个月并在"暴力的规模"减退后,美国才从南越撤军。然而,北越却坚持要单轨谈判,认为一项解决办法的军事和政治两方面是分不开的,同时坚持要美国撤军。

3月28日,国家安全委员会审查小组讨论了越南和谈的基本方针,包括军事上降级、美国和越南相互撤军等内容。为尼克松总统准备的备忘录指出,美国在越南的基本目标是让南越人自己在没有外来干涉的前提下决定自己的政治前途,而最优先的目标是美国和北越相互撤军,建立非军事区、最终实现完全停火、释放战俘等,至于南越的政治前途,要留待南越自己与越共谈判,对这样的政治谈判,美国尽量不要参与。① 备忘录规定了美国的谈判策略。

5月14日晚9时,尼克松就越南问题发表讲话。他排斥了用纯军事方式解决越南问题的可能,也排除了反战分子要求抛弃阮文绍集团,立即在南越搞联合政府的提议。他列举了美国解决越南问题的七项原则,提出了八项建议,包括所有非南越军队在12个月内大部撤出南越;随着北越部队全部撤离,所有外国的非共产党部队也将撤出;成立一个有关各方都能接受的国际监督机构,对撤军工作进行核查;由监督机构帮助安排各地停火,监督机构还将

---

① *FRUS*,1970,pp.154—161.

协助"根据协议的程序"举行"选举";安排早日释放全部战俘;同意遵守1954年和1962年的《日内瓦协议》。①

尼克松和基辛格认为,这一建议宣示了美国的善意,美国开始撤军,将推动河内向谈判解决迈步,因此,美国的提议是一个合乎情理的妥协。然而,在河内看来,这个计划明显地脱离现实,对美国倡导的民主选举,河内可是铭记在心。在1954年的日内瓦会议上,美国以民主选举引诱越南在《日内瓦协议》上签字,可是两年后,在南越执政的吴庭艳就撕毁了协议。越南在战场上得到的东西,结果在谈判桌上失去了。北越总理范文同说:"不要让慕尼黑重演,不管它以什么形式出现。"②现在,美国又抛出了同样的方案,这等于让北越缴械投降,等于让阮文绍政权无限期统治下去,放弃重新统一越南的任何希望,多年的武装斗争和代价高昂的牺牲将变得毫无意义。此外,在河内的眼中,美国主动提出撤军,不是什么善意的表现,而是它力不从心的体现。它的撤退,标志着西贡政权末日的开始。因此,这一计划根本不可能作为谈判的基础,更不用说被它接受了。

6月8日,尼克松在中途岛会见了南越总统阮文绍,宣布美国将开始从南越撤军。第一批撤出2.5万名战斗部队。基辛格相信,从50多万人的大军中撤出2.5万人,对美国在印度支那的实力并无影响,然而却可显示美国谋求解决的诚意,表明华盛顿退出印度支那的决心。他说:"我们现已到了应当开始认真谈判的阶

---

① "Address to the Nation on Vietnam", *Public Papers of President Nixon*, 1969. 参见 http://www.nixonlibrary.org/clientuploads/directory/archive/1969_pdf_files/1969_0195.pdf。

② John G. Stoessinger, *Henry Kissinger: The Anguish of Power*, p.55.

**基辛格**

段了。"①

1969年8月2日,尼克松抵达罗马尼亚访问。在与齐奥塞斯库会谈时,尼克松特意向北越发出信息:"我们不能无限期地继续每周在越南死亡200人而在巴黎毫无进展。到今年11月,我们停止轰炸就满一年了,我们已经撤出了一些军队,并为和平谈判提出了若干合理的建议,如果还是没有进展,我们就不得不重新估计我们的政策了。"②

在尼克松的环球旅行开始之前不久,基辛格说服总统向胡志明发出一封密信,建议举行认真的谈判,如有可能,由基辛格和北越人在巴黎开始秘密接触。这封信由一位名叫让·圣特尼(Jean Sainteny)的法国银行家交给了北越参加巴黎和谈的代表团团长春水。不到一星期,河内同意由春水和基辛格举行秘密会晤。圣特尼得到通知后转告了基辛格,那时基辛格正陪同总统作一次环球旅行。在总统乘飞机回国的时候,基辛格同总统一行分手,前往巴黎和布鲁塞尔。基辛格此行的目的对外宣称是向法国和北约组织的高级官员介绍尼克松出访情况,实际上是掩盖他同北越人的首次秘密会晤。

这次秘密会晤是在圣特尼的寓所里举行的。春水和基辛格谈了差不多3小时。会谈没有取得突破,两人只是各自阐述了人所共知的立场而已。双方同意进一步接触。基辛格在会谈时也提醒春水,如果在11月1日以前还没有就解决办法取得重大的进展,美国将被迫采取后果极为重大的措施。③ 此时的基辛格,已经一扫先

---

① 〔美〕马文·卡尔布、伯纳德·卡尔布:《亨利·基辛格》,第209页。
② 〔美〕理查德·尼克松:《尼克松回忆录》中册,第472页。
③ 同上书,第473页。

前对结束越南战争的乐观情绪,开始意识到问题并不那么简单。在接见一群正在访问美国的亚洲外交家时,他重申尼克松政府不会重蹈约翰逊政府的覆辙,然而在进一步回答如何避免重蹈覆辙时,他说:"我们不会重犯那些错误,我们不会把 50 万人送到越南去。我们将犯我们自己的错误,这些错误将完全是由我们自己犯下的。"①

1970 年 7 月 1 日,最后一名美国士兵撤出了柬埔寨。第二天,尼克松总统任命戴维·布鲁斯担任美国在巴黎的谈判代表团团长,以此向河内公开表示他准备重开谈判。8 月初,布鲁斯到了巴黎。

与此同时,尼克松和基辛格正在秘密拟订一个打破僵局的新方案。基辛格主持的一个越南问题特别研究小组,成员包括副国务卿、副国防部长、中央情报局和参谋长联席会议的高级代表,以及政府其他部门的专家,正在研究在整个南越 44 省中的 20 个省里实行停火的三种方案。

第一种方案要求北越军队全部撤出南越,这是美国谋求多年而没有达到的目的。第二种停火方案承认无法把北越军队全部撤出南越这一事实,让北越军队在南越某些指定地区重新集结,这是美国的一大让步。第三种方案是不顾西贡的反对,接受河内关于北越军队可以在南越全境行动的要求。这就是所谓"就地停火"方案,它只要求美国撤军,北越停止战斗,容许北越继续在政治上控制当时处于其军事控制下的所有地区。②

基辛格劝总统试一试第三种方案,认为这是三个方案中最切

---

① John G. Stoessinger, *Henry Kissinger: The Anguish of Power*, p. 55.
② Ibid., p. 59.

**基辛格**

实可行的,有可能取得河内同意,最后达成协议。国务院的沙利文和哈比卜也认为停战谈判必须反映战场的现实才能成功。但艾布拉姆斯将军和邦克大使坚决反对。他们从西贡的立场出发,认为这个方案"风险太大","在军事上是无法接受的"。①

在美国入侵柬埔寨以前,尼克松同艾布拉姆斯、邦克等人的看法一致,认为就地停火对南越政权的威胁太大。但经过60天的激战以后,他觉得南越军的战斗力还相当不错,因而改变了主意,到了仲夏,基辛格的就地停火方案占据了尼克松计划的中心位置。

得到总统同意之后,基辛格便筹划同河内进行新的接触。1970年9月,基辛格两度同北越谈判代表秘密会晤。他对春水说,美国无意使北越"受屈辱",无意霸占它的任何领土,也无意剥夺它连续打了25年仗所获得的政治果实,甚至无意在南越保留美军基地。他解释说,事实上美国愿意给越共一个"合理的机会",通过非暴力手段取得南越的政权。② 但春水不为所动。

10月7日,尼克松宣布了美国新的和平方案。在这个方案中,美国首次建议在印度支那全境实行就地停火,不再要求北越军队同时从南越撤出,美国答应从南越撤出全部美军,举行国际和平会议,立即无条件释放全部战俘。③ 5天以后,尼克松又宣布在圣诞节前撤出4万名军队。④

---

① 〔美〕马文·卡尔布、伯纳德·卡尔布:《亨利·基辛格》,第266页。
② 同上书,第267页。
③ "Address to the Nation About a New Initiative for Peace in Southeast Asia", *Public Papers of President Nixon*, 1970. 参见 http://www.nixonfoundation.org/clientuploads/directory/archive/1970_pdf_files/1970_0335.pdf.
④ "Statement Announcing Further Withdrawals of U. S. Forces from the Republic of Vietnam", *Public Papers of President Nixon*, 1970. 参见 http://www.nixonfoundation.org/clientuploads/directory/archive/1970_pdf_files/1970_0340.pdf.

基辛格自己包揽了新方案的解释工作。他向新闻记者介绍情况,强调这是美国关于结束越南战争的第一个全面方案,它远远超过了1969年5月总统演说中所阐明的那些原则。值得注意的是,他闭口不谈美国政策中的那个关键性的转变,即从先前的"共同撤军"方案退到"就地停火"方案。

基辛格一边煞费苦心地对民众隐瞒着美国这项重大让步,一边却想方设法使北越了解到这个转变的全部含义。他不但让布鲁斯在巴黎直接对北越人讲,还间接地让苏联大使多勃雷宁和波兰大使那日·米哈沃夫斯基传递消息。两位外交官意识到这个转变的重要性,立即找国务院和白宫的重要官员核实情况,然后将情况电告河内。

1971年春,基辛格鼓动总统再制订一个和平方案。这个方案基本上是把1970年10月7日尼克松的和平方案加以扩充而成的,但是包括两点重要的新让步。其一是美国保证在协议签订后6个月内全部撤出南越。这是满足河内关于美军应限期撤完这个要求的重大步骤。其二是,美国答应要阮文绍总统在南越举行全国大选前一个月辞职。这是接受河内关于阮文绍必须下台的要求。① 此外,这个方案仍包括原有的全印度支那就地停火、立即无条件释放全部战俘、对停火和选举实行国际监督、召开国际会议"保证"新协议的实施等各点。

1971年春季和夏季,基辛格与黎德寿先后举行了六次秘密会谈,每次都有进展。在5月31日举行的首次会谈中,基辛格向黎德寿表示,为了造成一种坦率气氛,美国政府懂得,等南越的战争结

---

① John G. Stoessinger, *Henry Kissinger: The Anguish of Power*, p. 59.

**基辛格**

束,签订和约后,美国人将远在万里之外,而北越人则相距只有300哩。因此,使解决方案不但对华盛顿而且对河内都公平合理,才符合美国的利益。他强调说,美国所要的是北越"愿意遵守"的解决办法。

基辛格特别强调就地停火,根据这一条,北越部队无需撤出越南,但黎德寿拒绝了这个方案。基辛格后来回忆说:"北越人坚持,任何不包括政治解决的方案根本不能谈。"① 美国并不能一走了事,还必须在走前作出北越人可以接受的政治安排。

在1971年第二次秘密会谈中,黎德寿提出了九点和平方案。基辛格迅速把河内的方案接过来,作为解决越南战争的谈判"基础"。基辛格后来解释道:"从那以后,美国的各次方案都模仿那九点的顺序和内容。"但北越人随即在巴黎公开提出一项完全不同的和平方案。这个方案口气强硬,坚决要求阮文绍立即下台和规定美国全部撤出的日期。基辛格这才领悟了北越战略的真意:他们仍然愿意在私下进行认真谈判,但同时他们还是要进行公开的宣传,以煽起美国国内的反战情绪。②

**黎德寿**

在其后的几个星期里,基辛格和尼克松致力于修改美国的和平方案,希望能解决河内和华盛顿之间在剩下两点(美军撤出的条件和南越的政治前途)上的分歧。8月16日,基辛格会见黎德寿,提出了一个八点方案。针对北越的第一点反对意

---

① 〔美〕马文·卡尔布、伯纳德·卡尔布:《亨利·基辛格》,第277页。
② 同上书,第278—279页。

见,美国提出,美军全部撤出的具体日期为1972年8月1日,条件是必须在1971年11月1日前达成全部一揽子原则协议。关于河内的第二点反对意见,美国首先保证在即将于10月3日举行的南越总统选举中保持中立。其次,美国宣布,如果苏联和中国也限制对北越的援助,美国愿意限制对南越的援助。最后,美国将发表一项声明,尊重所有印度支那国家采取不结盟的方针。基辛格觉得,他对河内的两点反对意见已经做到最大的让步了。9月13日,北越拒绝了美国的最新方案,称这个方案根本没有解决那两个他们有反对意见的关键问题,抱怨美国所提的撤军日期太遥远了。另外,既然阮文绍现在搞独角戏选举,美国所谓在10月3日大选中保持中立的保证毫无意义。基辛格这才明白,他先前的乐观完全落了空。要在1972年以前获得他设想的和平解决,显然是没有希望了。①

基辛格在越南问题上呕心沥血,几乎成了一个越南问题专家,但并没有完全领会到河内政策的核心所在。他认为他的新倡议是一个真正的妥协,河内会欣赏他的主张的合理性和他的方案的灵活性,然而,对河内而言,美国这项让步不足以让它作出积极的回应。美国必须先与其配合,将阮文绍政权赶下台去,保证他们在南方取得政治上的胜利,他们才允许美国人"体面地"撤出南越。② 美国从原先的谈判立场步步后退,被认为是美国有意在南越选举中抛弃阮文绍,基辛格新的撤军倡议被解读为美国在这一问题上可能进行合作的序曲。直到9月13日,黎德寿才终于懂得,基辛格并不是在寻求某种东西来掩盖彻底投降,而是在寻求真正的妥协解

---

① 〔美〕马文·卡尔布、伯纳德·卡尔布:《亨利·基辛格》,第282页。
② John G. Stoessinger, *Henry Kissinger: The Anguish of Power*, p.59—60.

基辛格

决。当黎德寿明白基辛格的真正立场之后,他立即中断了谈判。双方在解读对方的意图时都发生了偏差。

10月11日,美国又秘密送了一份略加修改的和平方案给河内,并建议基辛格和黎德寿在11月1日会晤,说这是"在1971年年终以前寻求谈出一个公正解决办法的最后一次努力"①。但河内一拖再拖,黎德寿称病不出,谈判又一次陷入僵局。

1972年3月31日,基辛格终于收到了河内的回信,同意于4月24日会晤,条件是例行的巴黎会谈必须同时恢复。基辛格立即起草回信,确定在4月24日举行秘密会晤,4月13日恢复半公开会谈。但是他的信还没来得及译成密码电报拍发出去,河内的攻势就打响了。北越人民军四个整师,在数百辆苏制坦克和远程大炮掩护下,突然冲过了非军事区。1972年的复活节攻势开始了。基辛格后来才知道,早在1971年10月黎德寿得了外交"病"时,河内就已决定诉诸武力。从那以后,他们一直设法使谈判配合他们的军事目的,每次拖延谈判都是经过精心策划的。

这次进攻的时机并未让美国人感到意外。从1月4日开始,艾布拉姆斯将军一直警告说,北越的攻势迫在眉睫。1月20日,他警告说,北越将力图使美国面临他们所能造成的最困难的局面。② 1月24日,基辛格召集了高级小组会议,考虑艾布拉姆斯的警告。小组一致认为进攻将来自中央高地,但在应对措施方面,小组并没有取得一致意见。1月26日,基辛格还在白宫记者招待会上宣称,越南有可能发动攻势,但美国能够制止这次攻势。"越方之所以要

---

① Henry Kissinger, *Ending the Vietnam War: A History of America's Involvement in and Extrication from the Vietnam War*, p. 228.

② Ibid., p. 234.

发动攻势,有可能,甚至很有可能,是要给随后的谈判奏前奏。至少他们在1954年和1968年都是这样做的。因此,让我们再次告诉他们:'这是不必要的。让我们现在就结束这场战争吧。'"①2月2日,尼克松在国家安全委员会的一次讲话中提到:"我们不能指望敌人会同我们进行认真的谈判,除非他们认识到继续战争不会给他们带来任何好处。这将要求我们在下一个旱季全力以赴。"②但考虑到政治需要,美国并未采取任何预防措施,反而准备宣布在5月1日以前继续撤出7万名美军。此外,尼克松还通过苏联和中国向越南领导人传话:如果河内发动新的攻势,美国将做出强烈的反应。③

基辛格的"恳求"没有获得河内的任何回报。4月2日,北越军长驱南下,进入广治省,没有经过考验的南越第三师望风披靡。美国过去三年所作的努力和忍受的痛苦像一缕轻烟被微风一刮就消失了。自1968年初的春节攻势以来,北越方面对南越的进攻还没有达到过这样广泛和猛烈的程度。这一次北越军几乎出动了全部兵力,把13个地面战斗师中的12个投入了这一仗。北越显然是想在军事上来一个辉煌胜利,迫使美国在外交上屈服。阮文绍不久就称这次攻势为"整个战争中的决定性战役",基辛格也认为,此次攻势是北越的孤注一掷。谈判的结果将取决于哪一方在战场上取胜,如果西贡挡住了这次进攻,那么,河内除了让步之外别无选择。如果南越垮掉,那么,美国的整个外交政策都将处于危险境地,美

---

① Henry Kissinger, *Ending the Vietnam War: A History of America's Involvement in and Extrication from the Vietnam War*, p. 235.
② Ibid., p. 236.
③ Ibid., p. 238.

**基辛格**

国与苏联和中国的关系都得重新考虑。美国与苏联在谈判中的地位将极为虚弱,而中国将重新考虑同美国改善关系的价值。美国的盟友也会怀疑华盛顿控制事态发展的能力。因此,从一开始,尼克松和基辛格就决心挫败北越的攻势,"体面"地结束这场战争。①

4月3日,基辛格召集华盛顿特别行动小组开会。此后六个星期,小组几乎每天开会,有时一天数次,各方面的原始材料被集中起来,供基辛格出主意和尼克松下决心,然后再把决心落实为行动。

这次攻势一开始,基辛格就清楚地知道,北越人要是没有苏联提供的坦克和远程大炮,根本不可能进攻南越。基辛格认为,苏联人是在支持一场轻率的军事冒险,这是四个月以来的第二次了:上一次是印度,这次是越南。在这样的氛围中谈论缓和是没有意义的。② 现在只有冒点政治风险,拆穿苏联人同进攻有关,除此之外别无他途。但是,为了不妨碍预定在5月22日开始的最高级会谈,他们决定第一次指责不由基辛格在白宫提出,而由麦克洛斯基在国务院提出。

4月4日,华盛顿特别行动小组在结束上午例会后,黑格向麦克洛斯基发出了确切指示,让这位国务院发言人点一点苏联以武器支持北越人进攻南越这一事实,但不要多加发挥。参加华盛顿特别行动小组会议的亚历克西斯·约翰逊和威廉·沙利文在午间向罗杰斯作了汇报(麦克洛斯基也在场),详述了黑格的指示。他们指出,黑格的命令来自基辛格。之后,麦克洛斯基就来到新闻发

---

① 〔美〕亨利·基辛格:《白宫岁月》第四册,第1396—1397页。
② Henry Kissinger, *Ending the Vietnam War: A History of America's Involvement in and Extrication from the Vietnam War*, p. 249.

布室,出色地完成了任务。

基辛格以为,对苏联参与进攻这件事,由国务院发表一次措辞谨慎的评论、登几条消息也就够了。因为尼克松计划于5月22日去苏联访问,而在越南的敌对行动升级无疑会扰乱这一计划。苏联对美国的报复行动会有什么反应?这是决策前必须要考虑的。特别行动小组的一致意见是:莫斯科不会对有限的空袭做出重大反应,尼克松的意思是,如果他决定必须大规模地轰炸北越,他将不管苏联会作出什么反应,哪怕推迟首脑会晤。而基辛格认为,首脑会晤十分重要,这次会晤将就限制战略武器谈判达成历史性的协议,这也是缓和战略的一个重大突破,因此不能受到影响。他解释说,如果这个问题处理不慎,美国在越南问题和对苏关系上都面临危机,"我们想建立一种三角关系的战略就会彻底破产,而我们本想通过这种战略来稳定全球的平衡,来促成越南问题的解决……结果越南就会把我们的实力消耗殆尽——这对我们将是一场灾难,一场不仅仅是批评我们的人所惧怕的灾难"[1]。在这种情况下,如何恰当地向苏联传递信息,既让它明白美国对它援助北越的不满,又不致危及最高级会谈,就是一个艺术问题了。

但在国务院发表评论后,五角大楼和中央情报局也出来帮腔。4月6日,穆勒海军上将在海外作家午餐会上指责苏联,说苏联的坦克和大炮出现在南越是越南战争中的"新因素",4月7日,莱尔德说河内的先进武器有80%来自苏联,因此,苏联的军援是"关键"因素。[2] 4月10日,总统在国务院为签署一项禁止使用生物武器的国际公约举行的仪式上(多勃雷宁在座),首先赞扬了苏联人在军

---

[1] 〔美〕西摩·赫什:《权力的代价——尼克松执政时期的基辛格》,第661页。
[2] 〔美〕塔德·肖尔茨:《和平的幻想——尼克松外交内幕》下册,第700页。

**基辛格**

备控制协议方面给予的合作,然后间接地批评他们鼓励北越的进攻。他强调说:"世界上每一个国家必须放弃使用武力,放弃用武力侵略别的国家……我们还应承认另一个主张,那就是,大国尤其要承担一种大的责任,每一个大国必须遵循这样一个原则:不直接或间接鼓励任何一个国家用武力武装侵略去反对它的邻国。"①

基辛格担心苏联人得到了错误的信号,于是命令政府发言人降低指责苏联的调门。他对詹姆斯·赖斯顿说,他个人是反对公开指责苏联人的,国务院搞得过分了。这些话不久就在赖斯顿的专栏里捅了出去,那些了解真相的政府官员深为惊讶。

4月4日,五角大楼的发言人宣布,美国将采取"一切必要的步骤来保卫留在南越的美军"②。几十架B-52战略轰炸机离开北卡罗来纳空军基地飞往泰国。美国在印度支那的海空军力量开始以惊人的速度加强。到4月底,共有1000多架美国军用飞机用于袭击印度支那各地的北越军据点。从4月6日开始,美国出动了战斗轰炸机袭击非军事区以北60哩的地方。穆勒海军上将警告河内说,除非共产党方面停止攻势,否则美国的攻击将逐步向北推进。但警告毫无效果。4月7日,西贡西北的禄宁为挺进的北越军所占领,安禄和广治郊区发生了激战。

4月8日,邦克和艾布拉姆斯发电向基辛格告急,说共产党方面显然是想全力搞垮阮文绍政权,这次攻势可能持续"好几个月",美国海空军必须大举出击,才能挡住北越军。基辛格把这个坏消

---

① "Remarks at the Signing Ceremony of the Biological Weapons Convention", *Public Papers of President Nixon*, 1972. 参见 http://www.nixonfoundation.org/clientuploads/directory/archive/1972_pdf_files/1972_0115.pdf。
② 〔美〕塔德·肖尔茨:《和平的幻想——尼克松外交内幕》下册,第698页。

息报告给了尼克松,尼克松当即下令出动 B-52 飞机轰炸北越。4月 10 日,它们轰炸了非军事区以北 145 哩的港口荣市。在此后三天里,总统的高级顾问就 B-52 飞机轰炸河内和海防是否合适的问题进行了紧急辩论。赫尔姆斯向华盛顿特别行动小组会议提供了最新情报,中央情报局自己的评估表明,它不相信 B-52 的袭击能扭转战局。莱尔德担心国会里闹起来可能影响军费拨款,罗杰斯也担心战争迅速升级可能影响莫斯科最高级会谈。穆勒和基辛格大力主张用 B-52 飞机轰炸北越的首都和主要港口。穆勒的理由是,这样的轰炸很快就会使共产党无力继续在南越进攻。基辛格一向认为,像北越这样的"四等工业国"经受不了这样的惩罚。空袭可以使共产党受到重创,还可以借此向莫斯科"发信号",表示美国决心打掉北越的攻势,即使最高级会谈因此垮台也在所不惜。①

4 月 15 日,尼克松批准了代号为"自由走廊"的行动计划。接连三天,美军出动 B-52 飞机轰炸河内和海防,摧毁北越的一部分油库,迫使河内把攻势停下来,同时也向河内和莫斯科传达美国的决心。基辛格的一位助手解释说:"我们认为这是一项策略决定……既有政治作用也有军事作用,我们要逼得北越人迅速决定,继续这次攻势是否值得,他们是否有使攻势继续下去的手段。"②4 月 15 日晚上,基辛格在家里接待了多勃雷宁大使。基辛格告诉他,对美国来说,越南问题不仅是个国际性问题,"现在它已经成为一个重要的国内问题。我们不能允许我们的内部结构不断受到这个一万英里以外的国家的折腾。这场战争必须结束,要么同其他大国一

---

① 〔美〕塔德·肖尔茨:《和平的幻想——尼克松外交内幕》下册,第 702 页。
② 〔美〕马文·卡尔布、伯纳德·卡尔布:《亨利·基辛格》,第 445 页。

**基辛格**

起结束它,要么自己单独结束它。"① 在轰炸海防港时,有四艘苏联商船被炸伤。莫斯科和中国都提出抗议。美国发言人指出,只要停止在南越的攻势,轰炸也就会停止。如果攻势继续下去,美国"准备轰炸北越的任何地方"②。

新的轰炸行动引起了国会和舆论的责难。4 月 17 日,《华盛顿邮报》指责说:"约翰逊以及前几任总统在过去一二十年内坚决不干的事,尼克松总统居然在一夜之间就干出来了。他派美国飞机轰炸河内郊区和海防港,并在北越近海集结一支庞大的美国舰队。他这个决定把印度支那战争推到了同苏联直接对抗的边缘。"③ 参院外委会的成员在 4 月 17 日和 18 日听取罗杰斯和莱尔德的证词时谴责了这次轰炸。

但是,尼克松在决定扩大战争的时候并不是无所顾忌的。他还是希望以打促和,因此,战争的扩大是有限度的,并没有影响总体的缓和战略,美国与苏联、中国的关系没有受到影响。4 月 16 日,多勃雷宁大使代表勃列日涅夫邀请基辛格于 20 日秘密访问莫斯科,为 5 月的首脑会议做准备。

基辛格接受了这项邀请,他主要考虑的是解决越南问题,而不是安排最高级会谈。行前,在一份致尼克松的备忘录中,基辛格分析了他在苏联将要同勃列日涅夫讨论的问题:美国将要求停止对非军事区的入侵,在进攻南方的三个师连同其装备一齐撤出南越,美国将停止对北越的轰炸。同时,他还要向勃列日涅夫指出:"苏联要对共产党在越南的攻势负相当大的责任,因此不能因为他们

---

① Henry Kissinger, *Ending the Vietnam War: A History of America's Involvement in and Extrication from the Vietnam War*, p. 254.
② Ibid., p. 254.
③ 〔美〕马文·卡尔布、伯纳德·卡尔布:《亨利·基辛格》,第 445 页。

施加影响来促成逐步降级而期望我们给予'奖赏'。尽管如此,为推行我们的总方针而最有希望取得成功的策略大概是:使勃列日涅夫感到存在着广泛改善美苏关系的前景。"①他希望勃列日涅夫明白,苏联把自己的政策押在共产党在越南取得军事胜利上是不明智的。任何一个大国都不会甘心受一个小国凌辱,莫斯科和华盛顿在印度支那问题上纠缠下去,就有发生重大对抗的危险,可是双方在那里争夺的东西,同双方在限制战略武器会谈等更为重大的问题上所作的努力相比是微不足道的。如果总统能不顾北越的进攻,就限制战略武器会谈提出一项合理的妥协方案,那么,也许勃列日涅夫能就越南问题提出一项妥协方案。尼克松要求基辛格一到莫斯科,就立即与勃列日涅夫讨论越南问题,直到在此问题上达成某种谅解为止。他还要求将北越军队撤回非军事区作为美国停止轰炸北越的先决条件。基辛格指出,这是他就任尼克松的顾问以来,两人第一次在重要的谈判方针上出现分歧。②

4月19日,基辛格秘密访问苏联,与勃列日涅夫会谈。勃列日涅夫暗示他对北越人发动进攻的时间感到不快,河内并没有发起重大进攻来破坏三个月前美中之间的首脑会晤,而现在美苏首脑会晤在即,越南却发动了如此规模的攻势,显然是要让莫斯科难堪。③

他同意基辛格的看法:越南不应该妨碍美苏间正在进行的缓和,但同时表示,苏联并不能控制河内的行动。基辛格要求苏联减少对北越的武器供应,但勃列日涅夫明确表示,河内是"兄弟盟

---

① 〔美〕亨利·基辛格:《白宫岁月》第四册,第1438—1439页。
② 同上书,第1440页。
③ John G. Stoessinger, *Henry Kissinger: The Anguish of Power*, p.63.

基辛格

邦",苏联将继续支持它。基辛格还提出大国有责任不去鼓励别国对邻国使用武力,但对方仍然置若罔闻。勃列日涅夫声称,苏联将继续支援"进步人类"反对"反动势力"。最后,基辛格说明,总统强烈希望能根据使全体南越人有可能表示政见和选择政权的任何合理建议进行谈判,以便公平而体面地结束这场战争。他甚至向这位苏联领导人出示了总统的最新停火建议,说美国愿意接受就地停火,条件是从3月31日进攻开始以来进入南越的北越部队离开南越。这一建议使勃列日涅夫大吃一惊,因为过去华盛顿一直坚持北越部队必须离开南方。基辛格这一建议实际上暗示,美国并不要求在进攻前已经在南越的十万名北越部队撤出南方。这将保证北越在美军撤离后取得最后的胜利。①

勃列日涅夫表示,在这个问题上也许可以有所松动。他不敢担保会打开僵局,但他力促基辛格恢复秘密会谈。基辛格指出,防止北越的胜利符合苏联的利益。如果美国吃了败仗,尼克松总统就来不了莫斯科。美国人民知道是苏联的武器使河内得以发动如此规模的进攻,因此,尼克松总统的活动余地是很有限的。他反复强调一个严峻的信息,说美国绝不甘心在南越遭到军事失败,定要采取一切必要的步骤,阻止共产党取得军事胜利,"我必须坦率地告诉总书记,如果局势不受阻挡地发展下去,那么一种可能是,我们将被迫采取将危及首脑会谈的行动;另一种可能是,如果首脑会谈举行,我们将失去我们实现已申明的目标所必需的行动自由"②。

5月1日,南越军在北越猛烈炮火的轰击下溃散了。河内军队

---

① John G. Stoessinger, *Henry Kissinger: The Anguish of Power*, p. 64.
② Henry Kissinger, *Ending the Vietnam War: A History of America's Involvement in and Extrication from the Vietnam War*, p. 257.

开入广治,最后一批美国顾问乘直升机撤离这座弃守的城市。广治的失陷对"越南化"计划是当头一棒。5月2日,基辛格与黎德寿举行秘密会晤。基辛格建议,如果北越人同意停火和遣返美国战俘,美国就同意在四个月内撤离印度支那。这无异于表示,尼克松如此急于要从越南脱身,他对河内的全部要求就是给他发一张离境证。然而,黎德寿拒绝了他的建议。

尼克松和基辛格两人讨论了白天同黎德寿的会谈。两人研究了一系列可供选择的军事行动方案。5月5日,尼克松同基辛格、罗杰斯、莱尔德、穆勒、赫尔姆斯和康纳利等主要顾问在一起开会,倾向在北越港口布雷,但是还没有做出最后决定。此后两天,基辛格不断同尼克松讨论布雷问题。布雷的军事意义在当时比以往任何时候都大,因为北越人每天需要赶运汽油去南方战场供其坦克和装甲车使用,切断或减少从港口附近的油库向外运送汽油,可以严重挫伤他们的攻势。同时,布雷在政治上也是可行的。尼克松认为,他可以对北越采取这种剧烈行动,而不致引起苏联和中国的强烈反击。但是,基辛格却担心布雷可能会引起严重的政治后果。美苏首脑会谈举行在即,此时在海防港口布雷,苏联很可能取消首脑会晤,这是得不偿失的。这时,霍尔德曼反驳说:"亨利,你老是说你知道苏联人会取消首脑会谈,但实际上,你并不知道苏联人将干些什么。没有人能知道这一点。"基辛格抗议说,这是一个外交问题,霍尔德曼无权评论。霍尔德曼说,这只是一个逻辑问题,没有理由假装认为自己知道苏联人将会干些什么。①

5月6日和7日,基辛格召集了华盛顿特别行动小组会议,讨

---

① Walter Isaacson, *Kissinger: A Biography*, p.418.

**基辛格**

论了布雷问题。索南费尔特认为莫斯科会取消首脑会晤,约翰·霍尔德里奇认为中国会冻结两国关系,约翰·内戈罗蓬特认为布雷行动对南越士气影响巨大,中央情报局首席越南问题专家乔治·卡弗说中央情报局支持布雷计划,它可能对河内领导层产生巨大的压力,但预言北越的后勤供应很快会从以陆路为主转化为以海路为主。但事实证明,这些预言都是错误的。[1]

基辛格也认为布雷的政治后果十分严重,但他又不能明确反对尼克松的决定,于是决定通过罗杰斯来影响尼克松。他告诉国务院负责政治事务的副国务卿亚历克西斯·约翰逊,说苏联取消首脑会晤的可能性在 95 比 5,而尼克松认为这种可能性是一半对一半。他说布雷这个主张来自财政部长康纳利和米切尔,他私下里劝说过尼克松,但没有用。他希望罗杰斯能在国家安全委员会会议上反对这一决定。[2]

约翰逊把这一切都告诉了罗杰斯,但后者却认为基辛格没有说真话,目的只是让罗杰斯不识相地反对尼克松的决定,从而进一步失去尼克松的欢心。5 月 8 日上午 9 点,国家安全委员会召开紧急会议。与往常的会议不同,尼克松这一次首先亮明自己的态度:他决心不让南越陷落。哪怕首脑会晤搞不好,他也要背水一战。穆勒海军上将介绍了布雷计划和空袭掐断铁路的战役。赫尔姆斯介绍了中央情报局的评估:在港口布雷不会影响北越的军事行动,因此在军事上意义甚微,莫斯科几乎肯定会取消首脑会晤,也可能对柏林施加压力。中国可能会直接出兵援助越南。陆路运输将取代海路运输,河内将等待军事考验的结果出来后再决定自己的行

---

[1] Walter Isaacson, *Kissinger: A Biography*, p. 419.
[2] Ibid., p. 420.

动。莱尔德说"越南化"取得了重大进展,南越军队这次能顶住北越的进攻,境况不会像1968年那么坏。因此,布雷和空袭都没有必要。这一次,罗杰斯学乖了,不再反对总统已经决定要做的事情,认为南越的失败将是美国政策的灾难,但又指出,拟议中的行动也许不会有多大效果,只会使问题更复杂化。①

尼克松决定在北越所有港口布雷和轰炸连接中国的铁路线。下午两点,尼克松打电话叫基辛格下达行动命令。晚上8点,尼克松在白宫的罗斯福厅向国会领袖介绍情况。同时,基辛格正在办公室里会晤多勃雷宁。他给这位苏联大使一份总统讲话稿,呼吁勃列日涅夫发挥政治家的风度,共同努力,结束越南冲突长期以来对"我们两国关系和世界和平所产生的有害影响"②。信中强调指出,美国不想同苏联对抗,总统仍然希望按计划举行最高级会谈。面对美国不可更改的决策,多勃雷宁情绪低落,认为莫斯科会取消首脑会谈。但是基辛格又用连环套给苏联人一点甜头:在美国的努力下,西德联邦议院已经获得了足够的票数,准备批准有关柏林问题的东方条约,这一点对苏联人很重要。③

总统在晚上9点发表讲话。他指责北越入侵南越,说北越"之所以有可能"发动这次入侵,"是由于苏联向河内提供了坦克、大炮以及其他先进的进攻性武器";这次入侵增加了共产党取得军事胜利的危险,同时使仍在南越的6万美军的生命"受到严重的威胁"。"要制止这种屠杀只有一个办法,这就是使北越那班国际歹徒得不

---

① Henry Kissinger, *Ending the Vietnam War: A History of America's Involvement in and Extrication from the Vietnam War*, p. 276.
② 〔美〕理查德·尼克松:《尼克松回忆录》中册,第726页。
③ Walter Isaacson, *Kissinger: A Biography*, p. 421.

到战争武器",为此,他已经命令在北越港口的一切通道布雷,美军也将在北越的领海采取措施,阻断北越的物资供应,对北越的空袭将持续下去。① 不过,在宣布对海防进行封锁的时候,他没有像肯尼迪在 1962 年古巴导弹危机时那样,阻止苏联船只出入海防,只是宣布美国已经在海防港口布雷。这种有限度的封锁在一定程度上给莫斯科一个选择的机会,以避免一场美苏间的军事对抗。②

讲话中,尼克松还提出了新的和平倡议,也就是被黎德寿于 5 月 2 日拒绝的方案。在讲话的结尾,尼克松专门对苏联说了一段话。他说:"让我们,让所有的大国只帮助自己的盟友进行防御,不要帮它们侵入邻国。否则,和平事业——我们双方在这一事业中都有重大的利害关系——将受到严重危害。"

5 月 9 日,勃列日涅夫召开了政治局紧急会议,讨论美国的战争升级问题。勃列日涅夫在大多数政治局委员的支持下,决定不取消首脑会晤,因为这对越南人民没有帮助,"我们最关心的应该是德国问题和与美国的关系问题"。声称不愿意与"沾满越南人民鲜血"的尼克松握手的乌克兰共产党领导人皮奥特夫·谢列斯特被解职。基辛格认为,苏联之所以作出这一决策,是中国因素在其中起了决定性的作用。苏联需要与美国保持良好关系。然而,勃列日涅夫的助手阿巴托夫指出,在勃列日涅夫的决策中,柏林问题所起的作用分量最大,是决定性的。对莫斯科来说,解决久拖不决的柏林问题十分重要,为此它不愿意自己的决策使解决柏林问题

---

① "Address to the Nation on the Situation in Southeast Asia", *Public Papers of President Nixon*, 1972. 参见 http://www.nixonfoundation.org/clientuploads/directory/archive/1972_pdf_files/1972_0147.pdf。

② John G. Stoessinger, *Henry Kissinger: The Anguish of Power*, p.62.

的前景受损。①

苏联政府在克里姆林宫发表的一项正式声明中,指责尼克松决定在北越港口布雷是对苏联船只航行的"不能容许"的威胁,"粗暴地违反了公认的航行自由原则"。苏联人要求"立即"解除封锁;但是他们没有发出最后通牒,也没有取消最高级会谈。一个苏联官员解释说:"尼克松在玩扑克赌博,我们无意奉陪。"②事实上,在塔斯社发布这项声明的同时,莫斯科的外交部官员正同斯考克罗夫特将军会晤,继续为最高级会谈进行技术方面的准备。尼克松和基辛格的冒险成功了。尼克松后来得意地说:"我一向这样认为:对付那些非常实用主义的人……那些领导着共产党国家的人,他们尊重的是实力,不是好战而是实力;至少这种方法是我一直在想证实的,我认为最后我会成功。"③阮文绍实际上对战争升级最为高兴。他说:"如果你一直轰炸河内,你可能已经从飞机上看到河内上空扯起了白旗。但是基辛格过于担心俄国和中国的影响。因此,你们一方面在进行着战争,一方面却又缺乏信心。"④事实上,美国的轰炸确实给北越造成了重大的损失。在整个春季攻势中,北越伤亡的人数高达10万人,一度攻占的广治最后也失守了。

基辛格把这一切都看成是连环套政策的结果。他认为现在中国和苏联已经被引诱进入他精心编织的大网,要与美国保持良好关系,即便以牺牲它们同北越的关系为代价也在所不惜。但是他的朋友索南菲尔特却不同意这种看法:"我从来不相信这种理论,说我们可以强迫苏联积极地帮助我们。但是我认为我们可以考虑

---

① Walter Isaacson, *Kissinger: A Biography*, pp. 422—423.
② 〔美〕马文·卡尔布、伯纳德·卡尔布:《亨利·基辛格》,第475页。
③ 〔美〕塔德·肖尔茨:《和平的幻想——尼克松外交内幕》下册,第790页。
④ Walter Isaacson, *Kissinger: A Biography*, p. 423.

一种结构,让苏联看到,越南战争逐渐平息下来,降低它与河内的紧密团结,有助于它自己的利益。这一点我们做到了。"①

6月15日,波德戈尔内主席飞到河内,建议河内改变策略,同美国进行认真谈判,尼克松在撤军问题上看来是认真的,况且,美国采取了新立场,不再要求北越军队撤出南方了。他大概还转达了勃列日涅夫的看法,说共产党迟早将在南方取得胜利,这是谁也不能阻挡的。回到莫斯科时,波德戈尔内表示,苏联将"尽一切努力使越南战争降级",并说巴黎会谈即将恢复,苏联将促其成功。6月22日,勃列日涅夫向尼克松传话说,越南领导人以"认真的态度"听取了波德戈尔内对美国谈判立场的说明,准备以求实的精神恢复谈判,不再坚持只讨论北越的提议。

6月底,越南共产党中央召集了一次特别会议,所有北越的高级外交官,包括春水,都应召回国了。会议取得了一致意见,即越南准备作出政治妥协,放弃建立西贡联合政府的要求,允许阮文绍继续掌权,尼克松和基辛格可以宣布他们取得了"体面的和平"。②此外,在美苏首脑会谈中,基辛格也表示可以与越南研究建立三方选举委员会的问题。这表明尼克松政府已经认识到临时革命政府要分享南越政权。这是迈向和平的重大一步,它标志着美国已经决定不再与南越盟友磋商而由他们自己来谈判政治问题了。③

基辛格估计,在河内重新估量了形势之后,黎德寿很快就会带着新的指示回巴黎谈判。他希望河内的立场会有重大变化,从而打破僵局,谈判成功,结束战争。6月28日,未经任何说明,白宫宣

---

① Walter Isaacson, *Kissinger: A Biography*, p. 424.
② 〔美〕西摩·赫什:《权力的代价——尼克松执政时期的基辛格》,第728页。
③ 同上书,第730页。

布在两个月内再从越南撤出一万名地面部队,到9月1日留在南越的美军将减少到三万九千人。翌日,在白宫举行的记者招待会上,有记者问及尼克松是否恪守原先作出的、在他的第一任期内结束战争的保证,尼克松回答说:"如果北越准备进行建设性的和认真的谈判,我们就已经回到谈判桌上了,或者,将要回到谈判桌上。我们将准备以那种方式进行谈判。如果谈判在建设性的、认真的气氛中进行,那么这场战争不但能够结束,而且还能在1月20日之前顺利结束。"①曾在巴黎谈判期间担任黎德寿的主要助手,后来又担任越南外交部长的阮基石后来说,美国承认临时革命政府为南越的有效政权,对于河内同意阮文绍继续摄政起了决定性的作用。在这一年年中,当美国在南越的轰炸使春季攻势陷于停顿后,"我们得出了一个结论:现在是和阮文绍打交道的时候了。对于我们来说这是一项难以执行的决定,但做出这一决定并不困难。最重要的目标是使美国撤军;其次,他们必须同意我们把军队留在南越"。在讨论政治问题以前,美国必须满足这些军事条件。②

越南为巴黎谈判准备了三套方案。第一方案是要求阮文绍下台,建立一个包括临时革命政府成员在内的西贡联合政府。第二方案是建立一个联合政府和两个地区性管理机构,最上面是联合政府,下面是两个分属于临时革命政府和西贡政府的地区管理机构。第三方案是建立两个机构,由一个松散的和解与和睦委员会领导。三个方案都贯穿着一条主线,即不让西贡政权单独取得合

---

① "The President's News Conference of June 29, 1972", *Public Papers of President Nixon*, 1972. 参见 http://www.nixonlibrary.org/clientuploads/directory/archive/1972_pdf_files/1972_0214.pdf。

② 〔美〕西摩·赫什:《权力的代价——尼克松执政时期的基辛格》,第732页。

**基辛格**

法地位,成为惟一的合法政权。"南越必须有两个,而不是一个合法政府。"阮基石说,这是最低限度的要求,它反映了当时的实际情况。① 9月1日,越南总理范文同在讲话中列举了北越关于南越实现停火的条件,但没有提及要阮文绍辞职。中央情报局越南问题分析家弗兰克·斯奈普认为,范文同的演说是"我们等待已久的信号",预言不久将取得突破。9月11日,临时革命政府通过河内电台发表了一篇声明,首次明确表示,南越问题的解决方案必须反映存在"两个政府、两支军队和其他政治力量"这一现实。②

7月19日上午10点,白宫和河内外交部同时宣布,基辛格和黎德寿正在法国首都附近进行会晤。这天下午,白宫还发布消息说,基辛格—黎德寿会谈持续了六个半小时。北越还坚持在西贡建立一个联合政府,但他们心里很清楚,美国在这一点上是不会动摇的。8月1日、14日两人又进行了两次会晤。在8月1日的会谈中,双方的谈话几乎完全围绕在一个与停火有关的、双方都可以接受的政治解决方案上。基辛格发现,河内的态度发生了变化。北越人对阮文绍政权的态度缓和了。他们早先一直坚持阮文绍必须下台,才能考虑停火的问题。现在他们突然讲起南越存在着"两个政府""两支军队"和"三种政治力量"的"现实"来了。③ 8月25日,在致尼克松的备忘录中,基辛格指出:美国要以体面的条件通过谈判解决问题,或者至少在原则上取得突破,这方面我们必须确定不得把共产党政府强加给南越,或者使这个政府的出现成为不可

---

① 〔美〕西摩·赫什:《权力的代价——尼克松执政时期的基辛格》,第732—733页。
② 同上书,第744页。
③ John G. Stoessinger, *Henry Kissinger: The Anguish of Power*, p. 64.

避免。①

9月15日,黎德寿提出了新的谈判方案:"越南南方内部问题的解决,必须从越南南方存在着两个政府、两支军队和三种政治力量这一实际情况出发。必须实现民族和睦……越南南方各方必须在平等、相互尊重和互不排斥的基础上团结起来……不把共产党政权或美伪政权强加于越南南方。"②这是越共第一次公开正式承认阮文绍政权的存在,没有以阮文绍下台作为实现停火的先决条件,而且暗示保证实行一种政治进程,即任何一方都不应企图去"消灭"对方,或把自己的一套"强加"给对方。基辛格说,尽管河内的立场有所变化,但新建议中仍然要求阮文绍下台,这是尼克松总统绝对不会同意的。过去的事情已经证明,尼克松为了达到外交上的目标,是会不顾一切采取激烈的军事行动的。任何战争总得有个结束,目前正是结束越南战争的大好时机。

9月25日,柯西金和波德戈尔内在莫斯科接见了越南大使武叔同,越南《人民报》发表评论员文章,敦促美国和北越保证和平解决后,"各方都切勿支配南越政治生活",这被认为是对基辛格关于美国不会"把保证一方占优势的特定政府形式硬塞进"西贡的论点的答复。更重要的是另一项声明:"正确的解决办法是从南越的实际情况出发,并自恢复和平后到举行自由民主的选举这一阶段过渡中,成立一个不受任何一方支配的民族和睦临时政府。"③这表明河内可能正在向接受美国关于南越的政治解决实现之前必须先实行停火的观点靠拢。

---

① 〔美〕亨利·基辛格:《白宫岁月》第四册,第1679页。
② 〔美〕马文·卡尔布、伯纳德·卡尔布:《亨利·基辛格》,第530页。
③ 〔美〕塔德·肖尔茨:《和平的幻想——尼克松外交内幕》下册,第815页。

## 基辛格

　　9月26日,基辛格再次会晤黎德寿,黎德寿拿出了第三方案:建议成立一个"民族和解与和睦国家委员会",仍由"三种同等成分"组成,但不具有政府职责,按"协商一致的原则"行事。这个方案表明河内在政策上作了两项重大改变。第一,"委员会"不是联合政府,北越不再坚持要求成立一个联合政府了;第二,"协商一致"保证了阮文绍对委员会磋商结果可拥有否决权。这个方案虽不十分理想,它没有说明组成委员会的第三种力量所指谓谁,也没有规定就地停火的原则涉及的范围,是包括整个印度支那,还是只是在南越,但基辛格认为这些障碍都是可以克服的,从河内的角度来看,这是一个重大的变动,"最终把他们建议成立的联合政府变成一个无关紧要的委员会,以便顾全面子,掩盖就地停火和双方对各自领土保持事实上的控制"①。他建议就此再谈一天,黎德寿同意。秘密谈判进行了近38个月,双方第一次真正感到,现在开始要接近终局了。

　　第二天上午,基辛格和黎德寿详细讨论了河内的"委员会"方案。基辛格提出了一个折中方案,规定该委员会的主要职能是协助西贡政府筹备选举,而不是进行行政管理。两人同意在10月8日再次会晤。

　　10月5日,尼克松请了一些记者到椭圆形办公室来,通过发表谈话的形式,向河内的决策人发出了一个信息。尼克松说,虽然距离总统选举只有一个月了,但美国不打算因此就急急忙忙签订和平协定。他说:"如果条件合适,我们准备在大选前解决。如果条件不适合,我们就不准备在大选前解决。1968年正当事情有了眉

---

① John G. Stoessinger, *Henry Kissinger: The Anguish of Power*, pp. 65—66.

目的时候，某些好心人铸成了大错，他们没有从对方得到适当的协议便贸然停止了轰炸……我再说一遍，我们在谈判桌上的立场决不受大选的影响。"①

基辛格本人对于和平前景的估计极为乐观。黎德寿刚刚给他发来一份电报，答应要在下次会晤时作出"很大努力来结束战争"。基辛格觉得"现在各种力量的布局再有利不过了"，美国与越南之间实际已经在原则上解决了所有的问题，包括停火、撤军、渗透和释放战俘、国际监督、老挝问题，只是在柬埔寨问题上还没有达成协议。下一次会谈要么是取得突破，要么将迫使双方再进行一次军事较量。

10月8日，基辛格来到吉夫絮伊维特的莱热别墅，继续与黎德寿谈判。这一次，他们发现双方的分歧实际上更小了。黎德寿对阮文绍政权进行了抨击，重申民族解放阵线9月11日的建议，要求战争在军事解决之前必须先达成一项政治解决办法。但在随后的沟通中，黎德寿不再要求在实现停火前组成一个联合的民族和睦政府，同意把战争的军事方面同政治方面分开来谈，即美国和北越在军事方面达成协议，先宣布停火，接着撤退美军和归还美国战俘；随后，由南越的敌对各方设法达成政治和解，从而接受了基辛格的"双轨"办法。② 黎德寿说，他的方案实际上是美国"自己建议的，和你们一样的建议……我们的建议表示了我们的善意，表示了我们迅速结束战争的真诚愿望。而且这和尼克松总统自己提出的

---

① "The President's News Conference of October 5, 1972", *Public Papers of President Nixon*, *1972*. 参见 http://www.nixonlibrary.org/clientuploads/directory/archive/1972_pdf_files/1972_0338.pdf.

② John G. Stoessinger, *Henry Kissinger: The Anguish of Power*, p.66.

建议是一样的……至于南越内部的政治和军事问题,我们在一些原则上达成协议,将由南越各方来讨论。"①双方的立场迅速接近,谈判取得了突破。

10月12日,基辛格和黎德寿初步商妥了具体步骤的时间表:1972年10月21日,美国停止对北越的轰炸和布雷,10月22日,基辛格和黎德寿在河内草签协定文本,10月31日,两国外交部长在巴黎正式签署协定。10月17日上午,基辛格再次飞往巴黎。从上午10点一直到晚上10点,基辛格和春水又整整用了12个小时来审议协定草案。

在整个谈判过程中,南越的阮文绍基本上被撂在一边,基辛格对这位南越领导人的尊重远少于他对其谈判对手的尊重,阮文绍只约略知道一些谈判的内容。在基辛格眼中,这位南越领导人只是一个听从美国摆布的傀儡,没有必要把他放在心上。可是,就是这位被操纵的傀儡,后来节外生枝,差一点使基辛格与黎德寿达成的协议流产,让基辛格十分难堪。

10月19日,基辛格把他同北越人谈妥的协定草案的一份英文文本交给了阮文绍。他客观地介绍了协定的各项条款,着重强调他深信南越方面会认识到确实对他们有利的关键的几点:阮文绍将继续当政,对民族和解与和睦国家委员会的一切决定,他都有否决权;之所以成立这个委员会,主要是照顾河内的面子,"并不是联合政府";北越已经答应遵守"某种政治进程",也就是说,他们已被迫在可预见的将来不采取军事征服手段;作为双重保险,美国将保持在泰国的空军基地,第七舰队将留在邻近海域,以防范共产党再

---

① 〔美〕亨利·基辛格:《白宫岁月》第四册,第1701页。

次进犯;协定允许美国继续向阮文绍政府提供经济和军事援助,而美国将继续这样做;美国有相当大的把握能同苏联和中国取得"谅解",使之限制对其盟国的武器供应;协定草案将允许美国体面地撤军,接回战俘,并支持其在西贡的朋友。

基辛格还向阮文绍反复说明:现在同北越人达成协议,时机最有利;如果现在签订这个协定草案,阮文绍就可以保留 100 万军队,并控制南越 1900 万人口中的 85% 左右。基辛格指出,即使协定使越共控制了一些分散的、人口稀少的农村地区,让临时革命政府在西贡派驻象征性的代表,阮文绍还是能在战后维持下去,甚至兴旺起来。

阮文绍听后没有表态,但答应基辛格将研究这个协定草案。在随后的会谈中,阮文绍认为存在着三大障碍。首先,这个"民族和解与和睦国家委员会"是个什么东西?是行政机构,还是政权机构,抑或是联合政府?在英文中,"国家委员会"这个词确实不能解释为"联合政府",但是在越南文中,意思就含混不清了。从他的观点来看,协定是要成立一个"政权机构"——也就是同越共搞联合政府,这是不能接受的。协定关于"三个越南国家"的提法不妥。越南北方原封不动,越南南方则分成两部分:西贡和越共分别管辖各自控制的地区。对此,阮文绍断然拒绝。他坚持认为,北越军队对南越领土的占领是非法的,完全是凭武力抢占的,决不容许用合法的协定去批准侵略。此外,协定草案中没有提到北越军队撤出南越的问题。① 基辛格对这些问题逐一作了解释,但随后南越政权对协定要求进行 26 处修改。

---

① John G. Stoessinger, *Henry Kissinger: The Anguish of Power*, pp. 67—68.

## 基辛格

基辛格恼羞成怒,认为这是他外交生涯中最大的失败。① 他对助手说道:"我在莫斯科、北京和巴黎都取得了成功,我怎么可能在这里失败呢?"② 到这时,他突然意识到,他已经不可能按计划访问河内去草签协定了。

10月26日凌晨,河内发表了一项2500字的政府声明,公布了越南问题的九点协定以及秘密谈判的细节,强烈谴责尼克松政府"缺乏诚意和缺乏认真的态度",要求在10月31日前签署协定。河内电台最后用相当消极的口气号召全国各地的战士们,不顾一切艰难险阻和牺牲,继续坚持斗争。③

北越这篇令人震动的广播一下子拉开了这场保密最彻底的谈判的帷幕。基辛格没有选择,只好公布谈判细节,公布美国的立场。10点刚过,他便通知齐格勒,一小时之后举行记者招待会。在电视上,基辛格公布了巴黎谈判的情况,重申了基本协议的内容,借此向河内表明美国是有诚意的,同时也向西贡表明,美国决心同北越达成协定,西贡可以提出修改意见,但对协定本身,西贡没有否决权。他要河内耐心一点,在和谈路上,他们已经走过了最长的一段行程,在达成协议的道路上,现在面临的问题比已经解决的问题相对来说不那么重要。基辛格着重指出,虽然10月31日一度曾是个实际可行的期限,但是美国现在需要推迟这个期限,"如果协定条款不合适,我们决不会被迫仓促达成协议。如果条款适当,我

---

① Walter Isaacson, *Kissinger: A Biography*, p. 456.
② John G. Stoessinger, *Henry Kissinger: The Anguish of Power*, p. 68.
③ Henry Kissinger, *Ending the Vietnam War: A History of America's Involvement in and Extrication from the Vietnam War*, pp. 373—374.

们也不会因受干扰而不去达成协议。"①

在开场白中,基辛格用了"和平在望"这句话,当招待会结束后,这个词传遍了整个世界。美国全国上下松了一口气,战俘和军人家属欢欣鼓舞,国会一片叫好,股票价格猛涨。人们处在这猛然的欣喜情绪中,谁也不去注意基辛格所提到的那些"细枝末节的差异""分歧"和"六七个具体问题"。事实上第二天北越就作出了回应。北越驻巴黎的发言人阮成黎坚持必须在10月31日签订协议,说和平就在笔端,所有的事情只等美国拿起这支笔了,"如果签字定于31日,而基辛格想在30日见黎德寿或春水,边喝香槟边等待签字,那么我想对这个要求的回答将是肯定的"②。

11月10日,春水向法新社记者发表讲话。他证实"民族和解与和睦国家委员会"不是变相的联合政府,目前的两个政权将继续存在,直到举行新的选举为止。实际上,春水是要协助美国人消除阮文绍对签字的阻力。③ 同一日,黑格携尼克松的信件访问西贡。阮文绍坚持要求北越军队撤出南越,基辛格要求黑格向阮文绍说明,如果不朝和平的方向前进,美国对南越的援助将会被削减。④ 尼克松在致阮文绍的信中表示,美国将尽最大可能修改条款,但是要满足阮文绍的要求是不现实的。他要阮文绍放心,如果在协定签字后北越再次发动进攻,美国将采取迅速的报复行动。⑤

11月14日,河内电台宣布,黎德寿已离开河内去巴黎。广播

---

① Henry Kissinger, *Ending the Vietnam War: A History of America's Involvement in and Extrication from the Vietnam War*, p. 376.
② John G. Stoessinger, *Henry Kissinger: The Anguish of Power*, p. 69.
③ Henry Kissinger, *Ending the Vietnam War: A History of America's Involvement in and Extrication from the Vietnam War*, p. 384.
④ Ibid., pp. 385—386.
⑤ Ibid., p. 385.

**基辛格**

说:"最近,美国方面建议在美国和越南民主共和国之间举行另一次秘密会谈,以解决签订在越南结束战争、恢复和平的协定问题,越南民主共和国为了再一次表示其诚意与认真态度,已同意美国方面的上述建议。越南人民要求美国政府认真地、真诚地、坦率地进行谈判,只有这样才能早日结束战争,恢复和平。"[①]基辛格在11月19日晚回到了巴黎,同黎德寿进行另一轮秘密会谈。

谈判于20日上午10点半开始。基辛格把阮文绍的最低要求摆到了桌面上,接着又提出了尼克松的要求,指出这是总统的最低要求。基辛格是想让河内代表看到,两者是不同的。

基辛格首先提出了"文字问题"。基辛格提醒黎德寿说,双方曾一致同意,对于民族和解与和睦国家委员会,恰当的越文提法应是"行政机构",而不是"政权机构"。黎德寿说他记得这一点。这个委员会的确是一个"行政机构",不应解释为"联合政府"。

接着,基辛格提出了一件他当时认为"主要是技术性的事情"。他向黎德寿提出了一张各种各样"议定书"的长单子,修改的内容达到65项之多。黎德寿对此未作具体回答,但在随后的谈判中,他也效仿基辛格,逐步收回了他原先做出的让步。11月23日,黎德寿指责阮文绍坚持的南、北"两个越南"的主张,而提出搞"三个越南国家"——除北方外,把南方分为阮文绍控制区和共产党控制区两部分,坚持要阮文绍政权下台。同时,他强调"越南人民是一个整体"——这一声明排除了把非军事区作为边界的可能性,而使河内有自由通过的权利。最后,黎德寿收回了他早先做出的一个让步;他说,象征性地撤出北越军队(原来是为促进达成协议的一

---

① 〔美〕马文·卡尔布、伯纳德·卡尔布:《亨利·基辛格》,第600页。

个善意表示)现在"谈不上了"。① 原来,美国的"变卦"使越南有了上当的感觉:成千上万名越共分子,真的以为"和平在望"了,开始公开活动,从而使自己的身份暴露。现在,他们的处境艰难,面临着阮文绍政权的追杀。而一个月来,阮文绍的军队依靠补充的大批军火,一直在抢夺地盘。通过这一插曲,河内算是看清了尼克松政府的险恶用心,根本没有兴趣去匆匆达成第二个协议。巴黎谈判再次陷入僵局。

12月14日(星期四)上午,基辛格交给总统一份关于巴黎谈判的第一手报告。基辛格说:"由于我们失去了有效的有力手段,河内几乎在蔑视我们,与此同时,西贡破坏协定的目光短浅的手段使我们失去了仅余的几根支柱……不久,我们将失去施加影响的一切手段,而如果我们不能达成协议,或使我方被俘人员获悉,国内对我们的压力将越来越大。我们将既达不成协议,也保不住西贡。"②他建议对河内采取更严厉的措施,用轰炸、布雷等手段增加对河内的压力,同时也要对西贡施加压力。尼克松也认为,只有采取最强硬的行动,才能使河内相信,通过谈判达成协议比继续打仗是一条更好的出路,而这就意味着加强轰炸。尼克松说:"无论是大规模轰炸还是小规模轰炸,我们同样要受到猛烈的抨击。如果我们恢复轰炸,采取的行动必须与以往有所不同,这就意味着我们必须作出用 B-52 飞机轰炸河内和海防这一重要的决定。任何较小的行动只会使敌人瞧不起我们。"③当天尼克松下达了一道三天后生效的命令,在海防港重新布雷,恢复空中侦察,用 B-52 袭击海

---

① 〔美〕马文·卡尔布、伯纳德·卡尔布:《亨利·基辛格》,第 611—612 页。
② 〔美〕亨利·基辛格:《白宫岁月》第四册,第 1827 页。
③ 〔美〕理查德·尼克松:《尼克松回忆录》中册,第 880 页。

基辛格

防——河内区域的军事目标。

12月17日下午三四点钟,距总统限河内在72小时内开始"认真谈判"的最后时限已过,尼克松下令动用B-52,对北越恢复大规模密集轰炸。轰炸于当天晚上(华盛顿时间)开始,一直持续到12月30日,总共投下了2万余吨炸弹。

尼克松不仅想摧毁北越人继续进行战争的能力,还想把他们炸回到谈判桌上来。按照尼克松的逻辑,他是以炸求和。12月18日,基辛格通过巴黎渠道向河内发出一封电报,指责它"故意并轻率地拖延谈判",建议以11月23日第一轮谈判结束前的文本为谈判基础。① 12月26日,在B-52轰炸最猛烈的一天,河内接受了美国提出的条件,同意一停止轰炸马上就恢复专家会谈。

1973年,《越南和平协定》在巴黎签署,美越达成停火协议。

---

① Henry Kissinger, *Ending the Vietnam War: A History of America's Involvement in and Extrication from the Vietnam War*, pp. 415—416.

## 第四章 越战透视镜：大国与地区冲突

1973年1月8日,基辛格与黎德寿在巴黎恢复和谈。经过两周激烈的讨价还价。1月23日,基辛格与黎德寿草签了越南停战协定。1月27日,国务卿罗杰斯与越南外交部长在巴黎正式签署了《越南和平协定》。

尼克松和基辛格都认为,巴黎协定使美国获得了"体面的和平",尼克松甚至认为,美国赢得了第二次越南战争,"我们以赢得和平的方式签署了结束战争的和平协定"①。和平协定的签订使尼克松政府获得了极高的赞誉。1月24日的盖洛普民意测验显示,68%的受访者赞扬了政府的行为,58%的受访者认为美国获得了"光荣的和平"。② 白宫新闻处欣喜地说:"总统备受赞扬,而且似乎我们离华盛顿越远,赞扬声就越大。"《伯明翰先驱邮报》称赞尼克松和基辛格"敢于冒险,坚定不移,具有高超的外交技巧"。《伯明翰新闻报》赞扬政府"耐心的、长期艰苦卓绝的努力"。《圣迭戈晚间论坛报》认为"尼克松先生执着地、坚定不移地贯彻他的政策……使远在异域的西贡得到了一个为民主的生存而战的机会"。《丹佛邮报》则认为,"巴黎协定是对亨利·基辛格的老练和政治才干以及尼克松的决心、气魄和坚忍不拔精神的礼赞"③。

结束越南战争并不是单一的外交行动,它是基辛格寻求全球均势的外交战略棋局中重要的一环。虽然越南战争的结果对于全球均势并不会产生太大的影响,也无法改变东亚及西太平洋地区的战略态势。但尼克松、基辛格均认为越战的解决方式对于美国

---

① 〔美〕理查德·尼克松:《不再有越战》,第194页。
② 〔美〕理查德·里夫斯:《孤独的白宫岁月——近距离看到的尼克松》,第480页。
③ Robert D. Schulzinger, *Henry Kissinger: Doctor of Diplomacy*, p. 120.

**基辛格**

的战略地位至关重要,如果成为一场溃败,将是对美国的联盟体系的沉重打击。更为重要的是,只有越战以美国可以接受的方式结束,美国才能重新整合其战略资源。巴黎停战协定的签订使美国退出了越南战争,卸掉了一个沉重的包袱,解决了尼克松政府"最紧迫的外交问题",使美国完成了对外战略的调整,并得以继续在国际舞台扮演它在卷入越战之前所扮演的角色。它与对苏缓和、打开中国大门一起,构成了一个有助于全球稳定的三角结构,这远远超出了肯尼迪政府和约翰逊政府的想象。

尼克松和基辛格在上台之前已经意识到美国力量的局限,决心撤出这场不得人心的战争。但是,美国在南越面临的并不完全是军事失败,而主要是南越政权离开美国全面的军事介入就很难生存,从而将美国卷入到无休止的国内冲突中。为了维护美国的同盟体系,美国的退出不能被认为是抛弃一个忠实的盟友,因此尼克松和基辛格希望在越南获得一个体面的和平,但是这又与北越的战略目标很难达成妥协。为此,尼克松政府不惜以扩大战争为代价,继续在南越打了4年。扩大战争的后果远远出乎尼克松和基辛格的意料,到巴黎谈判的最后阶段,尽管尼克松和基辛格色厉内荏,威胁要继续战斗,但实际上,尼克松最后几乎愿意接受北越的任何条件,只要能离开越南就行。除了不再要求阮文绍政权下台外。扩大战争的后果使战火蔓延到老挝和柬埔寨,美国多阵亡了20552名士兵,整个社会结构完全分裂,政府的权威下降到最低点,美国在国外的声誉也遭到了破坏。而在美国从南越撤退两年以后,北越军队大举攻入南越,西贡政权顷刻间土崩瓦解。之所以出现这一现象,同尼克松和基辛格坚持的"道义"原则有关,与其迷信武力的作用有关,也同国会的掣肘有关。在从南越撤出以后,国会不愿意为"越南化"项目拨款,得不到美国的经济援助和军事援助,西贡政权除了崩溃之外,没有其他选择。实际上,这一结局在尼克松和基辛格策划从南越撤退时就已经预见到了。他们希望,在美国"体面撤退"与西贡政权崩溃之间有一个时间差,免得让美国过于难堪,这就是有些学者认为的基辛格和尼克松在越南要实现的是一个"体面的幕间休息",至于南越政权的前途并不是他们关注的重点。但是,这一幕间休息的时间太短,南越的崩溃过于迅速了。

20世纪是民族主义的世纪,特别是第二次世界大战之后,民族独立运动成为战后国际关系演变的重要驱动力。这与基辛格所熟知的梅特涅时代形成了显著差异:由于现代武器技术的扩散,大国政治对地区事务干预的成本大大提高,其对地区事务的影响力就大大降低。为了维护国家的独立和民族的尊严,越南先后同法国和美国这两个西方大国进行了25年的战争。为了追求民族独立,越南人民以坚忍不拔的毅力和不怕牺牲的决心确保了它取得最后的胜利。对这样的对手以及国际关系的变动,基辛格很明显估计不足,他试图以大国政治的方式实现美国体面退出越南的战略目标,其结局是可想而知的。

### 尾声:越战透视镜

1973年10月,挪威诺贝尔委员会宣布将当年诺贝尔和平奖授予巴黎协定的两位缔造者——美国国务卿基辛格与越南劳动党政治局委员黎德寿,以表彰他们在结束越南战争的谈判中表现出的坚持不懈的毅力与勇气。著名的共和党政治家,也是美国卷入越南战争的始作俑者之一小亨利·卡伯特·洛奇称赞基辛格在与黎德寿艰苦、曲折的谈判中表现出"超人般"的精力以及杰出的才智,

# 基辛格

他是如此兴奋,以至于不顾美国宪法关于美国总统只能在本土出生的美国人中产生的规定,建议提名基辛格担任下一次大选的共和党总统候选人。① 各界的赞誉之声更是不绝于耳,刚刚担任国务卿不久的基辛格声名和权势达到了顶峰。

但是好景不长,1975 年 4 月 29 日,巴黎协定签署 2 年零 3 个月后,北越人民军的坦克碾过西贡的街道。与此同时,最后一批美国外交人员从大使馆屋顶平台乘坐直升机撤离西贡,数千名想要随美国人撤离的南越人惊恐地聚集在大使馆周围,无助地试图登上撤离的直升机。这样一幅画面标志着美国从 1961 年肯尼迪政府开始对越南全面的政治、军事干预的终结,越南战争成为美国历史上最长的战争。同时也标志着自尼克松上任以来,美国政府试图结束在越南卷入的一系列政治、经济、军事、外交努力的落幕。这样的结局是大多数美国人无法接受的,他们开始更多地质疑尼克松、基辛格的努力是否真的维护了美国在世界的信誉与权力。此后尼克松、基辛格的越南政策往往成为政策舆论与学术批评的焦点之一。虽然有停战协议的成就以及诺贝尔和平奖的辉煌,基辛格始终无法不直面美国在越南政策失败的结局。基辛格不仅在其回忆录中以很大的篇幅详细记录美国的越南战略以及越南谈判的方方面面,2003 年他还将他在回忆录中有关越南政策的内容汇编成书,目的当然是不断为尼克松政府的越南政策辩护。他认为,"(在停战协定签订之后)尼克松政府确信它已经为南越人民决定其自己的命运赢得了一个体面的机会;西贡政府能够用自己的军队战胜违反协定的一般行为;而美国能够帮助反击一场全面的进

---

① Jussi Hannhimäki, *The Flawed Architect: Henry Kissinger and American Foreign Policy*, p. 232.

攻；这样随着时间的过去，南越政府能够建立一个正常运作的社会"。他将美国的最终失败归结为美国的国内分裂，"美国的分裂是这些希望破灭的一个主要因素。由于其自身的错误，水门事件致命地削弱了尼克松政府。1974年的国会中期选举，最不能宽恕尼克松的反对派送上台，他们切断了援助使协定不能如计划般运作。紧迫的国内争论压倒了地缘政治的需要"①。

　　正如一句西方俗语所说，如果一个人犯下一个致命错误，他将用余下的一生来改正它。同样，基辛格在越南战争问题上的巨大失败，让他一直不停地试图澄清或者塑造他所认为的越南政策图景，因此我们至少可以说基辛格一直在试图解释为什么他没有犯根本性的错误，如果说基辛格不是试图掩饰他的错误的话。越南战争的经验也塑造了基辛格的战略思维，越战经验成为一枚透视镜，基辛格在其后面观察，从而找到美国在地区冲突应该采取的战略路径：不管他如何挣扎，基辛格从来没有超越越南战争。②

---

① Henry Kissinger,"The Lessons of Vietnam," *Los Angeles Times*, May 31, 2007, http://www.latimes.com (assessed 20 September 2008).
② Jussi Hannhimäki, *The Flawed Architect：Henry Kissinger and American Foreign Policy*, p.234.

# 第五章　穿梭外交与中东战略

1975年4月11日,在南越崩溃之前,红色高棉占领了金边,美国外交人员被迫撤离。美国在印度支那的两场战争都以失败告终。而此时,由于美国政府无法兑现关系正常化的承诺,中美关系无法突破没有正式外交关系的瓶颈;同时,缓和政策也陷入停滞。基辛格所有的外交神话在此时都遭受到巨大的抨击与质疑。南越的崩溃或多或少让人觉得基辛格一年多以前获得的诺贝尔和平奖富有讽刺意味,两年多以前的巴黎协定只是结束了美国对越南的军事干预,并没有带来和平。然而从另一方面来说,虽然就结果而言,巴黎协定的确无法经得起时间的考验,但是挪威诺贝尔委员会授予基辛格诺贝尔和平奖的领域是"谈判",就此而言,基辛格可以说是当之无愧。在外交谈判领域,基辛格在八年的公职生涯期间经历了无数次艰苦、漫长的磋商、斡旋,堪称谈判大师,取得了几乎难以被超越的外交成就——只要是基辛格参与的,就几乎一定能达成协议。

在越南战略的设计中,基辛格和尼克松从美苏冷战对峙的宏大背景看待越南战争,因此冲突的解决也是试图通过大国外交协调的方式使冷战由对峙走向缓和的方式来得以实现。但是三角外交、大国协调与巴黎协定的达成这二者之间的相关性并不如基辛格所认为的那么密切,反而是这种错误认知与判断延缓了美国退出战争的进程。但是,在其他的地区冲突问题上,特别是在同样有着美苏冷战对峙背景的阿以冲突问题上,基辛格却实现了具有深远影响的外交成就。这些成就的实现却并不是在尼克松和基辛格所设想的宏大战略框架内实现的,中东外交的成功突出体现了作为外交家的基辛格高超的谈判斡旋技巧,在极为敌对的双方、根本对立的主张和要求之间寻求共识的能力,那种把握冲突的主张和诉求的微妙之处的敏锐洞察力。基辛格退出公职生涯之后的四十多年中,国际关系格局、战略环境、战略议题都发生了巨大的变迁,特别是冷战结束以后,地区冲突的烈度远远超过了大国间的竞争。基辛格对于地区冲突的实质有了不同的观察视角,他也顺应战略环境的变化,更加注重从种族冲突与人权外交等方面探讨这些冲突的起因及其解决之道。中东地区的冲突一直是冷战后最为热点的战略议题,基辛格尝试借助他在任时期解决中东种族冲突的外交斡旋经验阐述其战略主张。作为一位资深的外交政治家,基辛格对美国"9·11"事件之后的对外政策走向有一定的影响力,他也对此有较多的论述和政策主张;美国所实施的大中东战略,包括阿富汗战争、伊拉克战争自然成为基辛格战略建言的领域。

## 中东战争与穿梭外交

中东地区迄今为止尖锐对立的领土、宗教、民族冲突可以追溯到第二次世界大战结束,战后的民族独立运动促使阿拉伯人民族主义意识的觉醒并诞生了一系列的阿拉伯民族国家。同时,以色

**基辛格**

列复国主义运动在巴勒斯坦地区生根结果,与阿拉伯民族主义迎头相撞,从而使中东地区成为国际体系动荡的一个持久的热点地区。其所牵涉到的利益诉求之对立、矛盾之尖锐以及由此而导致的谈判妥协之困难,使得要调解阿拉伯与以色列之间的矛盾几乎成为不可能完成的使命。

但是外交魔术师基辛格却做到了!

在尼克松政府第一任期,一方面基辛格绝大多数的外交精力都放在美国面临的所谓三大问题,即越南战争、对苏缓和战略与对华关系。尼克松和基辛格将这三大问题的关键决策牢牢地掌握在白宫,而中东问题基本上都是由国务卿罗杰斯及其领导的国务院在负责。另一方面,作为犹太人的基辛格与美国犹太人社群联系密切,他对以色列的同情和支持立场很明确,因此尼克松并不打算让基辛格过多卷入,当然基辛格也有意在迈入政坛之初回避这一容易引起争议的问题领域。此外,虽然在尼克松看来,中东地区的局势很危险,是美国不得不重视的问题,但是基辛格对这一地区的了解特别是对于阿拉伯国家所知甚少,当然这也不是他的兴趣所在,"他总是本能地从大国关系的角度寻求大多数国际问题的解决之道。中东问题也不例外。他认为,俄国和美国有义务在以色列和阿拉伯各国间促成和解"[①]。

转折出现在1972年7月,中东地区出现了震惊世界的埃及驱逐苏联人事件,埃及总统安瓦尔·萨达特下令驱逐苏联军事顾问和专家,宣布苏联在埃及领土上建立的一切设施和军事装备移交埃及管理使用。萨达特的这一极端出人意料的外交政策,意在彻

---

[①] Marvin Kalb and Bernard Kalb, *Kissinger*, p.186.

底摆脱苏联对埃及的影响和控制,这一戏剧性的举措预示着中东地区的地缘政治格局可能会发生根本性的变动。尼克松总统决定在中东投入更多外交资源,他授意基辛格绕过国务院与萨达特的国家安全顾问哈菲兹·伊斯迈建立一个后门管道,表明白宫对中东外交的重视。但基辛格更多地卷入中东事务是在1973年尼克松政府开始第二任期之后。此时,美国所面临的三大外交问题基本上已经告一段落,中东地区的阿以对峙,引发美国更多的关注。9月22日,基辛格正式成为国务卿,尼克松深陷水门丑闻,白宫与雾谷①的外交决策权之争自然就告一段落。履新不久,一场最为激烈的中东战争引发了尼克松就任以来最为严重的国际危机。

**赎罪日战争与核警戒**

阿以冲突虽然与犹太复国运动直接相关,而更为深刻的原因是两个民族都曾是这块土地的主人,两个民族都将耶路撒冷视为自己的宗教圣地,阿以冲突就不是领土问题那么简单,而是被赋予了更为坚实的情感与宗教力量,其解决也就变得愈加困难。因此与朝鲜战争和越南战争相比,中东的冲突的特殊性在于,它不是一个民族不同发展道路与意识形态的冲突,而是涉及两个民族、两种宗教,虽然其表现形式也是军事对抗与领土争夺,但其冲突的动力更为持久、深刻。当然,美苏冷战对峙的背景与本地起源的冲突因素相互结合,既为这些冲突提供了动力,也为冲突的范围提供了限制。一方面美苏都积极卷入其中,将冲突中的一方作为自身在该

---

① "雾谷"为美国华盛顿地区一地名,因地处波托马克河岸岸边,经常水烟弥漫,并笼罩于都市废气中而得名。由于这里是国务院所在地,因此"雾谷"被用来代指美国国务院。

**基辛格**

地区利益的代理人,地区冲突成为美苏角逐的竞技场,另一方面美苏双方都希望将冲突限制在一定范围之内,尽可能不直接卷入,双方并不愿意在各自并不拥有核心安全利益的问题上直接对抗,避免因地区冲突导致美苏的摊牌是双方为冲突提供的基本限制。

1967年六日战争爆发(以色列称"六日战争",阿拉伯国家亦称"六五战争"),以色列获得压倒性的军事胜利,但是,这并不能为以色列带来安全,无论拥有多么显著的军事优势,都无法改变以色列处于虚弱却坚韧,内部分裂却人口众多、幅员广阔的阿拉伯世界包围之下的现实。而且,蒙受屈辱的阿拉伯世界决心通过同样的军事手段复仇,在苏联的帮助下,埃及、叙利亚逐渐建立了武器装备精良、训练有素的现代化军队,随着时间的推移,战争一点点再度逼近。1973年10月6日下午2点(开罗时间),埃及和叙利亚军队从西奈半岛和戈兰高地向以色列发动联合进攻,这一天是犹太人神圣的节日赎罪日,第四次中东战争爆发。按照埃及总统与其他阿拉伯领导人的约定,阿拉伯世界决心使用石油武器。

**埃及军队渡过苏伊士运河**

16日,阿拉伯石油输出国组织(OAPEC)宣布石油价格提高70%。20日,OAPEC宣布对美国和其他以色列的支持国实施石油禁运,这使得高度依赖石油的西方工业化国家经济陷入危机。中东的阿以冲突演变成对世界经济和政治产生巨大冲击的国际危机,也迫使美国将阿以冲突列入其首要的外交议题。

尼克松政府对于战争的爆发以及阿拉伯世界使用石油武器的

可能性严重估计不足,战争爆发前基辛格正在纽约参加一年一度的联合国大会。美国东部时间10月6日清晨6点15分,在基辛格下榻的华道夫饭店,他被负责近东与南亚事务的助理国务卿约瑟夫·西斯科(Josef Sisco)叫醒。西斯科带来了美国驻以色列大使肯尼斯·基廷(Kenneth Keating)的紧急电报,转达了以色列总理果尔达·梅厄夫人(Golda Meir)的警告,埃及和叙利亚再过几个小时就要发动战争,并促请基辛格运用其影响力阻止战争的爆发。此时距战争爆发大约只有不到两个小时。基辛格承认,"在1973年10月前,美国和以色列的每一次评估都认为埃及和叙利亚缺乏通过武力重新获得领土的军事能力"[1]。或者正如国务院情报研究局局长雷伊·克莱因(Ray Cline)事后所总结的那样,"我认为,我们的困难部分在于我们被以色列人洗脑了,而他们同样地被自己洗脑了。但更为重要的是就中东正在发生的日常变化而言,我们的确缺乏足够的情报基地。我认为我们的战略框架很好,但我们没有很好的情报,没有俄国人那样好的情报"[2]。这样的战略失误与以色列军方直接相关,"以色列最高指挥部使用他们自己的标准从而陷入自我欺骗即他们的敌人不会为了获得有限的军事目标而甘冒战争的风险。而这正是埃及总统萨达特的打算:不是为了决定性的胜利,而是要让以色列蒙受损失从而让他们做出政治的、领土的妥协"[3]。根据多勃雷宁的回忆,勃列日涅夫和葛罗米柯

---

[1] Henry Kissinger, *Crisis*: *The Anatomy of Two Major Foreign Policy Crises* (Simon & Schuster, 2003), p. 12.

[2] Transcript, "Secretary's Staff Meeting", Tuesday, October, 1973—4:35 P.M., p. 22, http://www.gwu.edu/~nsarchiv (accessed 31 May 2005).

[3] Alistair Horne, *Kissinger*: *1973, the Crucial Year* (New York: Simon & Schuster, 2009), p. 239.

**基辛格**

(Andrei Gromyko)在5月和6月分别都提醒过尼克松和基辛格中东爆发战争的可能性,但是由于基辛格和尼克松笃信阿拉伯国家不会向以色列压倒性的军事优势发起挑战,因此他们就认为苏联的警告是"心理战,因为我们看不出有任何合理的军事选择不会损害苏联和阿拉伯国家的地位"①。虽然从历次中东战争(包括这一次十月战争)的结果来看,基辛格的这一判断无疑是准确的,这也非常有力地证明,当时基辛格还是从美苏冷战的框架来看待地区性冲突,低估甚至忽视这些冲突的本地起因,也正是这种认识使基辛格当时无法预见到中东再度发生战争的可能性。因为战前以色列是上次战争的得益者,不太可能发动新的战争,此外美国也极力约束以色列的行为,即使在获知战争即将爆发的情况下,基辛格还是敦促以方不要发动先发制人的进攻。此外,基辛格也没有估计到阿拉伯民族主义的决心和力量。二战结束以来阿拉伯世界的分裂表现在埃及和沙特阿拉伯两个阿拉伯世界大国的对立,埃及是更为激进的世俗化国家的代表,而另一个大国沙特阿拉伯则是保守国家的代表。现在开罗和利雅得决心联合起来共同对付以色列及其支持者。

危机终于在美国毫无预料的情况下爆发了,"我们大家都如梦初醒"②。基辛格很快开始肩负起解决这一场国际危机的决策使命,从开始接到战争警报的两个多小时,基辛格都是单独处理危机,直到9点25分才致电尼克松。因为此时水门丑闻愈演愈烈,尼

---

① Anatoly Dobrynin, *In Confidence: Moscow's Ambassador to America's Six Cold War Presidents (1962—1986)* (Crown, 1995), p. 288; Henry Kissinger, *Years of Upheaval*, p. 461.

② Henry Kissinger, *Years of Upheaval*, p. 450.

克松已经无暇他顾,将最终决策权授予基辛格,虽然他要求基辛格在处理危机时要给外界一种印象:是白宫即尼克松在主导决策,这表明水门丑闻并没有削弱尼克松的坚强领导,而且成功地化解危机有助于尼克松缓解国内政治的巨大压力。一方面基辛格不确定尼克松能否在水门危机的巨大压力下处理好中东的国际危机,另一方面"心烦意乱的尼克松也情愿基辛格去确定政策方向"①。十月战争遂成为基辛格首次在拥有最高决策权的情况下推行其外交战略的契机,而此前的越南战争、对苏缓和与对华关系等三大问题的最终决策权都掌握的尼克松手中,多勃雷宁就认为,"在尼克松专注于水门事件及其一系列衍生后果的时候,美国在这次战争期间的政策几乎都是由基辛格一手制定的。从某种意义上讲,就美国方面而言,这场战争是基辛格的战争"②。

在接到战争的警报后,基辛格马上将华尔道夫饭店变成临时指挥部,他首先要尝试能否通过外交手段消除危机,在战争已经一触即发的情况下,最有效的斡旋手段就是直接的电话外交。基辛格首先与在华盛顿的苏联大使多勃雷宁通话,他敦促多勃雷宁运用苏联的影响力阻止埃及和叙利亚采取军事行动,并将之作为维持美苏关系的重要因素:"我想告诉你的是这对于我们的关系非常重要,我们不想中东马上发生冲突,对此你也不会怀疑。"③随后,他还警告以色列人无论如何不要采取先发制人的行动,并将这一信息转达给正在纽约出席联大的埃及外交部长穆哈默德·扎耶特

---

① Robert Dallek, *Nixon and Kissinger: Partners in Power*, p.523.
② Anatoly Dobrynin, *In Confidence: Moscow's Ambassador to America's Six Cold War Presidents (1962—1986)*, p.287.
③ Henry Kissinger, *Crisis: The Anatomy of Two Major Foreign Policy Crises*, p.16.

基辛格

(Mohamed Zayyat)。在敌对行动开始后,基辛格紧急致电约旦国王侯赛因、沙特阿拉伯国王费萨尔,希望这两位阿拉伯世界的温和派能够阻止冲突的升级。但是开弓没有回头箭,而此时阿拉伯人的响箭已经呼啸而出,基辛格的危机外交只能步入交战时期。

一旦战争爆发,基辛格就开始考虑如何利用这场冲突以利于美国的全球战略,那就是如何在美苏冷战竞争中获得更多的战略加分。首先要防止苏联直接卷入,因为这样可能会出现与美国直接对峙的危险,古巴导弹危机的教训就是要尽量避免两个核大国的直接对峙,其前景实在难以预计;而且在埃及驱逐苏联军事人员之后,苏联在中东的影响力已经大大降低,美国必须避免出现苏联军事力量重新进入的局面。其次,既然现状已经被打破,那么对于美国来说最好的结局就是以美国为主导塑造新的中东均势。当然美国主导并不排斥苏联的合作,相反这是其中一个重要环节,同时与缓和战略并行不悖。而与阿以双边的关系,美国的主导地位则必须建立在中立的基础之上。这就要求美国必须确保交战的任何一方不会取得决定性的军事胜利或者遭到屈辱的战败,中东地区的力量对比决定了任何一方的决定性胜利必然成为另一次中东战争的原因,赎罪日战争实际上就是阿拉伯世界对1967年六日战争屈辱失败的修正,在阿拉伯世界包围之下的以色列如果要获得和平是不可能以阿拉伯人的屈辱为代价的;当然,以色列的战败也不符合美国的利益,那将使美国失去在中东的战略支柱。同时"如果冲突产生了类似于僵局的状态,将为自1967年以来未能获得的可行的和平协定开辟道路"①,这是美国居间调停的基础。基辛格将

① Robert Dallek, *Nixon and Kissinger: Partners in Power*, p.521.

这一战略归纳为五个方面:"阻止苏联的武器装备获得成功;防止阿拉伯人蒙受屈辱,特别是在埃及战线上;召开和平会议,由工作小组讨论细节问题,而不搞全体大会那种夸夸其谈的辩论;巩固与埃及的关系,埃及已经果断地表示愿意开个头。"①总之,基辛格还是更多地从与苏联的地缘政治角逐的大战略视角处理阿以冲突。

战争在当天下午 2 时爆发之后,阿拉伯军队的表现一改之前的虚弱形象,令世界为之一惊,一扫 1967 年战败的耻辱,埃及、叙利亚军队分别从苏伊士运河、戈兰高地向以色列发动猛烈进攻,以军损失惨重。一方面,阿拉伯联军为这一场复仇之战精心准备了五年多的时间,另一方面,以色列在美国的约束之下在明知阿拉伯人军事打击已经无法避免却无法采取预防性的军事行动。埃及军队很快突破了被吹嘘为固若金汤的巴列夫防线,迅速攻入西奈半岛,以军节节败退。更为致命的是,小国寡民的以色列在两条战线上作战,装备与弹药的储备迅速消耗,很快面临军火枯竭的致命危险。但是,对于以色列援助的请求,基辛格最初采取拖延的办法,因为他认为阿拉伯人的胜利很难维持,以色列的军事优势是压倒性的。同时,基辛格意在"让好战的互相打上'一两天',以使他们能安静下来'"②。直到 10 月 13 日早上,基辛格和黑格还是主张美国应该采取低调政策,反对国防部长施莱辛格使用美国军用飞机向以色列空运军火的建议,最终尼克松总统考虑到梅厄总理的请求,批准了施莱辛格的计划。同时,尼克松的决定还是对苏联对阿拉

---

① Henry Kissinger, *Years of Upheaval*, p. 799.
② Jeremi Suri, *Henry Kissinger and the American Century*, pp. 258—259.

伯国家特别是叙利亚的军事援助急剧增加的回应。① 实际上,自战争开始以来"莫斯科和华盛顿都试图在为其各自在中东的代理国提供援助方面胜过对方"②。

美国紧急的军火供应让以色列强大的战争机器重新高效地运转起来,战局很快出现转机。10月15日,以军突破埃及战线,以色列转入反攻。基辛格亲赴莫斯科与勃列日涅夫谈判,美苏间于21日达成停火协定。22日,联合国安理会通过338号决议,要求双方停火、谈判。虽然以色列迫于美国压力接受了协定,但是以色列军队在此次战争初期一改以前对阿拉伯军队的心理优势,接连遭受阿拉伯联军的重创,蒙受了重大损失,现在战局出现转机,全面的军事胜利已经唾手可得,因此以军在停火协定生效后继续向西推进,包围了苏伊士运河以东的埃及第三军。如果第三军被歼,埃及必将蒙受羞辱,外交谈判解决的可能性将大大降低。更为可怕的前景是,以色列的胜利和阿拉伯世界的耻辱,会成为另一场战争的前奏,正如以色列在6年前的"六日战争"的决定性胜利成为"几乎导致1973以色列的灭顶之灾的沉重负担"那样,只会成为另一次"灾难性的成功"③。于是基辛格不得不向梅厄总理施加强大压力,制止可能导致事态进一步恶化的军事行动。另一方面,埃及和苏联对于以色列方面不遵守联合国停火协定的举措向基辛格提出了强烈的抗议。以色列似乎决定要全歼被围困的第三军,在埃及最为精锐的第三军面临灭顶之灾之际,埃及紧急提议由美苏派遣军

---

① William Quandt, *Peace Process: American Diplomacy and the Arab-Israeli Conflict Since 1967* (Washington, D. C.: Brookings Institution Press, 2005), pp. 113—114.
② Robert Dallek, *Nixon and Kissinger: Partners in Power*, p. 525.
③ Alistair Horne, *Kissinger: 1973, the Crucial Year*, p. 239.

队监督联合国停火决议的执行。苏联立刻附和,还声称如果美国不同意,苏联将单独出兵,一时之间,苏联伞兵即将空降停火区域的传闻不胫而走。苏联出兵势必导致局势复杂化,不管后果如何都将加强苏联对阿以事务的影响力。基辛格打算对苏联威胁军事干预的企图做出强硬回应,10月24日,在尼克松缺席的情况下,基辛格召集国家安全委员会会议,决定将全球美军国防警戒水平从四级(DefCon4)提高到三级(DefCon3),这是和平时期美军最高的警戒水平,也包括核警戒。这样,"基辛格将外交武力结合起来——使用核武器进行谈判"①,同时,这一强硬的军事回应也改变了此前美国在中东更为谨慎、低调的外交风格,表明了美国决心全力塑造中东和平与稳定的决心。

美国做出一副准备大干一场的架势之后,埃及首先改弦更张,不再邀请美苏军队监督停火,转而请求联合国维和部队出面。随后,勃列日涅夫也接受了美国的提议,不再坚持直接出兵,而是只派遣非军事观察员。

危机之后,无论在对手苏联还是在美国政府内部,许多人都指责基辛格反应过度,但是从后果来看,基辛格无疑做出了正确的选择,在当时危急的情况下,不管苏联究竟是以出兵为威胁手段还是有真的打算出兵,美国的核警戒的确达到了预期效果,埃及和苏联都接受了由联合国观察部队而不是美国或苏联军队监督停火的建议。由中东战争导致的美苏严重军事冲突的警报解除了,但埃及和以色列的军事对峙依然充满火药味。在基辛格积极的斡旋下,以色列放弃了歼灭埃及第三军的计划,萨达特采取了一个大胆的

---

① Jeremi Suri, *Henry Kissinger and the American Century*, p.260.

**基辛格**

举措:放弃不与以色列直接谈判的僵硬政策,以换取以色列开放为第三军提供补给的通道。阿以冲突史上历史性的一刻终于到来:10月28日,在开罗到苏伊士城101公里处,埃及和以色列的两位将军走到了一起,这是以色列自宣布独立以来第一次和一位阿拉伯国家的代表举行会谈。赎罪日战争结束了,阿以冲突的模式发生了改变:从尖锐的冲突与敌对迈向谈判与冲突并存的状态,自此之后中东地区再也没有发生大规模的阿以军事冲突。同时,也标志着美国更大规模地卷入中东事务以及阿以冲突的开始。

穿梭外交与基辛格的外交风格

战争结束,穿制服的将军和士兵走向幕后,穿西服的外交官步入前台。停火协议的达成只是结束了军事行动,但阿拉伯军队和以色列军队犬牙交错的接触状态非常危险,在阿以深刻的敌意氛围之下随时都有可能使战火复燃。

十月中东战争对于美国的中东政策产生了根本性的影响。战争之后,原有的平衡不复存在,基辛格充分利用战争带来的机遇,从而使美国掌握了塑造中东和平格局的主导权。多勃雷宁在回忆录中就认为,基辛格提升美军的警戒水平"和以往一样是追求其主要战略目标,那就是美国在中东地区的影响力并占据主导地位"[①]。

当然美国的政策主动还有一个重要的考虑,就是如何维护以美国为首的西方工业化国家的能源供应。战争爆发后,阿拉伯产油国通过提价、减产等方式表达它们对美国支持以色列的抗议。10月20日,美国在中东忠实的盟友沙特阿拉伯宣布对美国实施石

---

① Anatoly Dobrynin, *In Confidence:Moscow's Ambassador to America's Six Cold War Presidents* (1962—1986), p.299.

油禁运,以作为尼克松批准向以色列提供22亿美元援助的报复,其他阿拉伯产油国相继加入,并扩大到对荷兰等支持以色列的国家的禁运,从而引发了波及全球的能源危机。如果美国不能有限平息阿拉伯世界的不满,很难制止能源危机的继续蔓延。

虽然"穿梭外交"一词的发明者是基辛格在国务院的中东问题助手、助理国务卿约瑟夫·西斯科,但这一外交方式本身的的确确是基辛格首创的。基辛格将穿梭外交定义为,"是指为了特定目标而首创的频繁来往于一些国家首都的做法"①。紧凑的行程、密集的磋商是穿梭外交的特征,从战争结束到1974年5月31日,基辛格通过频繁往返于开罗、耶路撒冷、大马士革和其他重要阿拉伯国家首都之间的几次穿梭外交,达成了在西奈半岛和戈兰高地的两条战线上以色列军队和埃及、叙利亚军队脱离接触的协议。对美国等国的石油禁运也于3月18日取消。这不仅根本改变了以色列和阿拉伯国家的紧张对峙局面,中东恢复了和平,更为重要的是在中东最为强大的国家以色列、埃及、叙利亚之间大体确立了一直延续至今、相对均衡的中东地缘政治格局。

基辛格认为,十月战争之后,美国面临前所未有的机遇以在中东塑造一个美国主导的和平格局。战争造成的后果是美国的武器击败了苏联的军事装备,美国与以色列的特殊关系使得阿拉伯世界的温和派明白,是美国而不是苏联能够将中东引向和平,正如基辛格所说,"每一个人都知道如果他们想在中东获得和平,他们必须通过我们"②。因此,基辛格也力图给阿拉伯世界的温和派造成一种印象,那就是战争是美国压倒了苏联的影响力,而不是其他。

---

① Henry Kissinger, *Years of Upheaval*, p. 799.
② 引自 Jeremi Suri, *Henry Kissinger and the American Century*, p. 260.

**基辛格**

在与一位阿拉伯世界温和派、摩洛哥国王哈桑二世的会谈中,基辛格强调美国向以色列援助军事物资是因为"我们不能让苏联的军事装备击败美国的武器,要是这样的话,就是将整个地区送到激进派和苏联的影响之下"①。另一方面,在战后阿拉伯世界的温和派势力大增,除了传统的摩洛哥国王哈桑二世、突尼斯总统哈比卜·布尔吉巴、约旦国王侯赛因、沙特阿拉伯国王费萨尔等之外,埃及总统安瓦尔·萨达特也成为温和派的代表。由于埃及是阿拉伯世界最强大的国家,这无疑为基辛格的外交斡旋增添了新的动力。基辛格认为,"自此以色列国建立以来,萨达特提供了最好的机会,将中东从那种僵硬、冷漠的气氛中解脱出来"②。

实际上,早在战前萨达特就意识到中东实现和平的关键在于美国的居间调停,这是因为美国对以色列具有巨大影响力。1972年7月,埃及驱逐苏联军事人员就表明了萨达特决心摆脱苏联的影响,与美国建立紧密合作关系的意愿。但是,在中东稳定的前提下,美国无意于改变亲以政策,而在战争打破了平衡后,基辛格发现萨达特加入温和派阵营将是阿拉伯世界对以政策的转折的开始。萨达特后来告诉尼克松和基辛格,"埃及领导阿拉伯世界,我们开始促进与美国的友好关系。美国手中握着所有的牌,以色列应当考虑美国的态度"③。特别是在萨达特和阿拉伯世界的许多领导人看来,基辛格的犹太人身份使他具有了其他美国政治家所不能比拟的对以色列的影响力,"基辛格是这一地区的局外人,能够为了萨达特在交战双方进行调停,同时,他又是一个犹太局内人,

---

① Henry Kissinger, *Years of Upheaval*, p. 631.
② Ibid., p. 638.
③ 引自 Jeremi Suri, *Henry Kissinger and the American Century*, pp. 262—263。

能够从内部说服以色列。这些'局内—局外人'的特征再一次使基辛格成了那些像萨达特一样的强大领导人的无价之宝"①。局外人的身份使他具有了调停者的资格,局内人的角色赋予了他推动谈判进程的情感力量,那就是基本的信任,这在充满敌意的中东冲突中是弥足珍贵的。特别是军事上强势的以色列,在阿拉伯人敌意的包围下,心理上却极端脆弱,担心任何点滴的让步都会在好战的对手眼里视为

第三任埃及总统萨达特

是虚弱的表现。基辛格实际上并不否认他对以色列的个人影响力,这样在尼克松看来是基辛格负担的犹太背景却成为重要的外交资产。实现开罗和特拉维夫之间持久的停火是基辛格中东外交的基本目标,阿拉伯国家虽然未能在战场上占据优势,但他们以石油武器为后盾,企图迫使美国向以色列施加压力,用土地换取和平。基辛格试图说服以色列的是,军事武力的优势(哪怕是类似于以色列现在所拥有的绝对优势)无法保证长期的和平,周期性的战争将是常态,四次中东战争的原因就在于此。因此,特拉维夫唯一明智的选择是交还通过武力非法获得的土地,以土地换和平,改变以色列总是处于充满敌意的、好战的敌人包围和孤立起来的状态。最初以色列担心基辛格因为其犹太人身份而"正在过分地补偿他自己的背景而向阿拉伯人做过多的让步,他正在用以色列的安全换取他自己的国际影响力"②。十月战争中以色列蒙受了惨重的伤

---

① Jeremi Suri, *Henry Kissinger and the American Century*, p. 264.
② Ibid., p. 265.

**基辛格**

亡,放弃以色列人用鲜血换来的土地,这在充满疑虑的以色列人特别是右翼的犹太复国主义者看来,基辛格的提议无异于背叛。但是,如果是任何非犹太裔的国务卿试图说服以色列对阿拉伯人做出如此重大的让步,都会遭到势力强大的美国犹太人集团最为猛烈的抨击,从而丧失国内支持,而"他们也许会批评他(基辛格)未能为犹太人的利益尽力,但他仍然是他们中的一员。他依然是他们家庭的一部分"[①]。因此,尽管在与以色列人特别是像梅厄夫人那样的强硬派进行谈判时,气氛紧张甚至相持不下,但是谈判中总是洋溢着家庭般的氛围,毕竟以色列人坚信基辛格不会出卖他们。相反,第一位犹太裔的国务卿基辛格与以色列领导层建立了密切的合作关系,以色列副总理伊戈尔·阿隆表达了以色列领导人的普遍观点:"我相信他的友谊,虽然并不总是相信他的判断。我从不怀疑我正在和一位以色列的朋友在交谈。他以他自己的方式忠于以色列。"[②]

尽管有着"局内—局外人"独特甚至是绝无仅有的优越地位,要将持续进行了二十多年血腥冲突的阿以双方带出领土与生存的安全困境,基辛格还必须具有远远超出"内部旁观者"角色的其他品质,因为"在特拉维夫和开罗之间达成一个长期的停火协议是和在越南人之间达成协议同样令人畏惧的工作"[③]。基辛格无疑是有着极为广阔大战略视野的政治家,但他也是深谙折冲樽俎与外交议题微妙特性的实践家,他出色的外交禀赋在中东外交谈判中得到淋漓尽致的发挥。基辛格在美国中东外交中的特殊贡献在于

---

① Jeremi Suri, *Henry Kissinger and the American Century*, p. 267.
② Richard Valeriani, *Travel with Henry* (Hougton Mifflin, 1979), p. 208.
③ Robert Dallek, *Nixon and Kissinger: Partners in Power*, p. 535.

"提出了一种特定的谈判技术,以便在阿拉伯人和以色列人之间达成有限的协议。如果说基辛格的大战略通常显得相当的传统,他作为谈判者和调停者的高明手腕是很难被超越的。在此,他的创造性、他掌控时机的意识、他的才智甚至是他的个性,都很好地服务于他的目标。基辛格表明,在实践中成功的谈判需要一种将议题划分成可以解决的部分的能力,然后才能够富有想象力地将它们连接成可行的协议。掌握细节是成功的根本,同样重要的是对于背景和微妙之处的理解与认识"①。基辛格并不寻求一种解决阿以冲突的综合、全面的和平方案,而是将以色列与其阿拉伯邻国间复杂的领土纠纷分割成互相关联的阶段性谈判,最终为阿以之间关系的演变确定一个和平共存的基调。在穿梭外交中,基辛格事实上必须在敌意和误解的汪洋中探寻一条航线,"我向一方阐述另一方的观点,提出打破一再出现的僵局的方案,常常深夜还在为各种难解的问题伤透脑筋,这些难题原本无足轻重,却被中东特有的激情和创伤转化成历史性的事件。……在这一进程中,各方至少都看到了一点真理,即他们的未来要有希望就在于共处。而在走这条道路时,他们得到的不止是一纸协议,他们更加了解自己"②。

人们往往会戏谑地将外交家称为说谎的天才,似乎他们的谈判总是充满了谎言与欺骗。当然,实际上谁都知道靠谎言和欺骗是无法建立持久信任的,也就无法将谈判从冲突的深渊带向和解的彼岸。因此,外交官必须在纯粹的欺骗与完全的坦诚之间找到一个平衡,而外交与欺骗的界限往往是模糊的,作为一位杰出的外

---

① William Quandt, *Peace Process: American Diplomacy and the Arab-Israeli Conflict Since 1967*, pp. 172—173.

② Henry Kissinger, *Years of Upheaval*, pp. 1032—1033.

## 基辛格

交家、出色的谈判者,基辛格非常善于在这二者之间找到一个微妙的平衡。在穿梭外交中,犹太人见识了基辛格的巨大能量,他们用一则做媒的古老笑话来表达他们对基辛格外交风格的认识,笑话反映了犹太人含蓄的幽默风格,当然在这个故事中的媒人是基辛格:

> 有一位贫穷的老农,儿子已经成年却无力为他张罗婚事。基辛格告诉老农,他决定为其儿子找到一位如意的老婆。
> 
> "可是我从不掺和我儿子的事情呀。"老农说道。
> 
> "哈,但这位姑娘可是罗斯柴尔德爵士的女儿哦。"基辛格回答。
> 
> "哦,要是那样的话……"
> 
> 然后基辛格找到罗斯柴尔德爵士,说道:"我为你女儿找了个非常棒的丈夫。"
> 
> "但她年龄尚小啊。"罗斯柴尔德爵士表示不满。
> 
> "哈,但这位小伙子可是世界银行的副行长。"
> 
> "哦,如果情况是那样的话……"
> 
> 然后基辛格跑到世界银行行长那儿,告诉他:"我为你物色了一位副行长。"
> 
> "但是我们并不需要更多的副行长啊。"
> 
> "哈,但这位可是罗斯柴尔德爵士的女婿哦。"

通过这样迂回曲折的方式,基辛格能够巧妙地将表面上没有利益交集的个人(或集团、国家)以共同利益将他们联系起来。这样的品质在现实主义理论的集大成者汉斯·摩根索教授看来是弥足珍贵的,"我跟亨利相识了有二十多年,但我从未想到他有如此非凡的天赋，那就是他到达任何一个国家的首都，都会把自己变成这个国家的朋友和利益促进者"①。当然这里用到的"迂回曲折"一词可以用其他词代替，比如狡诈等等，也有批评者称之为欺骗，但事实上，这种方式和纯粹的欺骗还是有区别的，正如以色列总理伊扎克·拉宾所说，"基辛格有一种梅特涅式风格，那就是只说一半的事实。他不撒谎，如果撒谎他就会信誉全无，他就是不会说出全部的事实"。也担任过以色列总理的西蒙·佩雷斯认为，"如果你不逐字逐句听他发言，你就可能被他所说的误导。但你逐字逐句听他的发言，他又没有撒谎"。佩雷斯有一次私下告诉拉宾："说到基辛格呀，他是我见过的最狡诈的人。"②但是在基辛格看来，这种风格可以被恰当地称为"建设性模糊"：向不同的谈判对象强调不同的重点，从而向他的每一位谈判对象掩饰他自己真正的重点所在。例如，"在越南谈判中，他在有关非军事区和南越主权问题上设计出了晦涩不清的词汇，结果南北越都声称自己得到了想要的结果；在美苏削减战略武器谈判中，他故意在导弹发射井的容积限制上含糊其辞，后来还在限制空中导弹的条款上抹去了'弹道'一词，结果美国人和苏联人对此问题的解释就大相径庭。同样，在中东问题上，基辛格设法避而不谈许多神学上的争议，从而扫清了达成脱离接触协议的障碍"。正如基辛格所总结的，"有时候外交的艺术就是得让显而易见的问题模糊化"。而 1969 年的罗杰斯计划就直截了当、毫不含糊，它没法走得太远。③ 在上述越南问题、削减战略武器问题、中东问题，包括更早一些的中美之间的台湾问题

---

① Walter Isaacson, *Kissinger: A Biography*, pp. 554—555.
② Ibid., p. 554.
③ Ibid., p. 556.

基辛格

的谈判中,措辞的明晰化就意味着将某一方置于有损脸面甚至失败的境地,从而根本无法达成妥协。而采用"建设性模糊"最终促成了协议的诞生,尽管也许各方对协议都不满意,但它至少成为进一步沟通、谈判的起点,而这一起点比协议之前的状态人人地迈进了一步。就上述案例而言,其巨大影响还要更进一步:无论实现中美关系的恢复,结束越南战争,达成美苏削减战略武器的协议,还是促成阿以之间的和谈都是具有重大后果的外交突破。基辛格的"建设性模糊"将模糊的艺术发挥到极致,从而使他成为突破外交的大师。

这种迂回曲折的方式实际上是基辛格利用信息不对称实现自己的政策目标。作为调停者、斡旋者,基辛格处于信息充分的最顶端,他对各方的立场、观点、利益诉求,维护其利益的决心、勇气与能力状况以及怀疑与担忧相对来说了解得更为全面,因此他是信息最为全面的收集者;同时,他会将获得的信息传递给另一方,实现信息的交流,因此他也是信息的传递者;此外,基辛格并非是纯粹的传声筒,而是采用拉宾所说的"梅特涅式风格",以基辛格所期望的方式将信息部分或者大部分传达给第三方,因此基辛格更是信息的加工者。但是一旦信息充分扩散之后,基辛格外交的空间将大为压缩,可能实现的外交成果就极其有限。正如摩根索所说,"这种外交最初比较有效,但它存在一种危险,当那些国家之间有着良好关系并相互沟通之后,它就不再奏效"[①]。因此在中东穿梭外交中,基辛格以他超乎寻常的天赋实现了阿以和平进程中最为艰难的第一步,但是一旦突破实现,要把这样一个进程推向更为深

---

① Walter Isaacson, *Kissinger: A Biography*, p.555.

入、持久的轨道,那就不是基辛格的个人天赋所能左右的了,它取决于冲突各方对相互之间的认识是否发生了更为良性的转变以及各方利益能否找到恰当的妥协点。同样地,基辛格的外交天赋还实现了中美关系的恢复以及美苏关系的缓和,与中苏两个大国的关系虽然与中东穿梭外交的居间调停、斡旋不太一样,但其共同特征都是在充满敌意、猜忌的各方之间实现外交关系的突破性进展。基辛格的外交天赋也许天生就是为国际关系的新局面而生,但是一旦突破性的局面形成了,基辛格的外交天赋对局面的塑造能力就大大降低。

基辛格的穿梭外交改变了中东自战后以来紧张对立的局势,以谈判代替了战争,开启了中东和平进程,确立了此后中东地区基本的冲突与合作的框架,那就是:一方面以现实政治的方式将巴以之间的根本矛盾转化为低烈度的武装冲突,而不是威胁地区乃至国际体系稳定的周期性战争;另一方面,从根本上削弱了苏联在中东事务上的影响力,美国成为中东冲突的调停者和影响力最大的外部大国,美国也成为阿拉伯世界温和派的支持者。虽然如此,中东最为持久、复杂的种族、宗教冲突依然是阿以冲突,它并没有随着和平的到来得到根本的缓解,相反由于巴勒斯坦问题逐渐尖锐化,中东依然维持着持续紧张、对立的局面。部分原因是由于基辛格"在巴勒斯坦问题上存在盲点。……他引导他的外交去回避这一关键性的问题,推迟摊牌时刻的到来,削弱巴勒斯坦运动的诉求,始终希望会出现一些选择"[1]。因此,巴勒斯坦问题在中东战争之后代替以色列和阿拉伯邻国的冲突成为引发中东动荡的火药

---

[1] William Quandt, *Peace Process: American Diplomacy and the Arab-Israeli Conflict Since 1967*, p.173.

**基辛格**

桶。基辛格的盲点一方面是由于基辛格的中东外交旨在通过谈判寻求稳定,无关正义与民主。另一方面,除了着眼于排斥苏联影响之外,基辛格寻求中东稳定是希望在该地区的主要国家以色列、埃及、叙利亚等国之间形成一种大体的均势局面,从而实现持久的稳定。一方面作为非国家行为体的巴勒斯坦政治力量势力弱小,显然在基辛格的中东蓝图中无足轻重;另一方面也源自基辛格对阿以冲突的复杂性和尖锐性缺乏充分的了解。基辛格对巴勒斯坦问题的忽视成为其中东外交最大的缺陷。实际上,整个中东和平在此后都在为之付出代价。

**后冷战视角下的种族冲突与人权外交**

20世纪70年代中期,随着尼克松、基辛格缓和战略的推行,虽然美苏对峙的冷战格局并没有根本的改变,但美苏关系的紧张状况已经大大缓解,冷战进入到一个新阶段:决定国际体系演变的美苏关系相对稳定,由冷战开始以来紧张对峙的美苏关系所压抑的其他冲突因素逐渐表现出来,特别是冷战后初期成为国际冲突显著现象的种族冲突问题,在当时已经开始严重影响地区稳定,也考量着国际社会的道德底线。因此,这一时期的国际关系已经表现出一定的后冷战特征。但是,作为当时种族冲突和人权外交的亲历者,基辛格在当时及卸任后初期,都没有给予足够的重视,或者说与他在任时醉心的大国外交相比无足轻重。例如,塞浦路斯危机发生于尼克松辞职前一个月,虽然在完成于1982年的基辛格外交回忆录第二卷《动乱年代》中对此也有所论及,但是基辛格当时甚至没有使用"种族冲突"(ethnic conflict)一词①,更不用说对它作进一步的理论分析了。在后冷战时代来临时,种族冲突成为最具破坏力的国际关系现象,作为一位敏锐的国际战略观察家,基辛格密切关注、思考着国际关系的最新变动。对种族冲突以及与之密切相关的人权外交问题的新思考在1999年出版的其外交回忆录第三卷《复兴年代》及其他著作中有着较为深入的讨论。

1974年8月9日,福特接替辞职的尼克松就任美国第38任总统。在此前后,基辛格身兼国务卿和国家安全顾问两职,他的权势和威望达到了顶峰,他自己都承认几乎达到了充当"外交政策的准总统的角色"②,实际上掌握着美国外交的最高决策权。

基辛格对种族问题的思考实际上源自他在冷战后对国际关系的密切关注,选择塞浦路斯危机进行细致的叙述,是因为他认为这一案例与冷战后的种族冲突有着惊人的相似之处。基辛格认为,塞浦路斯危机是一个里程碑式的事件,"塞浦路斯使美国开始卷入其尚不熟悉的种族冲突的原型。自此之后,这样的冲突在这样的一些地区爆发:索马里、波斯尼亚、纳戈尔诺-卡拉巴赫、黎巴嫩、卢旺达、车臣及刚果(前扎伊尔)"③。

1974年,福特就任美国总统。

一般来说,种族冲突的原因往往可以追溯好几个世纪,那么,

---

① Henry Kissinger, *Years of Upheaval*, pp. 1188—1192.
② Ibid., p. 189.
③ Ibid., p. 194. 下列未注明出处的文字均引自该书第195—197页。

**基辛格**

为什么种族冲突会在冷战结束前后愈演愈烈呢？基辛格认为，"在整个冷战时期超级大国进行一种心照不宣的合作来制止种族冲突，使之从属于总体的权力平衡"。在中东和南亚次大陆的流血冲突得以控制，是因其参与国是那些为国际舆论所影响的国家，这些参与国"依赖于超级大国提供军事装备、经济援助和外交支持"。而塞浦路斯则是一种不同类型的冲突，随着超级大国竞争的消退，这种冲突变得越来越频繁。这一类型的种族冲突有其显著的特征："在种族冲突中，其竞争者是不以对稳定的关心为动力的，他们甚至将现状的稳定视为其失败的要点所在。沉湎于其自认为是统治者的'黄金时代'神话传说中，每一个竞争集团都会将呼吁和解视为向敌人的不可原谅的绥靖。几个世纪积累的怨恨和不满使妥协变得不可想象，甚至妥协会被等同于历史性的失败。每一个集团理想的民族版图都与其竞争对手的不相容"。

显然，这是一种完全不同于超级大国竞争的冲突，此前尼克松、基辛格所实施的所有重要的外交政策，包括结束越南战争、重建中美关系、对苏缓和战略甚至中东战争都是在冷战美苏竞争的背景下进行的，几乎无一例外地都可以在大国政治的框架下解决，至少可以根据传统的国家关系模式来处理。但是国际社会还没有足够的经验处理种族冲突，基辛格认为，"实际上美国人觉得种族冲突非常难处理，因为在处理这类冲突时被视为神圣的美国原则几乎不可避免地互相角力"。例如，美国人所推崇的多数人治理和自决原则就很难简单地适用于种族冲突中。基辛格认为，"只有存在着少数变成多数的可能性，或者法治传统强大，能诉诸法庭推翻一项法律的时候，多数人治理才具有意义。但这些传统在塞浦路斯并不存在……当缺乏一种压倒一切的共同价值体系时，自决就等同于分裂，多数人治理等同于统治"。

塞浦路斯和黎巴嫩都有着很长的不同外来强权统治的历史，这加剧了其民族、种族、宗教的复杂性。其地缘特征更是加剧了这一复杂性，"塞浦路斯地处中东和欧洲的十字路口的地理特征决定了其战略重要性和种族混杂"。拜占庭帝国时期八百年的希腊族统治和奥斯曼帝国三百年的土耳其族统治，以及大半个世纪的英国统治，给塞浦路斯留下了一笔复杂的历史遗产和混杂的种族构成（希腊族占80%，土耳其族占20%）。"在外来强权统治塞浦路斯之时，种族仇视只是在酝酿之中。但是，20世纪中期，当世界范围的非殖民化浪潮席卷之时，国内冲突就不可避免，而多数人治理和自决原则变得不可调和。几个世纪以来，希腊人和土耳其人在积累着彼此的敌意，周期性地以大屠杀和其他暴行来发泄。每一个种族集团都能以令人信服的证据说明为什么不能将他们的命运冀望于对方的善意。"

恶化的地区局势必然危及美国在这一关键地区的利益，特别是危机还极有可能将美国的一个北约盟友土耳其卷入其中时就更是如此。为了维护美国的战略利益，美国是必定要干预的，但是基辛格也认为作为种族冲突的调解人其地位不免尴尬，他所熟悉并且运用自如的大国政治的政策手段很难适用于塞浦路斯危机。基辛格对此是这样解释的，因为"冷战中威慑和缓和的算计都不能简单地适用于塞浦路斯。塞浦路斯所有的派别都并不特别关注超级大国的竞争——除了可能作为讨价还价的筹码之外。害怕削弱具有战略关键的大西洋联盟的东南翼，美国试图在双方利害攸关的问题上采取公正的态度，但往往招致双方的责难"。基辛格认为，"这样的利害关系反映了这种典型的文明断层线实际上是不可逾越的。占多数的希腊人坚持一个单一的国家，将土耳其人变成了一个永久的少数，实际上剥夺了土耳其人选派议员的权力。占少数的土耳其人要求一个联邦制的结构和复合投票制,考虑到种族仇视的因素,这实际上等同于分裂"。

种族冲突的巨大破坏性已经成为困扰冷战后国际稳定的一大难题,在中亚、高加索、巴尔干、非洲蔓延的战火将种族冲突的血腥性展示无遗。那么,是否存在解决种族冲突的良方妙策呢?基辛格并没有明确给出答案。基辛格认为,"种族冲突一旦爆发,更可能的结果是对少数种族集团的大屠杀或者是种族集团的被迫分离而不是恢复政治统一"①。70年代中期塞浦路斯和黎巴嫩的事态已经充分证明种族冲突的这种破坏性影响。塞浦路斯、黎巴嫩的冲突各方最终在美国、希腊、土耳其和美国、以色列、叙利亚等相关的外部强权心照不宣的合作之下重新确立了一种新的平衡,这种平衡起初是不稳定的,也是非常微妙的,只有当"冲突各方希望和平或者冲突各方已经筋疲力尽不能将争斗继续下去之时,这种权力均衡才能导致稳定"②,持久和平的曙光才降临到这一地区。

基辛格的上述分析是他对二十多年前亲身经历的种族冲突事件的最新思考,他甚至还使用了亨廷顿在《文明冲突论》中所使用的"文明断层线"这一术语,但从上述分析中,我们依然可以看到基辛格观察国际政治一以贯之的现实主义分析逻辑。基辛格对种族冲突的分析具有鲜明的特色。首先,他的基本分析方法是历史—哲学分析,遵循的是归纳的逻辑方法。其次,以传统现实主义的基本范式对种族冲突进行动态分析,认为冲突各方达到一种新的权力平衡(即均势)是走向妥协的必要条件,这种平衡往往是在外部强国的干预之下实现的。第三,基辛格作为一个熟知内情的外交

---

① Henry Kissinger, *Years of Renewal*, p. 237.
② Ibid., p. 1027.

决策人将亲身经历的种族冲突个案从外交谈判的角度作了非常深入、细致的叙述,分析了种族冲突的动因、特征及平息冲突过程中复杂的外交利益矛盾。他将理论分析与个案研究紧密结合起来,理论归纳的结论往往是从对历史事实的总结中得出的,增强了理论的说服力和信度,这也是传统理论最具魅力的地方。最后,和现实主义对人类冲突的前景持悲观态度一样,基辛格认为种族冲突的前景是悲观的,当然,这都源于权力现实主义对人性的悲观看法。在权力现实主义者看来,权力平衡是国际稳定的必不可少的因素,"没有平衡,就没有和平;没有节制,就没有公正"①。而权力平衡的实现则取决于政治家认识并接受现实权力结构的远见卓识。因此,基辛格在论述中往往对冲突各方的政治领导人倾注大量的笔墨。在塞浦路斯危机中,基辛格在切身的观察基础上对塞浦路斯总统、希腊大主教马卡里奥斯作了细致的描述,他认为马卡里奥斯是一个复杂的、令人迷惑的人物,但他的高度机智与追求目标的坚定性是不容置疑的。当1977年马卡里奥斯死于心脏病时,基辛格认为随着他的死去也"失去了在塞浦路斯取得较快的谈判协定的希望",因为他"比其他塞浦路斯领导人更有接受现实的想象力和更高的威望率领他的同胞走向他们的目的地"②。对马卡里奥斯的逝去,基辛格的惋惜之情溢于言表,除了源自为解决冲突而共同工作中形成的惺惺相惜之外,还在于在现实主义的理论框架内,很难找到种族冲突的解决办法,走投无路之际,基辛格将解决种族冲突的期望寄托在马卡里奥斯这样的卡里斯玛型政治领导人的身上了。

---

① Henry Kissinger, *White House Years*, p. 55.
② Henry Kissinger, *Years of Renewal*, p. 238.

## 基辛格

人权问题是基辛格最遭政敌、批评者攻击的领域。1973年智利政变中,美国积极卷入到皮诺切特推翻阿连德总统的军事政变中,鼓励、资助了这一场政变。政变发生在9月11日,也就是中东战争之前不久,这一时期尼克松深陷水门事件,无暇他顾,基辛格扮演着实际的外交总统角色,主导了美国对智利的政策。在一位著名的基辛格批评者克里斯托弗·希金斯眼中,基辛格是一名战争罪犯(这也是迄今为止对基辛格最严厉的指控)和政变的共谋者,这一次"9·11"事件开启了智利历史上肆意践踏人权的一个黑暗时代。①

基辛格是这样为资助第三世界的独裁者辩护的:"我们必须捍卫我们的国防,并且对于那些与我们有着富有成效的政治关系的国家应当维持一个审慎的经济和军事援助计划。……在一个充满变数的时代,在一个呼唤灵感的世界,这个国家(美国)的责任就是运用创造性的领导权。"②因此,批评者的结论不免偏颇,毕竟基辛格的政策是着眼于与苏联的全球冷战竞争,由于担忧苏联和古巴在智利的影响力扩张,于是支持一个反共的军人、政客皮诺切特取代一位有共产主义倾向的左翼政治家阿连德。但是即使在皮诺切特的黑暗统治招致许多国家严厉批评和抵制的情况下,基辛格还继续推动美国政府与之保持良好的关系,成为皮诺切特政权的庇护者。因此可以说,人权问题在基辛格的外交天平上几乎不占据重要位置,这是对基辛格在任期间内外交政策的一个恰如其分的评价。但是,冷战后的国际政治气候赋予了人权问题突出的地

---

① Christopher Hitchens, *The Trial of Henry Kissinger* (London: Verso, 2001).

② 引自 Jeremi Suri, *Henry Kissinger and the American Century*, p. 245。

位，包括人道主义干预在内的外交政策思路获得了较为广泛的国际支持。如同对种族冲突问题的重视那样，基辛格重新思考人权问题在国际政治中的重要性，反思其在任期间所经历的有关人权外交的政策历程。他认为人权在外交政策中的重要性在尼克松时期才开始表现出来，"人权问题的争论开始是为了运用美国的影响力呼吁提高苏联公民的待遇，但逐渐发展成为迫使苏联国内动乱的战略。就像武器控制一样，问题与目标无关，目标是没有争论的，而在于在多大程度上意识形态对抗应该置于美国外交政策的优先地位"①。

因此，他认为尼克松政府在人权问题上的态度从本质上与民主党参议员亨利·杰克逊为首的自由民主派没有区别，只是双方策略不同而已。同时，基辛格极力强调尼克松政府对人权问题的重视，"(尼克松)政府与杰克逊之间没有本质的分歧。实际上，政府在许多其他人权问题上持坚定的立场。例如，我无数次敦促多勃雷宁改善持不同政见作家亚历山大·索尔仁尼琴的状况，并最终促成他离开苏联"②。基辛格认为，里根是战后第一位在意识形态和地缘战略领域同时对苏联采取攻势的美国总统，里根政府实现这种角色的转换是以人权问题作为意识形态工具，破坏苏联体制的合法性基础。但是，基辛格认为对人权的重视并非里根政府的专利，"他的几个前任也强调人权的重要性。尼克松在苏联移民问题上是这样做的。福特通过赫尔辛基协定的第三类条款使人权问题向前迈进了一大步"③。

---

① Henry Kissinger, *Diplomacy*, p. 752.
② Ibid., p. 754.
③ Ibid., p. 772.

## 基辛格

总之,基辛格认为,尼克松、福特时期的美国外交并未忽视人权问题,只不过没有作为外交政策的出发点而已,并且将人权价值观作为美国外交的首要目标是不明智的,"把西方经过几个世纪演化而转变成的宪法原则作为美国外交政策的首要目标,不顾其他国家的历史和社会状况采用公开的压力推行这一政策,我对此表示不安。当然,以历史发展的阶段为借口全面侵犯人权是不可饶恕的。美国自身有责任捍卫人权和民主"[1]。基辛格这一通自我标榜,意在告诉人们在尼克松、福特政府任内人权外交有了较大进展,不独是后来卡特总统以来各届政府的专利,目的显然是为了回应对其外交政策中忽视或者说无视人权问题的批评。这种论辩性质的叙述,实质上并不意味着他在人权问题的认识上有了根本的改变,恰恰相反,基辛格的上述论述也表明了他对人权问题的基本观点并没有变化。在他的政策视野中,人权问题和其他领域一样只是具有工具属性,并不具有价值属性。或者说他并不将人权问题作为美国国家利益的基本组成部分,而这正是美国主流的外交政策观念。此外,基辛格关于他在尼克松、福特时期人权政策的叙述也具有他一贯的风格:只强调对他有利的方面。在赫尔辛基协定的谈判中,为了与苏联达成协议,从而实现缓和政策的进一步发展,基辛格最初反对将关于人权问题的赫尔辛基协定的第三类条款纳入到协定中。这一类协议,虽然只是关于提倡尊重个人权利,赞成思想与人员的跨境自由流动,是一些没有实质内容的空洞说辞,但基辛格担心被俄国人解读为专门针对苏联的阴谋,从而导致赫尔辛基协定的难产以及峰会的失败。因此可以说基辛格外交在

---

[1] Henry Kissinger, *Years of Renewal*, p. 1073.

人权问题上饱受诟病,其始作俑者正是他自己,"他如此明显地将人权一词排除出他的战略话语之外,从而导致人权成为一个突出的议题"①。

当然,基辛格在人权问题上的观念并非没有完全修正。作为冷战后美国国际关系的主流话语之一,人道主义干预是所有的国际战略观察家们无法绕过的议题,其所涉及的人权与主权的关系问题是论争的关键。同时,人道主义干预也越来越得到巨大的国际支持,基辛格充分认识到这样的变化,"当代国际事务中最引人注目的实质性变化也许就是下述主张得到普遍接受:联合国,或者在极端情况下某一个国家集团(例如在科索沃的北约)可以执行某些普遍原则"②。他认为冷战后"对人权问题的日益关注是我们时代的成就之一,并且是朝向一个更加人道的国际秩序的证明"③。基辛格在观念上的修正表现在他赞同有条件的人道主义干预,为此,他给出了人道主义干预的四项原则,"将人道主义干预作为一个优先议题纳入到美国外交政策中,必须满足四个方面的条件:原则必须是普遍适用的;由此产生的行动必须得到美国国内舆论的支持;必须得到国际社会的响应;必须与历史背景有一定的关系"④。只有坚持上述干预的四项原则,"那么人道主义利益与国家利益之间的言辞上的差别就逐渐消失了"⑤。同时,对于冷战后兴起的普遍司法管辖权的概念,基辛格也给予了有限的赞同,他承认

---

① Jeremi Suri, *Henry Kissinger and the American Century*, p. 246.
② Henry Kissinger, *Does America Need a Foreign Policy?: Toward a Diplomacy for the 21st Century*, p. 270.
③ Ibid., p. 271.
④ Ibid., p. 256.
⑤ Ibid., p. 273.

人权观念的普世价值,但他也提醒政治家们在面临和平与正义的选择时应当注意在二者之间达成一种平衡,因为"不应当把普遍正义标准建立在只要目的正当就可以采取不正当的手段这样的主张上,或者建立在流行的政治风向可以压倒公平的司法程序这样的主张之上"①。基辛格反对普遍人道主义干涉的原则,他的有限干预论仍然以国家主权这一现实主义的基本原则为基础,在批评北约在科索沃的人道主义干预时,他写道:"不管认为国家主权原则多么过时,一个民主国家的联盟公然无视之并且执行一种好战的外交政策,这无异于背弃了这些民主国家在整个冷战期间始终坚持的那一条国际准则。"②并且,基辛格提倡的有限干预论的基本立足点是美国国家利益,虽然这已经不仅仅是狭义的、物质化的国家利益,"新世纪要求定义美国关键性的国家利益,包括战略利益和道德利益"③。

### 中东的反恐战争

中东战争与穿梭外交开启了美国卷入中东事务的新阶段,基辛格穿梭外交的一大成就是稳定了这一地区的地缘政治格局,美国成为最能影响该地区局势的外部大国。1991年,伊拉克侵略科威特,试图挑战这一秩序,美国领导了一个广泛的国际联盟,包括阿拉伯国家,很快用武力恢复了平衡。但是,这样的稳定掩盖了该地区内部的动荡,国内的政治独裁、经济停滞以及巴以冲突悬而未

---

① Henry Kissinger, *Does America Need a Foreign Policy?: Toward a Diplomacy for the 21st Century*, p. 279.
② Ibid., p. 263.
③ Ibid., p. 273

决所导致的仇恨交织在一起必然孕育广泛的政治运动,这就是激进伊斯兰运动的兴起,而人口激增促使人口年轻化为这场运动提供了源源不断的人力资源。这场政治运动的力量首先在1979年伊朗伊斯兰革命中得到体现,随后在阿富汗反抗苏联入侵的战争中发展壮大。在冷战结束以后,美国在该地区拥有绝无仅有的影响力,促使激进伊斯兰运动将怨恨和矛头对准了美国。在基辛格的后冷战全球战略版图上,中东属于充满了动荡与不确定性的转型世界。作为美国中东战略的开启者,基辛格充分认识到转型时期的中东地区的动荡局面源自该地区冲突的复杂性与尖锐性:"在中东冲突中,情感的驱动力影响巨大,其来源类似于17世纪欧洲那样的情况。宗教或意识形态上的针锋相对使中东地区四分五裂。其中最突出的莫过于阿拉伯—以色列的冲突,然而,伊斯兰世界内部的分裂同样紧张激烈,当然也许不是那么显眼。"① 随着冷战的结束,中东地区不再是大国地缘角逐的场所,但其内部的紧张对立不仅没有缓解,反而以"9·11"恐怖袭击的方式将中东地区剧烈冲突的能量破坏性地释放出来,并且直接针对在中东地区拥有最大影响力的外部大国——美国。美国在中东地区的角色以及美国的中东战略随之发生了根本的变化——美国从中东事务的外部推动力量成为中东事务的直接塑造者。

先发制人战略与反恐战争

激进伊斯兰运动不断积聚的能量不仅造成伊斯兰世界内部的分裂,而且造成与外部世界的紧张对立并终于以"9·11"袭击事件

---

① Henry Kissinger, *Does America Need a Foreign Policy?*: *Toward a Diplomacy for the 21st Century*, p.176.

那样惨烈的方式爆发出来。这是自珍珠港事件以来美国领土首次遭到外来袭击,也是自1812年第二次英美战争以来,美国本土首次遭到外来袭击。美国的两洋天堑使它基本上没有外来安全威胁之虞,冷战时期苏联核武库的威胁更多是心理上的,基本没有转化成现实。"9·11"事件袭击的方式和后果都有从根本动摇美国国家安全的可能,也对于美国主导的世界政治经济秩序构成严峻挑战。

美国对此做出了强硬的回应,提出了先发制人战略:在恐怖主义这种全新的威胁面前,既有的战略失效了,美国必须改变战略,在迫在眉睫的威胁转变为现实之前发动决定性的进攻来消除威胁。据此美国发动了所谓全球反恐战争。基辛格对"9·11"事件的反应代表了他经历了大屠杀与第二次世界大战洗礼所形成的对于武力以及武力运用的认识,那就是对待武力与武力威胁只能用更强大的武力将其挫败。

在"9·11"事件之后不久,基辛格在接受CNN记者保拉·萨恩(Paula Zahn)采访时阐述了他的强硬立场,基辛格明确表达了他对恐怖袭击的态度以及美国政策和事态发展前景的看法。他首先指出摧毁恐怖集团基础的必要性,"我相信我们无论如何必须追捕塔利班。他们在整个区域和全世界支持这些恐怖活动,并且他们交出某个人是不够的,他们必须废除恐怖主义的结构"①。这样的行动不仅仅局限于阿富汗,基辛格还将叙利亚、苏丹甚至阿尔及利亚列入了名单,至于伊拉克,他认为,"如果他们与任何这些恐怖主义网络有联系,他们就应当被攻击"。基辛格的叙述多少可以使人

---

① "Kissinger:'We Can't Tolerate This'", September 17, 2001, http://www.cnn.com (accessed 9 September 2002). 下列未注明出处的引文均出自该文。

联想起尼克松政府在越南战争中的政策路径。

其次,他指出摧毁恐怖组织的目标不能单纯依靠军事武力,也应当包括外交以及经济制裁等手段;同时,恐怖组织袭击美国对于其他人来说具有的象征意义就是,既然美国会遭到进攻,其他人也不能幸免,因此美国需要一个广泛的国际联盟,但同时,基辛格也强调,"我们不能幻想每个人都同意我们的观点"。美国政策的关键因素是,"第一,我们是否能达成共识;其次,我们是否能满怀希望地坚持将我们最初的成功继续下去,因为正如总统所说这将是一场漫长的斗争。……这也许是一场长期的战争"。

最后,他表明了面临武力威胁时的坚定立场,"我们必须记住的是,如果我们不这样做,我们会一直处于脆弱的地位。那些依靠我们的人民,甚至那些不依靠我们的人民都将受到比我们还大的威胁,那就意味着这个世界会被恐怖分子所主宰,我们不能容忍"。

在对付外来威胁的问题上,可以说基辛格的观点和美国政府的政策高度一致,例如在布什政府 2002 年的国家安全战略报告中就有关于美国与建立一个国际联盟关系的论述,"尽管美国会一直努力寻求国际社会的支持,但我们会毫不犹豫地采取单独行动。"①这与基辛格上述关于美国与国际同盟关系的论述非常类似,只不过作为政府报告的措辞更加坚决。

这种一致绝非偶然,基辛格学者与外交政治家的双重身份使他在退出公职生涯后依然保持着对于美国外交政策强大的影响力。在美国,国家安全机构已经成为一个世界上最为排他性的俱乐部,是一小批精英学院毕业生和学者们的领地。在这个小小的

---

① White House, *The National Security Strategy of the United States of America*, September 2002, p. 6, http://www.whitehouse.gov (accessed 16 April 2003).

# 基辛格

领地内,具有巨大影响力的一小部分领军人物在他们通往权力顶峰的过程中,也不忘调教他们的助手并把他们提拔到关键的职位上。"没有人比基辛格更好地体现了这样一种影响力,他是当代美国外交政策官员们的教长。"① 实际上,几乎所有从卡特总统到小布什总统的历届美国行政当局的外交决策人员(即国务卿和国家安全顾问),包括兹比格纽·布热津斯基(Zbigniew Brzezinski)和康多丽扎·赖斯(Condleezza Rice)等都直接或间接地与基辛格有这样的关系。

不仅如此,基辛格与小布什政府的关系更为密切。福特总统时期,迪克·切尼(Dick Cheney)担任过总统办公厅的副主任和主任,与基辛格有紧密的工作关系。作为小布什政府的副总统,切尼在外交政策上享有历届美国副总统从未有过的巨大影响力,而他此时咨询的对象就是基辛格,他至少每月与基辛格会面一次讨论对外政策问题。而布什总统与基辛格每两个月会面一次,"根据切尼的说法,布什是基辛格的'狂热追随者'"②。2002年11月,布什总统任命年近八旬的基辛格担任"9·11"事件调查委员会主席(后迫于民主党要求基辛格公开"基辛格顾问公司"所有客户资料的压力而辞职),基辛格与布什政府的关系可见一斑。毫无疑问,基辛格"对于布什政府的对外政策有着非常巨大的无形影响力"③。

布什政府在阿富汗取得迅速而决定性的胜利之后,将反恐战争的目标指向了伊拉克,布什政府决意要消除中东地区暴力威胁

---

① David Rothkopf, "Inside the Committee that Runs the World", *Foreign Policy*, March/April 2005.

② Bob Woodward, *State of Denial* (New York: Simon & Schuster, 2006), p. 407.

③ Ibid., p. 406.

# 第五章 穿梭外交与中东战略

沙漠中的美国军队

的来源,其方式就不只是依靠美国的影响力,而是更多地通过美国直接军事手段实现政权变更的方法来实现。这一举措无疑具有颠覆意义,因为即使美国在1991年的海湾战争获得军事胜利以后,在有着巨大国际支持的情况下发动变更伊拉克政权的进一步军事行动,从根本上改变了自1973年以来美国的中东政策。正如布什总统在其第二任期的就职演说中所说,"我们得出一个结论:自由在我们的土地上的生存越来越依赖于自由在其他土地上的成功。我们这个世界和平的最大希望是自由扩展到全世界。……在每一个民族和文化支持民主运动和组织的增长时美国的政策,我们的最终目标是要在全世界结束暴政。"[1]布什政府的战争企图遭遇巨大的国际反对,即使在大西洋联盟内部也不得不面对来自法德两国的竭力阻挠。而在美国内部,关于是否要进行战争的争论更趋

---

[1] George W. Bush, "Second Inaugural Address", 20 January 2005, http://www.whitehouse.gov/news/release/2005/01/20050120—I.html(accessed 12 October 2005).

基辛格

白热化,包括布什家族的老臣、老布什总统的国家安全顾问布伦特·斯考克罗夫特和在1991年海湾战争后担任过国务卿的劳伦斯·伊格尔伯格等共和党外交元老都比较明确地反对入侵伊拉克。此时最引人注目的还是基辛格,被通常认为在行使武力时毫不犹豫的鹰派,此刻却撰文提醒美国政府要采取非常谨慎的态度。① 基辛格敦促布什政府采用外交手段的重要性,"美国作为世界上最强大的国家的特殊责任是致力于建立一个不仅仅依赖军事力量的国际体系,实际上是要努力将权力转化成合作。任何其他的态度都会逐渐使美国筋疲力尽、孤立无援。"他还警告入侵伊拉克可能带来的负面影响,"将先发制人作为一个为每一个国家所用的普遍原则不符合美国的国家利益"②。基辛格虽然言辞缓和,但态度非常明确,1973年以来美国所遵循的通过外交努力实现国际合作比纯粹的军事手段更为有效。

尽管如此,实际上基辛格并不反对军事入侵伊拉克,正如他一贯的军事武力是政治外交手段后盾的主张,基辛格赞成进行伊拉克战争的态度在上述与CNN记者的谈话中已经表露无遗,在"9·11"事件一周年即将到来之际撰文明确提出"伊拉克是反恐战争的第二阶段"。③ 他首先分析了新形式恐怖主义威胁对威斯特伐利亚体系带来的挑战及先发制人战略的必要性,

---

① Andrew Gumbel,"Kissinger joins protests at Bush plan to attack Iraq",*The Independent*,17 August 2002,http://www.independent.co.uk (accessed 9 September 2002).

② Henry Kissinger,"Consult and Control",*The Washington Post*,Monday,August 12,2002,B1.

③ Henry Kissinger,"War on Terror:Iraq Is Phase Ⅱ",*The Age*,6 September 2002,http://www.theage.com.au (accessed 9 September 2002)。下列未注明出处的引文均出自该文。

"9·11"事件之后,世界进入了一个新时期,秘密的、非国家组织被证明通过发动偷袭能够威胁国家和国际安全。……以主权国家为基础的国际体系遭遇一个跨国威胁的挑战,应对这一威胁不得不在其他国家的领土上进行,而其议题却是超出民族国家的。……与威斯特伐利亚时代军队的调动预示着威胁的到来不同,使用现代技术的恐怖组织不会发出警告,袭击者在行动之后很快消失。因此,如果在一个主权国家的领土上真正出现了恐怖威胁的可能,包括军事行动在内的先发制人措施就伴随着对这一挑战的认识而来。窝藏恐怖组织总部和训练中心的国家不能寻求传统的国家主权概念的庇护,因为他们的领土完整已经预先被恐怖分子所侵犯了。

其次,基辛格指出伊拉克战争的必要性,一方面在于伊拉克地理位置的重要性,从阿富汗到北非的整个大中东地区是恐怖活动的温床,而伊拉克正好处于这一地区的中心位置,战略地位非常重要。但伊拉克所造成的最大挑战并不是其与基地组织关系达到什么样的程度,而是"大规模杀伤性武器在伊拉克增加与后阿富汗阶段的反恐战争不能分开了",这是因为"美国默许大规模杀伤性武器的储量在新型的恐怖主义滋生地不断增长,不仅会破坏对武器扩散的限制也会破坏对恐怖主义倾向的心理限制。在海湾战争十多年之后,这些武器储存的持续增加未遭到损害,联合国作为停战条件的武器限制被明目张胆的逃避,这些对恐怖分子及其支持者都可能成为一种象征,那就是被恐怖分子所威胁的国家缺乏意愿或能力来保护他们自己"。因此,"对伊拉克的军事行动不是反恐战争的障碍,而是其前提"。最后,基辛格阐述了先发制人战略的

**基辛格**

适用性问题,"我认为先发制人战略与反恐战争密不可分,但是它所要实现的目标需要仔细考虑和国内与国际对话。……赋予每个国家毫无限制进行先发制人的权力来应对其自身定义的安全威胁,这样原则的提出既不符合美国的国家利益也不符合世界的利益。因此先发制人的案例部分应当是认真的磋商过程以提出其他国家也会认为符合他们利益的普遍原则"。但是由于磋商耗费时日的特性,而"拖延到下一年几乎等于对现状及其后果的默认",因此美国不会消极等待,"美国保留单独行动的最后权力。但是美国的单独行动是作为最后手段还是作为战略偏好大不相同"。

三年后,基辛格在纽约回答了担任过布什总统演讲撰稿人的迈克尔·杰森(Michael Gerson)的问题。杰森问道:"你为什么支持伊拉克战争?"基辛格答道:"仅有阿富汗是不够的",在美国与激进伊斯兰主义的冲突中,既然他们想羞辱我们,"我们就需要羞辱他们",而伊拉克战争关键在于发出了这样的信息——"为了确立这样的观点,那就是我们不准备生活在他们所设想的那样的世界"。基辛格还说:"他从那时到现在都支持这场战争。"① 在面临严峻挑战时,基辛格对武力及其作用的信仰自动生效:对致命的威胁不做出强硬的回应会被看做虚弱,必然招致更为严峻的挑战,他是这样表述的:"激进伊斯兰主义这一现象不仅仅是个别的恐怖行动的总和,这些恐怖袭击从巴里到雅加达,蔓延到新德里、突尼斯、利雅得、伊斯坦布尔、卡萨布兰卡、马德里和伦敦。它是伊斯兰主义的激进派的一种意识形态爆发,试图在只要有穆斯林生活的地方将世俗主义、多元主义价值观及西方的制度一扫而空。其驱动力

---

① Bob Woodward, *State of Denial*, pp. 408—409.

被这样的信念所强化,那就是它所针对的受害者正在衰落并且缺乏抵抗的意志力。"① 在强硬的对手面前示弱是基辛格终其一生都极力避免的。

反恐战争与退出战略

虽然美国与英国的联军很快取得了压倒性的军事胜利,推翻了萨达姆政权,但更为艰巨的战后重建工作却使美国陷入了进退两难的境地。伊拉克战争并没有很快取得布什政府所预期的战略后果,那就是按照美国的意愿将伊拉克改造成一个亲美的西方类型政体的国家,从而为美国的大中东战略树立一个样板,并根本消除对美国的安全威胁。十余万美军和少数多国部队被迫长期驻扎在这个为宗教纷争、种族对立以及后萨达姆时代的混乱所困扰的国家,不断爆发的游击起义和恐怖袭击事件使美军疲于奔命,维持基本的安全与稳定在相当长的时期内几乎成为美国在伊拉克的首要使命。久拖不决的战争以及缓慢但稳定攀升的美军伤亡人数使伊拉克战争成为各派政治力量角力的焦点问题,也成为美国首要的对外政策议题。

美国的伊拉克战略在布什总统第二任期开始之际成为政策争论的焦点。此时伊拉克的大选也即将举行,在美国向伊拉克政府移交主权半年之后,伊拉克的安全形势急剧恶化。美国朝野争论的中心问题就是美国军事力量在伊拉克的去留问题:是否应当撤离、何时撤离、完全还是部分撤离等等。就如同刚上任的尼克松政府不甘心在越南的军事失败一样,基辛格竭力反对在伊拉克实施

---

① Henry Kissinger, "How to Exit Iraq", *The Washington Post*, Friday, December 18.

**基辛格**

任何可能被看成是示弱的政策步骤。但美国在伊拉克的退出是必然的,至于如何退出、在什么条件下退出却考量决策者的智慧,为此基辛格试图为美国的退出战略确立基本的原则。

他首先和担任过里根政府、老布什政府国务卿的乔治·舒尔茨联名著文,坚决否定了立即撤军的建议。为此正如该文的标题"在伊拉克,是结果而不是时间表更重要"所示,美国现在应当努力在伊拉克实现其战略目标才谈得上退出,而不是要为这一退出战略制定一个时间表,"一项可接受的退出战略的根本前提是一个可以持久的成果而不是武断的期限。因为伊拉克的后果将塑造接下来一个十年的美国外交政策"①。

美国在伊拉克的处境是既不允许失败,也不允许马上完全撤军,因为美国在伊拉克的失败无疑将使美国很难在中东地区维持目前的战略主导地位,导致伊斯兰极端主义和原教旨主义的盛行,而"美国突然的撤离肯定会引发内战,即使南斯拉夫的惨烈内战与之相比都相形见绌,同时还会伴随着邻国将现在的卷入升级为全面干涉"。美国的战略是必须解决下列几个问题,包括伊拉克的安全形势是否有根本好转,在协调伊拉克国内的利益纷争上是否制定出有效的政策,是否根除伊朗和叙利亚对伊拉克起义者的支持,是否获得了美国国内和国际社会对美国政策的支持等等,"基于其执行情况而不是人为的期限的退出战略,将以对这些问题的肯定回答的能力判定所取得的进展"。基辛格明确反对没有达到这些战略目标前仓促撤离,因为"不存在快速而不导致灾难性后果的神

---

① Henry Kissinger and George Shultz, "Results, Not Timetables, Matter in Iraq", *The Washington Post*, Tuesday, January 25, 2005, A15. 下列未注明出处的引文均出自该文。

奇退出战略原则。但我们有义务尽最大努力去实现反恐战争的重大进展、中东的转型以及一个更加和平、民主的世界秩序"。

随着伊拉克局势的动荡，美国国内关于撤军问题争议的激化以及各党派政治角力的加剧，基辛格不断撰文强调两个方面，其一是要根据结果决定退出进程，"尽管通常使用的是技术性词汇，但所讨论的议题并非撤出的方法问题。实际上争论应当放在后果问题上；最终，撤出是被看做被迫的撤退还是作为意在增进国际安全而精心设计的战略的一个步骤。我是支持最初的（战争）决策的，但是不管是对进行伊拉克战争的决定，还是进行战争的方式或者战争的战略手段是什么样的观点，你必须清楚失败的后果。如果我们离开时，我们只是留下一个失败国家和混乱局面，对于该地区而言结果将是灾难性的，同样对于美国在全球的地位也是灾难性的"①。其次，伊拉克战争具有与传统战争不同的特征，其政治目标远大于纯粹的军事目标，这就要求国内政治团结，"这场战争不能仅靠军事手段结束。同样也不可能通过战场上的让步来'结束'战争。激进伊斯兰的挑战是没有边界的……当务之急是在一个政治、军事协调的战略之下进行两党合作，尽管（美国的）政治周期（指即将到来的2008年大选）会促使以党派为集团进行辩论"②。

美国在伊拉克进退两难的境地使战前就被一些学者预言到的越战处境越来越有可能一语成谶。作为结束越南战争的战略决策者之一，基辛格更直接地从越战教训的角度来阐发他对美国伊拉

---

① Henry Kissinger, "How to Exit Iraq", *The Washington Post*, Friday, December 18, 2005.

② Henry Kissinger, "The Disaster of Hasty Withdrawal", *The Washington Post*, Sunday, September 16, 2007.

**基辛格**

克战略的认识,"伊拉克战争已经唤醒了对越南的记忆——这是整整一代美国人最为重大的政治经验"。当然,基辛格也指出两场战争不能简单类比:"历史从来不会完全重复。越南战争是冷战的一个片段,是一场地缘政治和意识形态的冲突,但对以民族国家为基础的国际体系结构并不构成挑战。伊拉克是意识形态斗争的一部分,是伊斯兰派别之间以及激进伊斯兰主义与世界之间的冲突,在这场冲突中,圣战主义者拒绝既有的秩序、疆界以及民族国家。"但是,两者的失败同样都会产生长远的后果,特别是就后果而言,其失败的后果比越南战争尤为可怕,"在越南的失败对于那些依靠美国进行防御的国家有着长期的严重心理后果。伊拉克的崩溃则会立即削弱那些有着广大穆斯林人口的国家,激进伊斯兰主义从印度尼西亚到印度、北非和西欧都获得了新的动力"①。

越战透视镜是基辛格对伊拉克战争基本的战略思维来源。他反复告诫,仓促撤军将面临严重的战略后果,"当战争还在继续的时候决定大规模撤出美国军队会可能是灾难性的。它会影响到起义者和政府武装的算计,因此对于(事态)进展的定义就既是心理标准又是军事标准。每一个士兵的撤离对于剩下的总数来说意味着越来越少。留守部队发起进攻行动的能力大大削弱了。一旦这一(撤军)进程开启,就冒着以其发展势头而不是战略分析行事的危险,并且这一进程日益难以逆转"②。他分析了美国在越南失败的原因,指出,"这些表明有两条原则适用于伊拉克:除非以国内

---

① Henry Kissinger,"Lesson of Vietnam", *The Washington Post*, Saturday, June, 16, 2007.
② Henry Kissinger,"Lessons for an Exit Strategy", *The Washington Post*, Friday, August 12, 2005, A19. 下列未注明出处的引文均出自该文。

支持为支撑,否则军事成功很难持久。需要培育新伊拉克能在其中确立其地位的国际框架"。并且由于游击战的特性,只要伊拉克的武装反叛力量不失败就是胜利,因此"战胜起义者是唯一有意义的退出战略"。基辛格随后将他的建言带到白宫,拜访了布什总统、切尼副总统以及国家安全顾问斯蒂芬·哈德利(Stephen Hadley)。"目标必须是胜利,他告诉他们。……他也说伊拉克的最终后果比越南更为重要。激进伊斯兰主义或者塔利班类型的伊拉克政府将成为一个样板,对于中东和其他地区的重要国家的内部稳定形成挑战"①。在随后与杰森的交谈中,基辛格将1969年写给尼克松总统的所谓《盐花生备忘录》交给他,警告道:"对美国公众而言,美国军队的撤退就像盐花生一样,愈多的美军回国,就要求更多的撤退。"②基辛格还提醒美国公众,这种盐花生效应在美国国内和伊拉克内部都会造成双重后果,"如果越南的经验有什么指导作用的话,那就是在这样的氛围下,返回部队的数量成为衡量美国政策成功与否的首要国内标准。继续撤军或加快撤军的压力可能会加剧,因此政治进步标准的关系丧失。由技术或国内标准所驱动的这一进程会引发伊拉克的政治派别为获得民族主义信誉的竞争,从而加速美国的撤离,其方式可能是政治上的攻击或者是他们的民兵组织的攻击"③。

然而,伊拉克安全局势在伊拉克大选后并没有好转的迹象,基辛格也发出了被媒体炒作的"不可能在伊拉克获得军事胜利"的论

---

① Bob Woodward, *State of Denial*, p. 408.
② Ibid., p. 409.
③ Henry Kissinger, "How to Exit Iraq", *The Washington Post*, Friday, December 18, 2005.

调,但是基辛格在接受 BBC 记者的电视采访中,对"军事胜利"作了严格界定,那就是"建立一个能够政令畅行全国的伊拉克政府,将内战和种族、教派暴力冲突置于控制之下,而在这段时期民主进程得以确立"。他还强调,"我认为我们必须重新界定这一进程,但是我不认为我们的选择是在上述定义的军事胜利或者完全的撤退之间"①。因此,尽管基辛格并没有改变他对伊拉克局势的基本看法,但是无论如何这表明了基辛格的悲观情绪。特别是在 2007 年年初布什政府增兵之后,伊拉克的安全局势依然没有根本改观,不过基辛格的立场依然坚定不移,他不厌其烦地总结越南战争的教训,反对为美国的伊拉克战略制定一个最后期限,"一项战略规划不可能在一个固定的、武断的期限内得以实现;它必须反映实际的情况。"②但是基辛格也意识到在危急的安全局势下无所作为也是危险的,如果如同越南战争后期那样"国内纷争的紧迫性压倒了地缘政治需要",公众的忍耐被消磨,那么伊拉克难免重蹈覆辙。越南战争的另一个教训就是"不能考验美国公众的忍耐力到这样的极限即我们的政治进程不再支持这样的成果"。因此,"在伊拉克,快速、单边的撤退可能导致灾难。同时,一个政治解决方案依然紧迫"。

在步入 2008 年之后,美国新的政治周期即将开始,不管大选结果如何,小布什总统都将带着伊拉克战争的遗憾离开政治舞台,但是伊拉克战争的紧迫性却使其成为大选首要的外交议题。但他

---

① Tariq Panja,"Kissinger: Iraq Military Win Impossible", The Associated Press, *The Washington Post*, Monday, November 20, 2006.

② Henry Kissinger,"The Lessons of Vietnam", *Los Angeles Times*, May 31, 2007. 下列未注明出处的引文均出自该文。

们面临的挑战已经不那么严峻,美国在伊拉克持续的战略投入终于有了积极的回报,那就是伊拉克的安全局势大为好转。在大选中,各派政治力量分别都制定了各自的伊拉克战略。基辛格明确了他对共和党候选人约翰·麦凯恩三世(John S. McCain Ⅲ)的支持,当然这不仅仅是因为他们是老朋友,更重要的是共和党保守势力的强硬路线与他的思路不谋而合,他显然不能容忍民主党制定时间表、快速撤军的主张。他认为,伊拉克的安全局势有了较大的改观,因此"在多年的失望之后,我们需要面对调整心理状态到考虑正在出现的成功的前景"①。但是,基辛格依然谨慎,他认为在伊拉克这样一个宗教、种族分裂的国家,要维护基本的稳定,除了萨达姆时期的专制独裁之外,传统的权力均势的手段是另外一个可行的选择,"在这个的国家的库尔德人、什叶派、逊尼派三个派别之间寻求和解,看来可能不会通过立法程序,就像适用于美国经验的国会议案那样,而是一定程度的军事和政治均衡的需要"。

显然,基辛格认为在安全局势好转后重点应当在伊拉克重建政治平衡是寻求稳定的不二良方,他认为,"下一任总统有巨大的机遇稳定伊拉克并为反对圣战激进主义的战争的决定性转折打下基础,……他不应当将自己局限于那些僵化的解决方案,来维护那些过去的教条,……撤军是手段;目标是一个更加和平和充满希望的世界"。正如不愿意使用"反恐战争"的概念一样,基辛格实际上对布什发动伊拉克战争的那些民主教条不感兴趣,"尽管他不反对布什第二次就职演说中结束专制暴政、传播民主的主张,但基辛格对其运用更为谨慎。……在实践意义上,基辛格根本不确定

---

① Henry Kissinger, "New Promises in Iraq", *The Washington Post*, Thursday, July 31, 2008, A19. 下列未注明出处的引文均出自该文。

伊拉克是否准备好了实施民主"①。

新上任的美国总统奥巴马以反战为竞选纲领,自然对于保守派的絮絮叨叨置之不理,2009年2月27日宣布了美国将从伊拉克撤军的计划:在2010年8月31日前,从伊拉克撤离大部分军队,结束作战任务,只留下3.5万至5万兵力负责支持伊拉克政府及其安全部队的军事行动,并在2011年底前撤回全部剩余部队。随着美军的撤离,伊拉克安全局势并没有更加恶化,反而逐渐稳定,因此不仅伊拉克政策已经淡出了美国政策争议的核心位置,而且似乎有被遗忘的危险。基辛格对此很不放心,他忧心忡忡地提醒在伊拉克战略成功的重要性——

> 数千年来,美索不达米亚是该地区的战略焦点。当地的资源会影响到遥远的国家。什叶派和逊尼派的分界线穿越其中心,实际上是穿越其首都。伊拉克的库尔德省居于土耳其、伊朗和伊拉克当地的国内对手之间,处于不稳定的状态。将该地区置于真空状态不符合美国的利益。同样,将伊拉克与革命性的圣战者隔离开来也不可能。伊拉克的最终后果会影响反激进伊斯兰主义战争的心理平衡,特别是在进行中的从伊拉克撤军被认为是从该地区的退却还是一个为了支持这个国家的更为有效的方式。②

在伊拉克安全局势逐渐稳定的同时,阿富汗的安全形势却急剧恶化,构成了对新上任的奥巴马政府的严峻挑战。阿富汗位于

---

① Bob Woodward, *State of Denial*, p. 407.
② Henry Kissinger, "Iraq Can't Be An Afterthought", *The Washington Post*, Wednesday, February, 3, 2010.

大中东地区的最东边,地处西亚、南亚和中亚交汇处,扼南北交通要冲,地理位置险要,随着塔利班势力在阿富汗重新活跃,武装袭击频频发生,美国的全球反恐战争的成果有被颠覆的危险。奥巴马政府认识到在金融危机漩涡之中的美国已经无力同时进行两场战争,于是决定将反恐战争的重点从伊拉克转向阿富汗,其政策调整的一大核心就是向阿富汗大举增兵,以彻底打败塔利班势力。基辛格对此感到满意,"我支持奥巴马总统将美国在阿富汗的美国军队增加一倍的决策并继续支持他的目标"①。但是,奥巴马政府实现其战略目标的方式却遭到他的质疑,"问题是政策的实施是基于一个不能反映阿富汗现实的前提,至少在所设定的最后期限内是这样的。其中心的前提是美国在某一个较早的时间可以将安全责任移交给阿富汗政府和国民军,其权威已经在整个国家建立起来。权利的移交将在明年夏天开始"。但是,在基辛格看来,"前提与最后期限都是不现实的"。因为阿富汗并不是普通意义上的民族国家,外国武装力量从来没有真正征服过这个古老的山地国家,有强烈自治倾向的部族之间除了在联合反对外来入侵之外,很少有过密切的合作,复杂的部族政治的结果就是中央政府"政令不出喀布尔",阿富汗从来就没有真正意义上有效运作的中央政府。因此,以最后期限向卡尔扎伊政府施压,期待建立一个有效的现代中央政府的愿望根本脱离了阿富汗的政治现实。为此他对美国的阿富汗战略做了修正,"阿富汗战略需要做四方面的修改:军事努力很大程度上须在省级行政区的基础上进行,而不是寻求建立一个西方模式的中央政府。政治努力的时间长度要大大超过可能的军

---

① Henry Kissinger,"In Afghanistan, America Needs a Strategy, Not an Alibi", *International Herald Tribune*, June, 25, 2010. 下列未注明出处的引文均出自该文。

**基辛格**

事行动的时间。不管军事行动的结果如何,在下一阶段的阿富汗战略中,我们需要一个区域性的外交框架结构。人为的最后期限应当抛弃"。基辛格认为阿富汗复杂的地缘状况可以与比利时的历史相类比,由于地处进出中欧和北大西洋海路的要冲,比利时(当时是尼德兰的一部分)为无数次争夺其控制权的战争蹂躏。最终列强在1830年达成协议,建立了比利时国家并给予其永久中立地位,在大国保护之下的比利时不再是列强征战的疆场,这样的和平局面维持了近一个世纪之久。因此,基辛格认为类似的区域外交结构将会实现周边的利益相关大国的整合,从而共同维护阿富汗的稳定。如果阿富汗支持恐怖主义或者哪怕是容忍恐怖主义在阿富汗国内的发展,中国的新疆、俄罗斯的南部地区、印度多达1亿6千万的穆斯林人口以及巴基斯坦的国内政治结构都会受到严重威胁,因此"一个区域性的外交框架是可行的,原因就在于我们的利益与本区域的大国利益高度一致",区域外交的目标是"寻求建立一个框架将阿富汗与让阿富汗陷入风暴中心的那些因素隔绝开来,而不是让阿富汗继续处于冲突的中心。它还应当将阿富汗纳入到一个地区发展计划中"。基辛格区域外交框架的建议更多关注非军事手段在稳定阿富汗局势中的作用,而其实质还是通过大国政治稳定冲突地区的局势。

但区域外交框架并没有成为美国战略的重点,而强化军事手段包括大规模增兵加强对塔利班武装的围剿,以及追杀包括本·拉登在内的基地组织领导人,一定程度上稳定了阿富汗的安全局势,虽然距美国及其北约盟国要在阿富汗国内建立一个稳定、政令通达全国的中央政府的基本目标还有不小的距离。奥巴马总统的阿富汗战略随之进行了调整,将安全责任逐渐转移给阿富汗安全部队成为战略的核心,同时美军和多国部队逐步撤出阿富汗。阿富汗版的退出战略已经出台。基辛格认为,美国在阿富汗的作用已临近结束,"其方式类似于自二战盟军获胜之后的其他三场没有结果的战争那样:开战时有着广泛的共识,但随着战争的拖延幻灭感日益增长,然后逐渐变成急切地寻求一个退出战略,其强调的重点在于退出而非战略本身"①。基辛格指出一项可行的退出战略必须满足四方面的要求:停战;撤出所有或大部分美国及盟军部队;建立一个联合政府或在竞争的派别间划分领土疆界(或两者同时并存);一个执行机制的存在。他还再次强调构建区域外交框架是塑造阿富汗长治久安的外部环境的根本,因为"尽管美国在阿富汗的主导地位模糊了这一点,但本质上来说阿富汗的结果是一个国际政治问题"。

除了重述他在上文提到的几个周边国家会受到阿富汗最终结局的影响之外,他还特别指出拥有核武装的印度和巴基斯坦会寻求在阿富汗更大的影响力,伊朗也会像在黎巴嫩和伊拉克所做的那样支持什叶派的武装力量,以填补权力真空。如果巴基斯坦、伊朗这样的邻国不可能像美国那样撤出,因此"如果他们在阿富汗的利益不在一定程度上与我们的利益相结合,阿富汗将会永久地处于威胁之下",这样阿富汗的结局很难避免巴尔干化的危险,"如果没有一个确立阿富汗地区安全角色的可靠的协议,每一个主要的邻国都会依据古老的种族和宗教分界线支持相互竞争的各个集团。并且这些国家还不得不应对在事态演变中不可避免会产生的危机。那就是更大规模冲突标准程序。那时阿富汗就将扮演第一次世界大战之前的巴尔干的角色"。这样的前景不仅是美国应当

---

① Henry Kissinger, "How to Get Out of Afghanistan", *International Herald Tribune*, June, 10, 2011. 下列未注明出处的引文均出自该文。

**基辛格**

极力避免的,也是周边邻国所担忧的,因此基辛格进一步阐发他所提出的区域外交框架,尽管周边邻国似乎对此并不热心,"在和塔利班直接谈判的同时,部分是区域性的,部分是全球性的外交努力是必需的。只要美国还在承担基本的责任,阿富汗的邻国就都会回避做出艰难的决策。随着美国的战后撤离日益清晰、不可逆转,他们必然被迫换一种思路"。在军事手段并不能完全解决阿富汗复杂的内部冲突以及根本消灭塔利班武装的情况下,美国的军事撤离不可避免,政治外交手段必然走入前台,而区域外交框架的建立离不开周边国家的支持和参与,因此基辛格极力劝说周边国家的参与,否则会面临严重后果,"一个区域性会议的框架是实施与塔利班双边谈判的唯一渠道。如果这一进程难以产生积极的成果,阿富汗的邻国最终不得不面对他们不作为的苦果"。

毋庸置疑,在军事武力无法达到战略目标的情况下,对政治外交手段的依赖会大大加强,区域外交框架的确是极富外交智慧的政策倡议。但是,在美国及北约的军事占领依然如故的情况下,其他国家很难会有多大的参与热情,基辛格的大力鼓吹似乎难以摆脱鼓励周边国家为美国"火中取栗"的嫌疑。同时,尽管邻国都能从阿富汗的稳定中获益,但是阿富汗毕竟不是巴尔干,它虽然地处亚洲大陆的"心脏地带",但并不像邻近的西亚地区那样是全球能源供应的战略要地,各国并没有紧迫的战略利益要卷入到阿富汗错综复杂的部族政治中。此外,美国与阿富汗的周边邻国或多或少都存在战略利益的分歧和竞争,并不具备密切合作、携手解决阿富汗冲突的战略互信。总之,基辛格提出的解决阿富汗问题的区域外交框架有点类似空中楼阁,看上去很美,但缺乏具体实施的基本条件。

2013年1月11日,美国总统奥巴马与来访的阿富汗总统卡尔扎伊宣布,美军向阿富汗安全部队移交作战任务职责的期限将由原定的 2013 年夏天提前到 2013 年春天。美国及北约多国部队的撤离已经不可逆转,后美国战略的阿富汗局势依然充满变数。

中东的动荡以及反恐战争是美国在最近的十多年中紧迫的战略议题,基辛格密切关注着局势的演变,但经历了冷战结束、自由主义国际关系理论思想的复兴以及四十年的时间之后,基辛格对于中东冲突的理解以及解决方案还是基于现实主义思想的权力政治观,地缘政治的均势是实现和维护地区稳定与和平的基础。

**阿拉伯之春、伊朗核问题与美国在中东的角色**

正当美国准备撤出伊拉克和阿富汗之际,在 2010 年年底,北非和西亚的阿拉伯国家及邻近地区的一些国家发生了一系列以"民主"和"经济"等为口号的社会革命,被称为"阿拉伯之春"。这场首先在突尼斯发生的反政府社会运动很快波及埃及、利比亚、也门、叙利亚等国,多名领导人先后被迫下台,其中就包括突尼斯总统本·阿里、埃及总统穆巴拉克等阿拉伯世界著名的政治强人。其影响之深、范围之广、爆发之突然、来势之迅猛使中东地区再次成为世界关注的焦点,可以预见的是如此深刻的社会政治革命必将重构中东的地缘政治格局,而大国的政策也将成为新中东的塑造力量。

与美国主动塑造大中东地区战略格局的阿富汗战争、伊拉克战争不同,"阿拉伯之春"源自中东地区阿拉伯国家内部的政治、经济发展困境,政治强人的专制统治没能在这些国家建立现代的稳定政治结构和可持续的经济发展模式。在波及全球的金融危机打击下,生活日益贫困的社会底层群众终于揭竿而起。但这一场社

基辛格

会政治革命与阿拉伯国家内部错综复杂的种族、宗派矛盾相结合，在利比亚、叙利亚演变成持续、长期的内部动乱和武装冲突。因此，美国在"阿拉伯之春"的变局下面临的选择是美国介入的方式问题，而不是类似于在伊拉克、阿富汗如何实现军事撤离的问题。由于突尼斯、埃及的革命发展非常迅速，并没有导致巨大的长期社会分裂，美国并不需要做出太多的政策选择，但类似于叙利亚危机那样的长期国内政治冲突却使美国的政策面临诸多挑战，其中最具争议的就是美国必须明确其在"阿拉伯之春"中的作用及其扮演的角色。

基辛格认为，"'阿拉伯之春'对外交政策最为重大的影响就在于此前盛行的那些对外政策原则被重新定义"①。"阿拉伯之春"在不同的国家虽然都表现为挑战现政权的合法权威，但却是由不同的动力所驱动的，"'阿拉伯之春'被广泛认为是代表自由民主原则由青年人主导的区域性革命。但是在利比亚却不是这样，它几乎不能称为一个完整的国家。同样在埃及，其选举人绝大多数都是伊斯兰主义者。在叙利亚反对派中，民主派也不占据多数。阿拉伯联盟在叙利亚的共识也不是由以前那些以提倡或实践民主闻名的国家所塑造的。从很大程度上来说，它只是反映了延续上千年的什叶派与逊尼派之间的冲突，并试图在一个什叶派占少数的国家重新确立逊尼派的统治。这就是为什么像德鲁兹、库尔德以及基督徒等许多少数集团对于叙利亚的政权变更感到不安的原因"。如此复杂动因下的变局采用单一的政策显然缺乏战略依据，因此在美国鼓励当地的政治变迁理想的同时，"在每一个国家以同样的

---

① Henry Kissinger,"Defining a U. S. Role in the Arab Spring", *International Herald Tribune*, April, 2, 2012. 下列未注明出处的引文均出自该文。

步伐寻求相当的结果是不明智的。美国将践行其价值观念,同时通过发布公开声明的方式提供冷静的建议,这将产生一种四面围攻的效果。这并不是要放弃原则,而是将美国的位置置于国与国之间的基础之上并协调与包括国家安全在内的其他因素的关系;实质上,这是创造性外交的精髓"。而美国的政策必须以美国自身的核心利益为基本出发点,基辛格认为,"半个多世纪以来,美国在中东的政策有几个核心的安全目标:阻止在该地区出现一个霸权国;保证能源的自由流通,这依然是全球经济的运转所不可或缺;努力促成以色列与其邻国间达成持久的和平,也包括与巴勒斯坦的阿拉伯人达成协议"。"阿拉伯之春"的发生并不会使这些目标废止,相反其贯彻、执行会更为紧迫。在保证美国上述核心安全利益的前提下,"美国的政策在促进人道主义和民主价值观念上有巨大的创造性空间"。

但是,随着叙利亚局势的恶化,关于人道干预的呼声也越来越响亮,基辛格所担忧的对外政策原则被重新定义的危险越来越大,"外界干预实现政权更迭,将会推翻普遍的国际秩序观念"[1]。基辛格回顾了《威斯特伐利亚和约》所确立的国家主权原则,为国内政治与国际政治确立了较为明确的分界线,拥有主权的民族国家是国际秩序的基础。但是"阿拉伯之春"所引发的国际关系变局却使对外政策的威斯特伐利亚原则被人道主义干预的普遍原则所取代,"这种形式的人道干预回避国家利益和权力均势的诉求,从而与传统的外交政策区别开来……它以清除违反普遍治理原则的行为而不是战胜战略威胁来证明自身的正当性"。如果将之作为一

---

[1] Henry Kissinger, "The Perils of Intervention in Syria", *The Washington Post*, Sunday, June, 3, 2012. 下列未注明出处的引文均出自该文。

个对外政策原则,这种类型的干预会导致一系列的美国战略问题:美国是否打算对所有非民主国家的人民起义都进行干预,而不管这个国家在国际体系中有多重要,例如沙特阿拉伯出现了街头起义,那么它就不再是美国的盟友了呢?美国是否已经准备好其他国家以宗教信仰已经种族联系作为人道干预的理由呢?就像伊拉克战争和阿富汗战争所揭示的那样,政权变更之后是紧迫的国家建设使命,政权变更之后的国家建设失败将对国际秩序带来巨大的负面冲击,这种情形已经发生在也门、索马里、马里北部、利比亚以及巴基斯坦西北部,"国家的崩溃会将其领土变成恐怖主义的基地和针对邻国的武器供应基地,在中央政权缺失的情况下,没法做出有效的反制手段。但基辛格也承认,叙利亚的阿萨德政权是伊朗在地中海地区利益的代言人,还支持哈马斯和真主党,因此"美国既有战略原因也有人道主义原因希望阿萨德倒台,应当鼓励国际外交来实现这一目标。但另一方面,并非每一项战略利益都会成为战略的理由,如果是这样的话,那么就不会为外交留下什么空间"。为此,基辛格提出不论是基于人道主义理由还是战略理由,要进行军事干预须满足两个前提条件:"第一,非常重要的是在推翻现状后对于战后治理要有共识……第二,政治目标必须明确表述并且在一个能获得国内支持的时间段内完成。我怀疑叙利亚问题满足这些要求。"总之,基辛格明确反对美国军事干预叙利亚,因为美国只会卷入越来越类似于宗教派别间的内战之中,其结果可能比越南战争还有糟糕,其引发的人道灾难会大大超过不进行军事干预,"我们在处理一场人类的悲剧时,必须留意不要引发另一场悲剧"。

随着"阿拉伯之春"导致的各国政治冲突的深入演进,基辛格越来越怀疑其性质和可能的结果,"'阿拉伯之春'经常被称颂为推翻独裁者的革命。但是最终革命不是以其摧毁了什么而是以其建设了什么作为衡量的标准。就此而言,('阿拉伯之春')革命发展了一年后,最初的欢欣鼓舞已经变得进退两难"①。他回顾了20世纪70年代以来中东的政治发展与国际关系演变,尤其是"阿拉伯之春"漩涡的中心埃及从萨达特到穆巴拉克国内政治的发展,他驳斥了是美国(当然一定程度上是他自己)培育了埃及及其他中东国家的专制体制的观点,"美国对外政策既非其他国家内部治理的原因也非其解决方法,在中东尤其如此"。当然,他在一定程度上也委婉地承认至少美国的政策加强了中东国家的专制体制,但是他坚决反对走向另一个极端,"如果美国在冷战期间犯了过于强调安全因素的错误,现在就面临将宗派民粹主义与民主混淆起来的危险"。不同的视角产生不同的政策路径,但美国决策者的任务就是将二者调和起来,"现实主义从安全战略的角度判断事态的发展,理想主义则将之作为推进民主的机会。但这并非战略与观念理想之间的抉择。如果我们不能将二者结合起来,我们将一无所获"。

此外,叙利亚内战也揭示了这种类型冲突的复杂性,"在叙利亚冲突的各派中,交战方中那些声称赞成民主价值观及与西方利益结盟的派别,(其真实性)从最好方面来说也是未经检验的。基地组织现在已经参与进来,而且实际上站在美国正在被要求加入的那一边。在这种情形下,美国的决策者遭遇的就不是现实主义和理想主义的结果之间的选择,而是在相竞争的有缺陷的结果之间,也就是战略利益与国内治理之间的选择"。因此复杂的宗教派别、种族认同的冲突从某种意义上来说已经改变了"阿拉伯之春"

---

① Henry Kissinger, "Idealism and Pragmatism in the Middle East", *The Washington Post*, Sunday, June, 3, 2012. 下列未注明出处的引文均出自该文。

基辛格

反专制统治、实现民主制度的性质,以价值观为出发点的人道干预对于美国战略来说是非常危险的,有可能重蹈80年代阿富汗战争中为支持反苏游击武装而培育了本·拉登的势力一样。因此对于美国的中东战略来说,"那些国家在迈向以公民宽容和个人权利为基础的社会的漫长旅程中,美国能够而且应当提供帮助。但是如果每一场冲突都完全用意识形态的标准来参与,那其结果就不会非常有效。我们的努力也必须置于美国的战略利益框架之下,因为那是帮助我们确立我们角色的性质和范围的标准"。

战后一直延续的中东内部冲突不管表现方式发生了多大的变化,基辛格也试图根据美国国内乃至国际舆论的变化更加强调民主价值观念的重要性,但他所提出的美国战略始终强调要以美国的安全战略利益为基础。

伊朗核危机虽然是核扩散领域的问题,但却与美国的中东战略息息相关。

伊朗与美国的关系在1979年伊朗伊斯兰革命后发生了根本的转向,伊朗从美国的紧密盟友成为其中东战略利益的主要挑战国。基辛格认为伊朗与美国本来并不构成战略利益的对立,"世界很少有国家像伊朗那样与美国几乎没有争执的理由,利益高度一致……美国的利益与伊朗自身追求独立是并行不悖的……美国没有地缘政治动机挑起伊朗与美国之间的敌意"。但是,美伊关系在1979年之后却处于持续的紧张状态,改善关系"最大的障碍就是德黑兰政府",德黑兰支持的真主党在中东发起的针对美国设施和人员的恐怖主义袭击,并且"处心积虑地破坏中东和平外交"[①]。因

---

① Henry Kissinger, *Does America Need a Foreign Policy?: Toward a Diplomacy for the 21st Century*, pp. 196—197.

此，对于美国在中东至关重要的三项安全利益，伊朗都直接构成挑战。这三项安全利益是：阻止在该地区出现一个霸权国；保证能源的自由流通；努力促成以色列与其邻国间达成持久的和平。在过去的10年里，德黑兰成为美国上述安全利益目标的主要挑战者。①尽管如此，在对伊关系中，基辛格依然秉持上述前提，并鉴于伊朗注定要在海湾和伊斯兰世界发挥重要（甚至是决定性）作用，他认为"一个审慎的美国政府无须别人说教就应该意识到与伊朗改善关系是有利的"②。

但随着近年来伊朗核计划的逐步推进，美伊关系的紧张对立状态没有丝毫缓解。在令人筋疲力尽的2012年大选落下帷幕，美国新一轮的政治周期揭开了新的一页，基辛格不失时机地提出伊朗问题是新政府面临的首要外交议题，"如何阻止伊朗继续其军事核计划是总统面临的最为紧迫的决策"③。基辛格认为伊朗处于军事核计划的关键节点上，"军事和核能力有三个阶段：投掷系统，铀浓缩能力及生产核弹头。自2006年以来，伊朗已经扩大了其导弹体系的射程范围和数量。其铀浓缩能力长期被国际原子能机构所低估，现在已经发展到有数千离心分离机。其水平已经大大超出了核不扩散条约的任何合理定义。最终就是生产核武器"。而只要伊朗铀浓缩计划完成目标，足够数量的放射性物质已经生产出来，那制造已经装备核弹头就是一个短暂的技术流程了。如果多

---

① Henry Kissinger,"Defining a U. S. Role in the Arab Spring", *International Herald Tribune*, April, 2, 2012.

② Henry Kissinger, *Does America Need a Foreign Policy？：Toward a Diplomacy for the 21st Century*, p.197.

③ Henry Kissinger,"Job One Abroad：Iran", *The Washington Post*, Sunday, November, 18, 2012.下列未注明出处的引文均出自该文。

**基辛格**　年来在联合国安理会五位常任理事国及德国的 P5＋1 多边机制及美国的单边努力之下不能为伊朗的核计划画一条红线,其结果就是"在这样一个为革命和宗派仇杀困扰的动荡地区将出现一个本质上是军事核扩散的不可控制局面……有核选择的每一个国家都会争分夺秒实现自己的军事核能力"。从美国战略层面来说,这样的结果将对"(奥巴马)总统在全球削减核武器的进程造成也许是致命性的打击"。因此,随着伊朗不受管束的铀浓缩进程的发展,距伊朗核问题的爆发就已经为时不远,"这就是为什么美国坚持要为伊朗的铀浓缩进程设立一个限制,以阻断其获取制造核武器的直接原料……所以外交进程必须进入到做出决策的时候了。P5＋1 机制或者美国单方面必须提出一项周密的计划阻止伊朗的铀浓缩进程,而且要有一个具体的时间限制"。但是,基辛格坚持认为划红线并非开了一张战争的空头支票,虽然德黑兰在三十多年中表现出的强烈敌意和不可捉摸令美国及其盟友恼怒异常,但是就目前而言谈判应当是基本选择,因为"外交可能达成可接受的协议。或者其失败后也能动员美国人民和世界其他国家。要么它将澄清危机升级以及采用军事压力的原因,要么为什么最终默许了伊朗的核计划"。

从核扩散的进程来看,通过外交谈判阻止敌对国家核计划鲜有成功的案例,何况美国在面对伊朗这样一个足够强硬、足够强大,也足够敌对的国家时,其成功的可能性就可想而知了。实际上,基辛格也提不出具体的外交谈判步骤,他也只能在强调对德黑兰表现出更为强硬的姿态时,要为外交预留空间,"只要美国在决定可行的结果时扮演决定性角色时,创造性外交与坚定的战略相结合,仍然能够阻止危机的发生"。

# 尾声　谈判与武力：基辛格的遗产

中东局势动荡的原因多元而复杂，在战后国际体系的演变过程中，中东地区的热点问题近年来越来越成为国际议题中心，但其在国际体系中的地位却越来越被边缘化了。正如上一章所述，基辛格忧心忡忡地关注中东的时局，不厌其烦地分析事态的原因及其可行的方略。当然，除了中东为世界瞩目的动荡与冲突之外，基辛格还将他深邃的目光投向了更具结构性影响的战略议题：中国崛起与中美关系、核扩散与无核世界的构想。

这位年近九旬的老者，以一种居高临下的姿态俯视众生，指点国际事务中的种种变局，总是将历史案例来比拟今日的冲突困境，不经意间以历史智者的口吻谆谆告诫新的决策者们要有更为长远的历史视野。的确，基辛格有这样的资本，在过去的一个世纪，他经历了从纳粹在德国上台以来所有关乎国际体系变迁的重大变动，更为重要的是作为上世纪 70 年代初

**晚年基辛格**

## 基辛格

期国际体系的结构性变迁的战略设计者之一,基辛格对于当下国际体系的演变有更为广阔的思想视野。因此,基辛格本身就是一部复杂而精彩纷呈的历史。他卷曲的头发早已雪白如霜,戴着玳瑁眼镜的脸庞虽然依旧经常挂着微笑,但微笑里透着狡黠与嘲弄,眼神已经变得如长老般的雍容与宽厚。他以治国大师般的气度,以敏锐而稳健的思维步伐将冲突困境一一呈现,指点如何避开陷阱与泥淖,到达稳定与秩序的彼岸。

但是,这位智者不似不食人间烟火的奥林匹斯山巅众神,悲悯地俯瞰众生,而是在美利坚帝国的经济中心指挥着庞大的跨国商务咨询网络,他不再仅仅是一位旁观者,而是以这种深度介入的方式与国际体系息息相关。

### 基辛格的回归:私人国家安全事务助理

基辛格为世人所知,是在他担任美国国家安全事务助理和国务卿的八年时间当中实现的,仅仅在一个小圈子里小有名气的哈佛教授成为叱咤风云的外交魔术师。随着1976年福特总统在大选中失败,基辛格离开"雾谷"也为时不远了,聚光灯下的生涯即将结束。但是离开公职后,基辛格依然活跃在公共领域,无论是在名流荟萃的晚宴中挥洒自如,还是在电视节目中侃侃而谈,他都是公众关注的中心。基辛格如此大的气场当然来自于他张扬的个性,他将对于国际事务的深刻洞见和他经历的逸闻趣事,以极富个性化的语言演绎出来,为他增添了独特的魅力。不过,基辛格非常清楚他对公众的吸引力更多是来自于他是世界闻名的外交活动家,他曾经做出的决策影响了许多人的命运。基辛格非常享受这种万众瞩目的生活,但要保持名声经久不衰,最好的办法当然是仍然大权在握。在卡特总统任内,基辛格当然不会心存奢念,但也许他没想到的是，在80年代连续两任总统里根、布什都没给他重返华盛顿的机会。作为新保守派的里根不仅不喜欢基辛格的行事风格，更认为基辛格对苏联过于软弱，与苏联的大国外交偏离了美国的价值观念。在里根8年的任期之后上任的老布什总统更不会启用基辛格，祸因大概来自于两人在尼克松政府任职时的权力倾轧。而90年代又是民主党克林顿的两届任期，基辛格重返外交政策中心的可能性最终烟消云散。不过里根还是在1983年任命基辛格担任美国对中美洲政策两党委员会的主席。虽然基辛格风尘仆仆地赴中美洲访问，卖力地展示自己的外交才华，并提交了构思巧妙的基辛格委员会报告，但明眼人一看就知道，让擅长大国的纵横捭阖的基辛格做这份差事多少有点大材小用。

既然重返政坛无望，基辛格重新得到公众的关注，彰显他的存在，还是以他最擅长的方式——写作。当然不是一般意义的写作，而是将跌宕起伏、叱咤风云的外交生涯呈现给世人。对于一位靠写作成名的教授来说，写作和研究成了他区别于普通政治家的重要标志。当然，写作更为深远的考虑是为确立他自己的历史地位，因为没有比自己书写历史更能影响人们对历史的认识了，更何况他还将其任内的所有相关文件都存放到了国会图书馆，至少在《信息自由法案》规定的30年解密期内，一般人无法查阅到相关资料，即使他知道或者推测出基辛格参与的外交决策的真实内幕，也无法提出令人信服的证据。而这一点就是他最大的优势，在华盛顿租来的办公室里，基辛格与数位研究人员组成的写作班子，翻阅成千上万份文件、备忘录、电话录音，形成写作素材，基辛格几乎每天工作10多个小时，将这些素材写成初稿。也许只是到了这个时候，功成名就的基辛格才能按照自己的意愿决定自己作品的写作方式，他既不必拘泥于学术作品的刻板，也不必受限于出版商给出

## 基辛格

的篇幅。因此,他的回忆录第一卷《白宫岁月》就洋洋洒洒写了1000多页,仅记录了1969—1972年间的风云变幻。这样的写作空间使他的写作才华得到充分的体现,他像学者那样追求叙述的逻辑、条理、精细以及思想的深度,不时大谈国际政治的原理、外交政策的精髓、政治家的责任和素质以及美国的战略原则,但这样的论述并不显得说教和生硬,其原因很大程度上在于他又像小说家那样善于捕捉细节,生动刻画那些全球风云人物的个性特征,并以轻松、诙谐的语言表现出来。基辛格又一次获得了极大的成功,在1979年底,该书雄踞各大畅销书排行榜的榜首。事态的发展很快就证明了他的预见性,在《白宫岁月》即将出版之际,英国著名记者威廉·肖克罗斯出版了《附属事件:基辛格、尼克松与柬埔寨的毁灭》一书。① 他根据能够找到的政府文件指控尼克松政府对柬埔寨的战争将这个小国卷入到越南战争的漩涡,并最终造成红色高棉对整个国家的毁灭式统治。1983年,另一位与基辛格势不两立的著名记者西摩·赫什出版了《权利的代价:尼克松政府的基辛格》一书,将基辛格描写成一个不择手段、利欲熏心、热衷权利倾轧的政客。这两本书都对基辛格的声誉带来极大的打击,但也证明了他甫一离任就以极大精力投入到回忆录写作的预见性,在《白宫岁月》中,基辛格强硬回应对他的批评,不厌其烦地为他及他主导的政策辩护。1982年他的回忆录第二卷《动乱年代》出版,也是超过1000多页的煌煌大作,只叙述到尼克松离任为止。此时也许他认为外交上只是守成且麻烦不断的福特时期的写作并非紧迫的工作,回忆录第三卷的1000多页拖延到1999年才出版。除了塑造自

---

① William Shawcross, *Sideshow: Kissinger, Nixon, and the Destruction of Cambodia* (New York: Simon & Schuster, 1979).

己的声名，回忆录的写作还为基辛格带来了滚滚财源，仅《白宫岁月》就为他带来了500万美元的全球版税收入。

但是，为基辛格带来更大财富的是他1982年开设的"基辛格伙伴公司"。该公司位于曼哈顿中心商业区，但其低调的风格为其平添了一份神秘色彩，没有网站，没有公开的电话，甚至公司的名称也不出现在公司所在大厦的大厅。这样的安排除了避开不必要的争议和麻烦之外，还可以自动过滤那些没有实力的客户，因为真正的大客户是有渠道找到公司的。公司表面上的业务是向大公司提供对外政策咨询，从而为它们的投资带来积极的影响：要么是避开风险，要么是积极介入。在他的麾下聚集了斯考克罗夫特、伊格尔伯格、芮效俭等资深的外交政策专家。对于客户，公司极力保密，然而在斯考克罗夫特、伊格尔伯格重新进入政府任职，不得不向国会披露曾经接触的客户，同时客户也会不经意透露他们公司与基辛格之间的关系，时间长了，基辛格的咨询公司客户名单就基本上为外界所知了。这份长长的名单上大多都是为人熟知的跨国公司，包括高盛、美国国际集团、美国运通、可口可乐、菲亚特、渣打银行、沃尔沃等等。每年公司会向客户提供例行的国际与地区形势报告，此外还提供额外的电话咨询等等。

而客户看中基辛格的并不限于此，或者说客户更看中的是基辛格本人及他的那一批外交精英。政治游说在美国这个年轻的国家却是一个古老的职业，它的一个好处是将本来很容易腐败化的政治游说放到公开、规范、竞争的程序下进行，避免了最坏的后果。基辛格的最大优势就在于他本身就是一个世界品牌，其知名度与上述世界闻名的大公司相比有过之而无不及。只要有基辛格出面，与之相关的事务都会蒙上一层光环，事情的解决就会变得容易了。如今基辛格成为了"受雇佣的政治家"，在向客户提供国际及

**基辛格**

地区形势及外交政策走向的咨询之外,亲自担任外交工作,担任大公司老板的私人国家安全事务助理。当然,既然是外交工作,那游说的对象就基本不是这些大公司所在国家(主要是美国)的政府,而是外国政府。这也是基辛格及其团队所拥有的独一无二的优势和资源。基辛格在担任公职期间积累了广泛的全球人脉关系,现在又可以像他担任国务卿时那样,频繁往返于从墨西哥城到伦敦、北京、东京的全球穿梭旅行了,只不过这时的坐骑从政府专机变成了私人专机而已。他出现在世界不同首都的奢华招待会上,一会儿接受当地主要媒体的独家专访,一会儿出席高规格的政策研讨会,一会儿与老朋友、现在的国家领导人相谈甚欢,顺便带上那些公司的代表让他们在该国领导人面前混个脸熟,以利于今后的生意。

基辛格以这样一种方式实现了对这个世界的回归,现在他与这个世界并不因为他不在权力中心而格格不入,而是与之息息相关。基辛格一方面经营着财源滚滚的环球商务咨询业务,一方面精心编织他的全球关系网络,重新站到了聚光灯下,享受个中乐趣,接受人们的关注和欢呼。

**基辛格的遗产:谈判与武力**

基辛格热衷这种协调不同个体的利益,热衷斡旋冲突中的各方力量,热衷说服满腹疑虑的对手,热衷游走在不同文化碰撞的边缘,他乐在其中并成就斐然,也许他本来就是为外交而生。谈判是外交的主要的技术方式,或者从某种意义上说是外交的同义词,因此从基辛格的外交生涯中可以抽象出的第一个关键词就是"谈判"。

命运之神先把他抛入了 20 世纪最为血腥的种族灭绝的漩涡

中,又让他侥幸逃离,在异国他乡重新艰难地开始谋生之路,随后参加了人类史上最大规模的武装冲突——第二次世界大战。不经历生死,难以勘破世事,24岁的基辛格就是带着血与火的生死经历回到了他的第二祖国,在哈佛大学开始了他对人生、哲学的探索之旅。生死经历造就的是悲观主义与对人类冲突永恒性的认识,不太可能获得永久的胜利或者一劳永逸的解决方略,人类所能做的就是暂时平息冲突,需要的是谈判和妥协。在谈判中的沟通、妥协是基辛格在其公职生涯中最日常的工作议程,但对谈判本身技术层面的分析却是基辛格几乎从未在他的著作中尝试的,脱离对宏大战略层面的思考来分析技术层面的问题,这在基辛格看来可能是有点小题大做,但对理解基辛格而言这一分析却至关重要。外交谈判是外交官的日程事务,但能够成为大师的人可谓凤毛麟角,而基辛格堪称大师中的大师,其原因就在于他并不仅仅从技术层面把握谈判,而最根本的原因在于他在谈判中所表现出的基本立场和态度。

1938年,基辛格来到纽约的华盛顿高地时已经年满15周岁,德国文化在他身上的烙印并不因时间的流逝而有根本的改变,他在哈佛时一度痴迷于欧洲大陆思辨哲学的哲理沉思,他的思想风格带有明显的欧洲特征。也许这可以解释为什么尼尔·弗格森这位来自英伦的哈佛金融学教授如此痴迷于基辛格,以至于要为他写一部完整的传记,也许哈佛纽带是一个方面,更为重要的也许是欧洲思想的血脉相连。但基辛格更是一位美国人,是"他所归化的国家"给了他如此显赫声名,他熟稔美国文化的方方面面,对"他所归化的国家"心存感激。这种独有的跨文化身份赋予了他对国家文化特征与外交关系的独特认识。这种跨文化特性也排除了在某一单一文化中容易滋生的文化自大或自卑主义,而是对不同文化

**基辛格**

或文明群体生存状态的同情与理解。因此,基辛格这位"外交魔术师"既能吃鱼子酱,又能喝茅台;既能得到阿拉伯人的拥抱,又能得到以色列人的信任。这固然受惠于他物理层面的跨文化身份,更为重要的是这一特性所产生的跨越文化鸿沟的同情与理解,或者可以称之为一种"文化移情"作用。奠定基辛格谈判大师地位的不仅仅是他外交谈判的技巧,更在于他的文化态度。通过谈判化解冲突是基辛格外交生涯最为重要的遗产。

另外一个关键词是"武力"。基辛格一家虽然逃脱了纳粹对犹太人惨绝人寰的大屠杀,但其可怕的经历如梦魇般如影随形,直到逃离德国才摆脱人身安全的恐惧,但对还未成年的基辛格来说其潜在的心理影响是持久的。强大的纳粹军事强权在一个更为强大的美国军事武力打击下,轰然崩溃,身处这一人类历史上最强大军队的基辛格虽然并没有真正投入到前沿阵地的战斗中,但他对于这一强大军事机器的作用不可能没有直接的认识和思考。这一经验层面的认知极大强化了他基于现实政治对军事武力的崇信。在面对强硬的对手时,坚定地使用武力或威胁使用武力是确立自身地位和利益的有效手段(或者说唯一有效手段),在武力使用上的踌躇,会被对手认为是虚弱的表现,会招致它们进一步对自身利益的侵蚀。从越南战争的升级、中东战争的核警戒到对伊拉克战争的坚持都表现了基辛格以武力解决尖锐冲突的思想路径。不惜使用武力的决心将拓展自身在外交谈判中的政策选择空间,并在谈判中处于有利的心理位置,成为成功谈判的基础。

与此相关联的一个关键词是"大国"。虽然强调大国政治是现实主义者的共同特征,但作为一位政治家、外交家,基辛格的大国政治就有了充分的理论自觉。他的一部近千页的战略著作《大外交》,可以恰当地命名为《三百年大国外交风云》,小国几乎消失在基辛格的战略视野中，只是在作为大国政策对象时才得到一定程度的分析和叙述。基辛格总是以大国政治的透视镜考察美国在20世纪70年代国际体系转型时期面临的地区冲突，无论是越南战争、中东战争还是印巴战争，他所实施的解决路径无一例外都是基于美苏冷战竞争、中美苏战略三角的基本考量，不可避免地忽视了冲突的本地起源并采取与之相适应的政策方略。这在一定意义上可以解释基辛格任内最为成功的外交案例都是在比较"纯粹"的大国外交或地区冲突，例如对华政策的突破、美苏缓和、调解巴以冲突的穿梭外交以及塞浦路斯危机等等。冷战结束前后，基辛格这样的思维框架显然无法预见国际体系正在酝酿着的革命性变迁，东欧地区的动荡局势在他看来完全可以在美苏合作的大国政治框架下平息。1988年12月，基辛格向新当选的总统布什及其外交团队的两员大将，即将担任国务卿和国家安全事务助理的贝克、斯考克罗夫特提出了所谓"雅尔塔第二"计划，其基本思路就是美苏合作平息东欧动荡：美苏达成一项"互惠框架协议"，一方面苏联允许东欧获得自由，作为回报，美国不会采取任何有损苏联安全的行动。谈判采用最擅长的秘密外交方式，而美方的谈判代表就可以考虑基辛格本人。布什总统虚与委蛇，将基辛格的建议束之高阁，因为随着事态的演进，贝克国务卿已经越来越意识到东欧剧变根本无需美国做出对苏联的让步就能实现。① 基辛格对布什政府的态度异常愤怒，失落的心情可想而知。

对于我们今天的这个世界，基辛格毫无疑问是独一无二的，这并不在于他作为资深政治家已经开始了他在这个世界的第九个十

---

① Walter Isaacson, *Kissinger: A Biography*, pp. 684—685.

年的生命岁月的征程,因为毕竟和他一样高龄的冷战政治家尚有少数在世。他的独特性在于他将其极富传奇色彩的人生经历与理论模式转变成了具体的战略路径,并以之为指导开启了战后国际关系史上最为重要的外交革命,特别是中美关系的重建对于国际体系的意义在此后的几十年中才逐渐体现出来。迄今为止,他仍然孜孜不倦地试图用这一整套战略路径影响政治家的决策,影响世人的观念。不管他身上有多么强烈的个体体验特征和时代烙印,他所践行并倡导的跨越文化鸿沟的沟通、交流和妥协,具有穿越时空的永恒价值。这就是基辛格对于今天这样全球化时代的最大意义。

# 后 记

1957年,《核武器与对外政策》出版,基辛格获得了战略家的美誉,从此奠定了他在美国国家安全战略思想发展中的地位。1969年初,他以总统国家安全事务助理的身份进入美国外交政策的决策层,是战后第一批主导外交政策的学术精英,开启了所谓的"基辛格症候"现象(指20世纪60年代以来美国外交决策高层与国际关系学界精英之间的角色互换)。1977年初,他任满离开政府,一方面著文立说,另一方面还向此后的历任美国总统提供政策咨询,并在美国政府的对外政策尤其是对华政策、对苏(俄罗斯)政策中充当第二轨道外交的作用,基辛格的政策影响力一直持续到今天。此外,在担任了八年的美国外交政策决策人之后,基辛格虽然再也没有回到权力中心,但他的门生故旧在美国外交中陆续担任重要角色,他俨然成为美国外交权势集团的"教父"。即使从1969年担任总统国家安全事务助理算起,基辛格对美国国家安全战略的巨大影响已经有四十多年,这在美国历史上绝对是空前的。本书意在揭示基辛格对美国国家安全战略思想和美国国家安全战略本身的双重影响力。对一位仍然活跃的美国国家安全战略设计者进行研究,这是本书的一大特点。由于作者的懈怠,本书的写作周期较长,从开始着手本书的写作迄今经历了四五年的时间,其间基辛格不仅出版了一部引起极大轰动的皇皇巨著《论中国》,同时大国关系格局及地区热点问题也发生急剧变动,基辛格以民间外交家及时政评论员的身份深深卷入其中。如果缺乏对这一方面资料的整理与叙述,不仅是本书巨大的缺陷,也会让作者感到非常遗憾。因此,直到截稿前作者都试图将基辛格最新的民间外交活动及关于美国对外政策的战略思考纳入考察视野。

本书由高金虎和龚洪烈共同完成,其中高金虎教授撰写了第二章和第四章的历史部分,也是这两章的主体部分即基辛格的对苏外交、退出越战战略,其余部分由龚洪烈撰写,全书由龚洪烈统稿。本书的出版得益于丛书的两位策划人石斌教授、耿协峰先生的鼓励,也非常感激他们在作者数次不能如期完稿所显示的大度与宽容。责任编辑张盈盈女士专业的文字编辑工作不仅订正了作者在叙述中的错漏,而且为文字的通顺与流畅增色不少。

龚洪烈　高金虎

2014 年 2 月 18 日